龚鹏程作品

龚鹏程

江西吉安人，一九五六年生于台北市。

曾任淡江大学文学院院长、南华大学校长、佛光大学校长、中国古典文学研究会会长、世界中国哲学会副会长、中华武侠文学会会长、中华历史文学会会长、联合报主笔、艺术行政学会会长、自然医学学会会长、中华道教学院副院长、国际佛学研究中心主任、少林禅武学会会长、南洋学会会长、龚立述教育基金会董事长、台湾视障学会会长、中华易学研究院院士、东亚孔庙联谊会召集人、美国欧亚大学校长等。亦曾负责台湾的两岸文教交流业务。

现任北京大学特聘教授、国务院国学中心顾问，有龚鹏程国学院等学术组织及活动，遍及各地。

有文史哲宗教艺术社会学等著作近百种，精博渊懿，为世所称。曾获中山文艺奖、中兴文艺奖章、教材改进奖、朱自清散文双年奖等。亦常在世界各地举办书法展。

華人社會學筆記

龚鹏程 著

人民东方出版传媒
東方出版社

总　序

我耽迷于文字，喜欢探索文字中的世界，也乐于以文字记录我对世相的观察、对天道人情的理解。历年涂抹，出版者近百种，主要涵括文、史、哲、宗教、艺术、政治、社会、教育诸领域，未刊稿尚数百万言，佚散难以捡拾，我也不自爱惜。总觉得仍在写作中、仍在努力求学问道中，还不急着作总结报告。

但旧学商量，益加邃密，做过的研究、有过的思虑，统汇起来。便于检核修订，自是进学之良方。对读我书的朋友来说，也未尝无益。因此，劳烦东方出版社帮忙辑成了这套作品集。

说作品，其实甚感歉然。古代以创作为神圣之事，故曰“作者之谓圣，述者之谓明”。高明如孔子，也仅自称述而不作，吾辈小子，何敢妄言作者作品？一时笔谈，多属因机因地之权；偶然墨戏，或邻谤佛谤圣之讥，聊等佯狂，肆此乱世之哀感而已。知者怜其瞀悖，会者通其神韵可也。

甲午秋分写于燕沪旅次

目 录

Contents

简难

一、繁简杂错的内地社会

没错！题目就是简难，不是繁难。当代汉字，以“繁”“简”为分，分裂成两大系统。当然日韩汉字又不相同，另成一组值得讨论的对象。但那是另外的课题，今兹仅论简化汉字在文化传承上的问题，以及它所造成的困难。

与简化字相对的，其实不是什么繁体字，而是秦汉以来演化定型的汉字体系，因简化字才是一种新变。变的方向，是将原有汉字简化。有一度甚至还想要透过部分简化，逐渐过渡至整体改造，变成拼音文字，而扬弃汉字体系，故简化亦具有阶段性的意义。

简化，亦非共产党之专利。清末以来，改革汉字乃时代风潮，许多人曾都朝此方向努力过。1935 年国民政府就公布了《简体字表》，凡 324 字。1949 年至台后，也仍有罗家伦先生等继续提倡。于右任先生之钻研标准草书，亦是希望能以草书为简体字之基础的。但尔后内地积极推动汉字简化及拼音化，台湾固守传统汉字体系，两岸才形成差异。

内地在 1956 年公布了《汉字简化方案》，简化文字 515 个，简化偏旁54个。1964年又发布《关于简化字的联合通知》，规定92个已遭简化的汉字作为偏旁时也要简化，如"爲"既成"为"，"僞"、"溈"等字就也一并要简成"伪"、"沩"等。其后陆续又推出了若干简化方案。

1986年内地"全国语言文字工作会议"之后，政策有了重大调整：（一）不再坚持拼音化目标，汉语拼音仅作为注音及推广普通话之用；（二）巩固已公布之第一批简化字，称为规范化、标准化。此一政策相沿至今。

内地内部，对于简体字之推行，主流意见，特别是官方，当然是一片颂声。但早期都说此乃政策强力推动之结果。近期则改说这不是政治力干预主导的，而是社会人民需求、知识分子推动，政府才从而致力的顺天应人之举。齐泸扬、左思民《迎接新的世纪，作出新的贡献：上海师范大学语言研究所"世纪之交汉语语言文字应用研究"座谈会纪要》说："二十世纪，汉字规范化取得辉煌的成就，其中最突出的是简化汉字。简化汉字，从仅仅是群众的喜好，变成文化人对汉字简化必然性的认识，和社会推行的呼吁，最后成为政府行为……这是一大突破、一大飞跃"（《语言文字应用》1996年第一期），允为典型。[1]

社会事实当然未必如此。内地内部对简化字持批评意见者，也有不少，只是较不易摊开来公开辩论而已。又或者，某些看法已达人人心知肚明之地步，所以根本不必说破，维持着那一层纱似的言辞护幕。

而就是那些率直批评的言论，其实也不难钩稽。不说别人，曾任语言文字工作委员会主任和全国人大常委会副委员长的许嘉璐先生，便曾坦言：

① 见傅永和《汉字的整理与简化》，载《新时期的语言文字工作》，语文出版社，1986，《全国语言文字工作会议文件汇编》，第95页。

一些字简化了，简化的时候，更注重笔画的减少，却忽略了两个问题：一个问题，字和字的笔划结构的不同，它本身是一种区别性的特征，笔划减少后，区别的特征减少，容易闹混。比如说建设的“设”和没有的“没”，在手写的时候就极易混淆，因为“没”只要第二笔和第三笔稍微连起来，就跟“设”一样。第二个，忽略了汉字的书写是一种艺术，有的字一改了之后，无论怎么写都不好看，甚至使书法家不知道从哪里下笔。比如说“仅”“长”。又比如，工厂的“厂”，里面空了，间架结构向这边倾斜，怎么写都不好布局。当然还有别的字。比如，尸体的“尸”，在古代是尸位的“尸”。现在祭祖时是放一个牌位，古代是坐一个孩子，假装成祖先，这个人就叫“尸”。这个字，书法里很少写。现在一简化，用得多了，怎么写也不好看。“户”，也跟“尸”差不多，但是上面有一个点，底下这个“尸”下移，补救了一些。惟独这个“厂”字不好办。还有广东的“广”，更糟糕，多了一点，上边更重了。长短的“长”，说老实话，我领着他们编字典，都列出笔顺了，我到现在还不知道这“长”字先写哪一笔。先一撇，再一横，再从上边贯下来，再写最后一捺，你说这有多难写吧。无凭无据，没有基准。先来一撇，这边有撇好办，再来一横，歪一点整个字就歪了，而且写出来的确不好看。我觉得这些都违背了汉字的规律。[1]

他讲的第一点，是说简化字不科学，第二是说它不美，合起来就是结论：“违背了汉字的规律。”他曾是主持内地汉字规范工

① 许嘉璐《未惬集：许嘉璐论文化》，贵州人民出版社，2005，《汉语汉字与哲学》，第112页。

作的人，但真要从文字学学理上推敲起这套简化字来，也不能不承认它确有缺点。

内地也有一部分人，亦承认目前的简化字确有如上所说不科学、不美、不符汉字规律之缺失；但强调“汉字简化之必然性”，认为方向不错，技术问题可以修改，简化字表是可以斟酌使之尽善尽美的。然而，此说虽旨在维护简化字表，以可以协商的姿态来降低批评者的炮火，却又违背了政策。因 1986 年以来的政策，恰好是“不再继续简化汉字”。把简化字当成“规范字”，不再修改了。

把简化字当成规范，那么，谁不规范呢？教育部师范司审查通过的《现代小学识字写字教学》第三章说：

> 社会上不规范用字现象主要有以下几类：
>
> 1. 使用繁体字、异体字
>
> 一些人仍然使用《简化字总表》中被简化的繁体字字形和《第一批异体字整理表》淘汰的异体字字形。如“丰”写成“豐”，“汉”写成“漢”，“村”写成“邨”，“哲”写成“喆”。繁体字和异体字在特定的情况下仍可使用，但在日常应用中，要尽量使用《现代汉语通用字表》中的规范字形。近年来，一些人受港台地区使用繁体字的影响，有意使用繁体字，并认为是一种时尚，这不利于汉字的规范化。
>
> 2. 使用已被废止的简化字
>
> 受已被废止的《第二次汉字简化方案》的影响，有人书写汉字时为方便，仍然使用不规范的简化字。如“道”写成“辺”，“宣”写成“宀”等。
>
> 3. 使用错别字
>
> 一些人为了书写简便或由于文化素质偏低，使用了别字或写错了字形。如：交通宣传标语写成“宁停三分，不抢一秒”。

“餐厅”写成“歺厅”，甚至闹出“售麸”写成“售夫”的笑话。[1]

该书教育民众要“坚持抵制不规范用字现象，捍卫汉字的纯洁、健康”。用心倒也良苦，但汉字的纯洁与健康，颇有人就以为正是简化字破坏了的。以简化字来“规范”别人不准写传统的汉字，哪有正当性？至于老百姓使用“二简方案”之简化字，正是“其父行劫，其子必且杀人”。上面带头简化，说简化是必然的规律，老百姓又焉得不上行下效，愈发简率？旷荡之路是易发难收的呀！再则，所谓错别字，也难以核求。因为“售麸”写成“售夫”若是笑话，“售麵粉”写成简化字“售面粉”为何就不是笑话？餐厅之“歺”与抢夺之“抢”，若说老百姓容易写错，岂不也是简化字本身造成的？

因此，假若简化字本身并非一科学且有美感之文字体系，对汉字之规律又颇有违背，则以彼为规范，自然不妥。规范的结果，恐将造成更多问题，贻误更大。

二、汉字的规范与不规范

规范汉字的工作，是把传统汉字（所谓繁体字）类同于错别字。

错别字，乃是人们在使用文字时自然的现象。可是在他们所认为的不规范字中，错别字仅列第三位，第一位是什么呢？就是使用正体字。足证在保卫简化字的工作中，头号敌人就是社会上普遍存在的使用正体字现象，它甚至比错别字还要普遍。

---

① 陆克修等编，语文出版社，2002，第53页。

首先是古籍之刊印，无论影印或新排，都不可避免会使用正体字。内地有颇具规模的古籍出版体系，也有不少并不专做古籍的出版社会印行古书。如商务印书馆印行文津阁本四库，杭州出版社印文澜阁四库，鹭江出版社印文渊阁四库，吉林出版社印四库荟要之类。加上新修续四库、四库存目、善本再造工程、编《儒藏》、修《清史》等所谓“盛世修典”诸计划，总的正体字出版量其实十分惊人。其读者固然未必是一般小市民，但阅读正体字书刊之群体绝不如想象中之小。且喜欢看正体直排书的人也还不少，印刷厂亦常应出版单位或个人之请，印正体直排的书。内地出版虽说是垄断行业，可是民间自印之书刊，其数至多。诸如诗文集、同人刊物、机关单位宣传品等，若非正式发行，原不需书号刊号。这些刊物，正体字之频率便远高于正式出版品，甚且有基本上采用正体字的，例如多如牛毛的各地传统诗刊中，即不乏此例。

出版物的情况，当然反映了社会的用字状况。语委会机关刊物《语文建设》1991 年第三期，庆祝简化字方案公布 35 年的专辑中，列举的事实是这样的：

> 近些年来，我国社会用字比较混乱，主要表现为滥用繁体字、乱造简体字。据抽样调查统计，用字不规范现象中，滥用繁体字的情况，约占 50%—60%。混乱现象比较突出的是在单位的牌匾、商标、广告、商品包装、产品介绍说明，以及电影电视等方面……特别是滥用繁体字的现象目前还有发展的趋势。

这是语委会主委柳斌的报告。河北省教委副主任安效珍则说：“近几年用字混乱现象也蔓延到学校”，“在中学和师范对学生进行书法教育中，书法教师教学生写繁体字”。原广电部副部长马庆雄也指出:“我部在1987年会同语言文字工作委员联合颁发了《关于广播电视电影正确使用语言文字的若干规定》，此后，用繁体字打字幕的现象依然十分严重”，“有些人又热衷于用繁体字，造成文字使用上的混乱”。北师院教授徐仲华亦云:“现在繁体字的呼声很高啊，连《人民日报》都发了文章。”[①]

这些报告或言论，都印证了上文的叙述：使用正体字其实是很普遍的现象。而且这是1991年的情况。这15年来，正体字之使用有增无减，不但“党和国家领导人、书法家、老字号题写的繁体字牌匾比较多”的现象未改变，一般人印名片，往往也采用繁体。

由于正体字事实上并未全面禁断，或政府虽强力“规范”，而社会上实际仍大量使用着，故因简化字推行而造成的文化断层，尚未到达全面禁断、不可收拾之地步，这是可庆幸的事，也是观察内地时首应知道的。

只不过，在正简之间，文化的传承却颇形尴尬，底下我们分几点来说明:

三、识字教育的难题

内地的九年义务教育，依其《课程标准》，语文教育之总目标是：培养热爱祖国语言文字的情感，养成独立识字、自幼识字的能力与习惯，学会汉语拼音，认识3000个左右常用汉字。阶段目标则是:

一、(1)一二年级认识汉字1600—1800，其中800—1000

① 见龚鹏程《简化字能继续择恶固执吗?》，收入《走出铜像国》，东大图书公司，1992，第188页。

个字会写。（2）学会汉语拼音。（3）能借助拼音认识汉字，能用音序和部首检字法查字典。二、（1）第二阶段，累积识字 2500 个，其中 2000 个左右会写。（2）会使用字典词典，有初步独立识字能力。（3）有条件的地方，可学习使用键盘输入汉字。三、第三阶段，五六年级累计识字 3000 个，其中 2500 个左右会写。四、中学生识字量，应再增加能写 1000 字。

内地于 1952 年曾颁布《常用字表》收 2000 字。1988 年语言文字工作委员公布《常用字表》收 2500 字，《次常用字表》收 1000 字。经测试，常用字表覆盖率达 97.97%，合并次常用字表，则可高达 99.48%。也就是说学童只要学会了这常用字与次常用字表上的 3500 字，基本上就够用了，很难得会碰上不懂的生僻字（语委会另编有《现代汉语通用字表》共收 7000 字，涵盖了现代书刊用字 99.99%。但中小学生显然不须认那么多字）。

这看起来当然十分理想，但因识读均以简化字为内容，所以教学时必会碰上一些问题。

例如，一二年级要教学生会用部首检字法去查字典，可是“師”字简化字作“师”，“刂”与“帀”经查《现代汉语词典》都不是部首，该怎么查？“頭”字原来正字时很清楚，该查页部，页就是頭，但现在简化成“头”，查什么部？葉，原先也很清楚，是花草树葉之葉，该查艹部，如今变成了“叶”，难不成要查口部或十部？衛兵的衛，原先也很明白，如今简成“卫”，查什么部？聖人的聖，原先从耳从口从壬，现在变成了“圣人”，初看以为是怪人，再看原来又是一老土，查什么？土部吗？門、開、關、闢本来都跟门有关，如今则变成门、开、关、辟。门、开、关、辟各应查什么部？

凡此等等，均大违物情，不符汉字原理，除了让学童死记之外，无理可说。塵土的塵，简成了“尘”，结果要查小部，不再能从土字见其义类。辭与亂，原均与糸有关，现在写成辞与乱，却分居辛部和舌部。聽，从耳，乃是靠耳朵聽，现在则在口部，写作“听”。對，义类在手；勸，义类在力；歡，义类在欠，今却全放在又部，只因简成了对、劝、欢。可是对若可放在又部，邓为何竟须在⻏部？……

以上这些问题，老实说，不只我搞不懂，就是小学识字教育专家也常犯胡涂。如上文所举的《现代小学识字写字教学》一书，教人查部首，举例时，就把欢字既归入欠部，又归入又部；把辞字既归入舌部，又归入辛部。专家尚且如此，只举几个例就不免出错，教师与学生将何所适从？更不要说像人傑地灵的傑字，现在简作杰字，属于火部，遂使人杰遭了火烧，要孩童们如何从部首归字中去认识汉字？

在推广儿童识字教学时，该书又推荐了字族识字法、字理识字法、部件识字法、韵语识字法、奇特联想识字法等。于字族识字法一节，它举清、情、晴、请、睛为例。可是它自己就弄不清“请”与“清”，全印成了“请”。足证许嘉璐说得不错，言字边简成讠，不但手写几乎一定与氵相混，印刷也往往不免。学生们初学识字，自然易感困扰。

至于字理识字，问题就更多了。“所谓字理，是指汉字的构字依据和组成规律。通过对象形、指事、会意、形声、转注、假借等汉字造字方法的分析，来把握汉字形与音、义的关系，达成识字的目的。”实即以传统文字学来解说文字也。其方法诚然甚好，无奈文字已非传统文字，因此这个理也就不甚好说了。

例如廣乃形声字，黄为其声符，现在变成了广，形声之理，从何说起？工廠之廠，如今变成了厂。厂本是山厓之厓字，廠与厂也毫无关系，不知该如何解说其字理。葉，现在成了叶韵的叶，形音义都不符，也不知要如何教示其理。進，隹雀跳跃前行故为進，今变成进，似乎是一口井在跳跃。壓，土形厭声，今作压，又不是土，又不见声。兒，象形，上面即是小儿囟门未闭之状；现在写成儿，既非象形又非会意。環，声符，简成不，写作环。壞的褭声也同样作不，写成坏，跟“一抔之土未干”的抔相混，该如何说字理？这些，都是字理识字法的困难。部件识字一样会遭到这类困难，这儿就不再举例了。

在上文所举的这本书里，其实对汉字教学有非常好的认知，故说：“汉字的偏旁部首，笔画笔顺，间架结构等由来已久，符合人们的思维、认识和使用习惯，早已深入人心。小学识字、写字教学，就是依据这些内容引导学生认识汉字，正确书写汉字，体味汉字的审美价值和文化内涵。”（第 198 页）又说：“学生识字的过程，尤其是认识字形、分析字形的过程，也就是培养分析、综合能力的过程……汉字形同音义联系的认识……又是从具体到抽象、由抽象到具体的反反复复的认识过程。”（第 5 页）然而，本诸传统文字而来的这些认识，用在简化字上面，在检字、归部、识字法各方面会遭到困扰，乃是必然的。

四、书法教学的困扰

依《全日制义务教育语文课程标准》，小学生在中年级阶段开始用毛笔临摹。一般三年级上学期描红，下学期仿影。四学期上半边摹边临帖，下半正式临帖。五年级以后“教师应一方面继续严格要求学生研读碑帖，体会楷书结构技巧；另一方面可由扶到放，重在点拨，启发学生领悟”（同上引书，第 150 页）。

书法教育于中小学实施，目的并不同于在社会上进行，因为旨不在追求艺术美，而在辅助识字。学生在练习中体会到的，可以与他们在写铅笔、钢笔字时所获得的体会相互发明。因此教学时除了着重学生使用毛笔的技巧，如提、按、顿、转之外，更主要的乃是结字的指导，对于字形上的重心不稳、疏密不均、主次不明、长宽不合理等毛病给予修正。这与三年级教钢笔字时以《灵飞经》为教材，道理是一样的。

可是《灵飞经》与其他碑帖都不是简化字。以北京景山学校书法课的安排来看，他们六年级选用《张猛龙碑》《郑文公碑》，唐代欧、虞、褚、颜、柳，以及元代赵孟頫的作品，事实上也就提供学生不少正简字对照的字例与机会。学生若不懂传统文字，就难以在书法课上获得学习的乐趣。

因此赵家熹《书法艺术与书法教学》明确地说："应该在书法课上简繁并举。低年级上课，仍用规范字，而且要与语文课老师的要求相应，但是遇到有繁体字的规范字时，最好把繁体字写出来，让学生了解一下为好。到了高年级开始临帖，由于字帖上出现大量繁体字，还有些异体字，书法教师最好把一字的繁、简乃至异体的写法，都告诉学生，否则就不好临帖了。"也就是说，想教好、学好书法，懂得正体字都是必要的。中小学的书法教育，实际上就起着弥补初年级仅教简化字的作用。赵家熹也不否认这一点，因此他又说：

> 如果只知道现在通行的简化字，而不认识繁体字，那么，在阅读以前出版的书籍、经典时，就会因不认识许多繁体字而发生许多困难。要再去查字典，就会耽误时间。若是我们通过书法教学，就为学生解决了这个问题，岂不是做了一件大好事吗？（同上书，第 106 页）

在这种想法之下，他设计的一些教案，如"微風徐動"四个字，选自欧阳询《九成宫醴泉铭》，"風"和"動"都是正体字；四年级上学期书法试卷，要学生写"辰年将至，虎躍龍騰"，也并不让他们写成"虎跃龙腾"。当然，书法教学绝不等于正体字教学，也不会令学生全部都去写正体字，但在书法教育中能使学生认识并会写许多正体字，则是事实。

但书法教育目前这种境况，从总量上看，却是增加了学生不少识字量，学童既要认识简化字，也须辨识碑帖中出现的传统文字。在教学生传统文字时，对文字形音义之解释，仍是六书，而传统文字及六书解释体系跟简化字之间的龃龉，亦仍是不可避免的。何况还有许嘉璐所说的笔顺问题，或前文提到的部首问题，如“買”，简化写作“买”，已与贝无关，运笔方向亦截然不同。龍，简化写作龙、鬥简成斗、蔔简成卜，備简成备……也是如此。小朋友在写字时不会产生困扰吗？

五、文字学家的尴尬

以上谈了识字教学及书法教育中的问题，以下要说一下文字学研究中的状况。

内地文字学界，目前仍以历史文字学为主流，即以《说文》为主，向上钻研甲骨金文，向下论析历代文字流变。但在讨论文字理则时，与台湾不同处，是也要对简化字提出一些解释。以裘锡圭《文字学概要》为例，他就常要为简化字找理据，如云：

> 简化字“时”可以看作草书楷化字……简化字“长”“为”都是草书楷化字。（第 88 页）
>
> 有时候，使用有本字的假借字，是为了简化字形。如简化字借斗为鬥。在历史上，这种情形主要见于所谓俗字，如以只代隻、以参代蔘、以姜代薑、以灵代靈、以杰代傑、以勾代夠、以吊代掉等等。这些俗字，有的一直沿用下来，并在解放后的异体字整理和汉字简化中被采用为正体，如上举前五例。有的在使用了一段时间后就不行了，如后面二例。（第 186 页）

有些本来不同形的字，由于字体演变，简化或讹变等原因，而形成为同形字……如歹和歺都变为歹；廣简化为广，跟它的形旁广同形；廠简化成厂，跟厈的初文厂和庵的旧简体厂同形；勝简化为胜，都是这一类的例子。（第 217 页）

异体字整理和汉字简化中，有不少分化字并入了母字，例如雲并入云、採并入采、鬚并入须、尅并入克、併并入并、阨并入厄、誇并入夸等都是分化字并入母字的例子。（第 247 页）

在异体字整理和汉字简化中，有不少本字并入了假借字中，例如彊并入强、艸并入草、毬并入球、蓡并入参、隻并入只、薑并入姜、靈并入灵、傑并入杰、穀并入谷、葉并入叶、幾并入几、醜并入丑、鬥并入斗、萝蔔的蔔并入卜、臺檯颱并入台等等。上面这些假借字过去基本上已经取代了本字，如强草参球等。但也有少数假借字，使用的历史大概极短，如代鬥的斗、代蔔的卜等。（第 249 页）

裘先生这本书影响深远，因此我们也与上文所举各书一样，拿来讨论。并非特重其一家之言，而是想透过一个切面，看一个领域的一般现象。在文字学领域，裘先生此书应该是颇具代表性的。

其书与许多文字学著作一样，采用手写影印方式出版。采此方式之原因十分简单：古今字体复杂，造字排印困难，不如手写方便且不易出错。这在台湾也是如此的。但跟台港文字学家不同者，是此书虽手写，却写成简化字。可以推测作者是基本支持并乐于使用简化字的。否则写印文字学著作，大有理由用正体字。

由此立场出发，裘先生也十分努力地把简化字视为古今字体演变之一，去申说其所以如此规定的原因，以上我摘引的部分，便可看出其用心。如云时可看成草书楷化字；以只代隻、以参代葠是有本字的假借；雲并入云、誇并入夸是分化字并入母字等，均属此类。裘先生其实并不晓得政府为何如此简化，但他尽可能地从文字学原理上去为它寻思解释。

由于裘先生的博学，他替简化字找出了不少“根据”。例如以“灵”为“靈”之简，其实没什么道理，两字意思与字形都不同。但裘先生找出了《正字通》，说该书灵字下注：“俗靈字。”于是这个本用以指小儿热的字，简以代“靈”竟是沿袭古已通用的俗体字了。至于那些没什么文献证据可说的简化字，则不再说文证，只做“理证”，说它们是假借或省并，等等。

但这么做，实在很辛苦。因为，裘先生并非不明白字形太简反而会增加辨识之困难，在该书第 89 页论草书时，他就言道：“草书由于字形太简单，彼此容易混淆，所以不能像隶书取代篆文那样，取代隶书而成为主要字体。”既如此，那些为简而简以致任意归并的字，难道不会照造成混淆吗？本有一字，后来分化了，如云分化出雲、芸；采分化出彩、採、綵；须分化出鬚，原就是为了增加辨义功能，现在将分化字重新并入母字，不是走回头路，开历史的倒车吗？

原有本字，而俗讹为同音假代，也一样会对理解产生困扰，否则现在学校教师就不该禁止学生写同音的错字。岂能因古代曾有俗讹之例，便大规模因陋就简起来？若说如此因陋就简是可行的原则，某些俗体字，古已有之，如“這”本来就是“適”的俗字，唐玄应《一切经音义》云：“適”字“三苍古文作適”。可是为何这个俗字又不用，偏去另造“这”字呢？

何况，俗体字固然有些在历史上确系约定俗成、用得普遍，大家也早已通用了；有些却并不多见，需要裘先生这样的专家才找得着出处。或根本也找不着，如以斗代鬥、以卜代蔔之类，连裘先生也只能说它“使用的历史大概极短”，可见文证是极难找的。如此杜撰，文字学家能怎么办？

再说，都是俗体字，为何某些被采为正体，某些却舍弃了，标准何在？以勾代夠、以吊代掉，未见得就比以薑代姜不高明，为何在《简化表》中便不予承认？

那些本来不同形的字，简化后变成同形，如勝简为胜，与腥的古体同形。裘先生也只是叙述了这种现象，却未追问这是个合理的现象吗，会增加混淆吗，有时他反而还要努力去找理由来解释。

如简化时把“裡”并入“里”，裘先生也说：“被合并的字跟合并它的字究竟是什么关系，不大好判断。”因为“裡”在西周金文中早就有了，所以裘先生说它与里可看成是一般假借关系，亦即以里代裡即如以只代隻、以杰代傑那样，属于同音假借。但有学问的裘先生又找到一个金文和一则《素问》的例子，因而他又怀疑：“也有可能‘裡’这个词本来就是假借‘里’字来代表它的，后来才为它造‘裡’字。那么，裡跟里的关系，就是后起本字跟母字的关系了。”同理，裘先生固然说了：臺颱檯都简化为台，乃是以假借字取代了本字。但他也不能确定就是如此，故又曰：“并入台字的颱，也不能说一定没有是台字的分化字的可能性。”并与併，情况也一样（见第 250 页）。如此曲尽其能地去解释，不辛苦吗？

而这样做，就没问题吗？不然！裘先生尊重简化字的立场，在讲述文字学时，本来就会显得尷尬。例如第 124 页说“‘隻’既是‘获’的初文，又是当单个讲的‘只’的本字”。隻怎么看得出与获的关系？獲变成了获，隻与犬的造字关系也就难说得很了。第 117 页说門“本象双扇门”，列入象形字。但简化为门，还象两扇门吗？第 131 页，監“字形表示俯首在盛水的器皿里照脸”，臣字即表示人的大眼睛，故甲骨作，金文作，现在简成监。如何再说它是“主体和器官的会意字”？第 190 页又有段话说:“利害，本指好处与坏处，引申而有剧烈、凶猛的意思。一般人觉得‘利’字的意义跟剧烈、凶猛等义联系不起来，所以喜欢以‘厉’字来代替它。”学生看这段话，若不知厉本该是厲，怎能理解为何要以厉来代利？厲变成简体以后，是完全看不出跟凶猛剧烈有什么关系的。凡此之类，乃是因他讲的本是传统汉字，可是套着简化字这个靴子走路，有时便不免为难。

某些时候，他也会直说简化字弄混了。例如第124页说:“在简化字里，‘埶’旁简化为‘执’，跟‘執’的简化字‘执’相混。”因为埶是藝的初文，表种植，与執乃两字，简化后就看不出它原先的区别了。

可是大部分时候，裘先生只是无奈。比如古代酒鍾之鍾，跟鐘鼓并不是同样的东西，鍾类似壶，可是现在都简成了钟；又如纖縴都简成纤，髒臟都简为脏，證明的證与徵谏的徵都简成证，裘先生不好说那都如執与藝一般弄混了，就只能说:“既可以归入由于字形变化而造成的形声字，也可以归入同为形声字的同形字。”（第217页）。

把这些林林总总的问题合起来看，我们就会理解，要在一个以简化字为政策的简化字环境中教中国文字学，实在是件不容易的事。温厚如裘先生，有时也不免要抱怨或慨叹，觉得1963年审音委员会对异读词的标准音读审定:“对减少文字异读并没有起多大的作用。有很多词的异读取消后，表示它的字仍有其他读这种音的用法。因此对这些字来说，异读仍然存在”，“在异体字整理和汉字简化中，把有些读音和母字所保留意思的读音不同的分化字并入了母字（如把捨并入舍，把儘并入尽），还把有些不同音的字变成了同形字（如把纖和縴都简化为纤），并且采用了音近通假的办法（如借斗为鬥、借卜为蔔），又使有些字恢复了旧有的异读，或增加了新的异读”。对于合并，裘先生也觉得合并並与并、彙与匯、摺与折、疊与迭之类“异类混淆可能性比较大的同音或音近字，就会严重影响文字表达语言的明确性”（第 257 页）。[①]

六、当代文字学的路向

除了文字原理及历史流变之外，近年内地文字学也有新的发展。由于在文化语言学领域因要处理汉语之文化特性，发现不能如西方那样只讲语言学。且汉语之文化特点，往往与汉字有关，研究汉语便不能不同时研究汉字。故研究汉字也不能如过去那样只讲六书及历代流变便罢，更应由文化看，把汉字跟中国文化研究结合起来。此一风潮，在语言学领域是文化语言学；在文艺理论及文化研究领域是汉字诗学、汉字思维特点研究；在文字学领域，则是号称“当代文字学”之崛起。

在张玉金《当代中国文字学》书前《提要》便开宗明义道：“为建设好新世纪的中国文字学，主要应做好以下几项工作：一、是对传统文字学和现代文字学进行扬弃；二、是借鉴外国文字理论和方法；三、是引入文化学的理论和方法；四、是重组与再建汉字学理论体系。”讲的就是这一风潮中青年学人之壮志。

在扬弃传统文字学方面，他们主要是强调不能局限于文字本身，应“将汉字与中国文化联系起来进行考察”（第 286 页）。在扬弃现代文字学方面，他们又与热衷简化及拼音的前辈不同，反对“汉字书写单元发展的总趋势是日益简化；汉字日益向表音的道路迈进；汉字要走世界共同的拼音方向等”老一辈人的主张。觉得那些都是“现代文字学理论体系没法摆脱欧洲中心主义的偏见”（第 287 页）。

---

① 裘锡圭《文字学概要》，商务印书馆，1988。

当代文字学事实上也不能不反对，或至少不能像裘锡圭那一代人那般尊重简化字。原因甚为简单，他们注重汉字的文化研究，要讨论汉字结构的文化特征、汉字形音义的文化理据、汉字中体现的汉民族历史文化，要在汉字结构中探讨文化事象，这些，当然都只能求之于正体字。简化字是没法做这些分析的。例如讨论祭祀的观念和仪式，他就只能谈象以豆盛玉献于神前的豐，而不能用丰；只能用禦（说文：祀也，从示，御声），而不能用简化字御。

亦因比较注重文字与文化之关系，故不会像过去的学者般，孤立地就字形说繁说简，以为大家都喜欢简也应该简，明白形繁形简各有适用之社会文化关系，一音多形也不可避免，未必定须合并："古代一音义多形体的现象很常见。现在由于进行了异体字整理和汉字简化，在通行字的范围里，一音义多形的现象大大减少了。但并没有被消灭。由于种种原因，繁体字东山再起，与简化字分庭抗礼；在某些特殊场合，篆字、隶书以及古文字仍在使用；人们手头上，由于使用行书草书，并受旧的用字习惯影响，异形也比较多。可以说，一音义多形的现象也是不能消灭的。"（第128页）这是与过去简化、一元化、孤立地论文字完全不同的思路。

张先生这本书，虽然也是用简化字排印的，但在讨论时选用的例字，经常不用简字，仍采正体，如聖、藝、寶、幹等字，均不用圣、艺、宝、干等字。而且会刻意指出许多看起来字形一样的字，其实本是音义不同之字（如简体中的体，一从人，本声，是笨的意思；一是体的简体，人本会意，又做躰），这些，均与他上述态度有关。

但纵使如此，我们说过，要在一个以简化字为政策的简化字环境中讲文字学，绝非易事，即如张先生这样，亦仍不免常要被简化字干扰而致误。如他谈到隶书与楷书中形旁常发生变形，举了言变讠、食变饣、車变车、馬变马、鳥变鸟、麥变麦为例。但我们都看得出来：隶楷书中不会有言变讠、食变饣、車变车、馬变马、鳥变鸟、麥变麦之例，这些偏旁变形乃是因简化而出现的。且鳥变鸟、馬变马、車变车、麥变麦，不知所云。乃是把前面一个字全部都错排成简化字的后果。这就好像他要分析飯字，注明："从食，反声"，可是飯却写成饭。从食之意就要绕个弯才能理解了。用简化字教文字学，实在难教，观乎此，可思过半矣。①

七、相期于中道之路

以上分从几个方面来看简化字在文化传承上的问题，感慨自是难免。我觉得目前内地社会上使用正体字渐趋频繁，原因甚多，绝非"受台港地区使用繁体字的影响"那般简单。可是，对于社会人民使用正体字的需求与喜爱，那些歌颂政府推行简化字是俯顺人民群众之需的人，却换了一副口吻，不主张政府应协助之，趁这个机会让老百姓多认识些正体字，以避免在需用正体时弄错了，贻笑大方。反而要去禁止，不准人民使用传统文字，用了就是"不规范"，天底下哪有这样的道理呢？

曾看见有人撰文讨论古人之啸，云即吹口哨。为何"弹琴复长啸""龙吟虎啸"竟变成了吹口哨呢？原来他以为萧既简成了肖，哨之繁体亦必是啸。

我又常看见人印名片，姓范的，因要印成繁体，却转换成了範。因为範字简化字写成范，所以排版工人以为姓范的一定原是个範字，殊不知这个范字是不必改的。同理，姓于的，印成姓於；

① 张玉金《当代中国文字学》，广东教育出版社，2000。

姓钟的，印成姓鐘，也是常见的。

这都是繁简转换造成的错误，出现许多不必转换或转换失当的现象。例如某年一单位拟在故宫举办一场中秋节音乐会，宣传文案拿来给我看，确实设计得不错。封面上采用东坡词“但愿人长久，千里共婵娟”，十分温馨。但千里印成千裡，令人几乎失笑。告诉主办单位此里非彼裡，需赶快回收改正，主办人还狐疑良久。同样的情况，在太仓园林博物馆中，介绍水乡同里时，挂着的牌子写的就是“同裡”。珠海的梅溪牌坊，原是陈芳故居，现用一宅作牌坊博物馆。所展示的牌坊模型中，曲阜阙里亦误成了“闕裡”。闕是阙的误字，裡则是以为里应转换成繁体字才形成的错字。

对于这类现象，我都会觉得政府与学界该做的事，不是去禁止大家用传统文字，而是去好好教人民使用它。如此，也才是顺应时代潮流之举。

其次，此一现象亦令人更加感慨。一般评论推行简化字之弊时，都会说此举造成了文化断层，使老百姓看不懂传统文字，与传统文字隔阂了。这当然是的。然而，现在的问题却更是：不但形成了断层，而且所造成的隔阂，就算现今内地传统文化回潮，大家想要接续也不太接得上，这不是令人更有深的悲哀吗？

目前已如前文所述，在中小学教育中，让学生认得繁体字，也就是传统文字，乃是现实上所需要的，对于识字教育亦有实质帮助。在书法教育、大学文字学教学与研究时，用正体字也比简化字少了许多麻烦。因此我愿掬诚向内地主事者建议：

开放文字使用规范吧！至少所谓繁体字也可视为规范字，不必如错别字般去取缔了。在重编常用字、次常用字、通用字表时，纳入正体字。教学时，也可多让学生认得一些正体字。这样他们未来在写书法、看古籍或理解汉字之形音义时也会方便许多。

至于重新检讨简化字造得好不好，“偏旁推类”及“同音代替”之原则应否再予节制，职在语委会，斟酌以期尽善，也没什么不好，不必把我们的建议都当成敌对言论看，拼命去维护那不尽科学又不尽美观的体系。内地新一代文字学家都已经主张扬弃当年文字学之偏见了，我们展望未来，似更不应仍受五六十年代某些狂热思想之钳束才好！

东南亚的文化冲突与整合

（本文作于 1996 年）

一

“太平洋时代来临了”，这个响亮的呼声，已经喊了很久。

20 世纪 60 年代末期，日本学者小岛清即提出“太平洋自由贸易区”的讲法，70 年代末日本首相大平亦提出过“环太平洋合作构想中间报告”“环太平洋合作构想最终报告”。日本的国家经济研究所在《公元二千年的日本经济：大东亚经济集团的可能性》研究报告中，主张日本应根据真正的“共荣”观念采取主动，以便使亚太地区结合成一个可与西欧及北美市场相竞争的独立经济集团。到了 1982 年，铃木首相访美时又在檀香山发表“太平洋时代来临”的演讲，阐明太平洋即将成为未来世纪的世界经济重心。在美国，1975 年创立的夏威夷“东西方中心”和“太平洋论坛”成为全美有关环太合作的最活跃的两个中心。1978 年 4 月，美国参议院外交委会也有专门研究环太合作的构想。

类似这样的呼吁和提议下断发展，其后遂有“太平洋自由贸易联盟”（the Pacific Free Trade Union）、“太平洋共同体”

（the Pacific Community）、“太平洋地区松散的合作”（the Loose Cooperation on Pacific Area）、“太平洋盆地”（the Pacific Basin）等论说，替太平洋周边国家带来了许多希望。

二

这个希望，以及所谓“太平洋共同体”之类构想，其实是由经济发展所带动出来。因为东亚国家经济上越来越好，因此今天世界上已形成了三大经济圈，一是欧洲共同体，二是美加自由贸易协定，三就是东亚这一大块了。

二次世界大战结束以来，世界经济的区域合作出现过两次大的浪潮。第一次是在 50 至 60 年代，各国打破国界限制，走向“横向联合”，涌现了大批区域性经济集团，如欧洲共同市场和欧共体、欧洲自由贸易联盟等一体化进展特别快。但是，亚太经济成长一路领先，已动摇了西欧在世界经济中的传统地位，因此相对于其他地区，亚洲各国乃进一步提出用某种经济合作机制和稳定形式，强化并巩固区域间联系的要求。

日本最为积极，已提出许多建议，最激进大胆的如太平洋共同体等。东协国家（ASEAN）、亚洲四小龙（NICS）、南太平洋国则希望以全面合作的形式共同发展，以免被其他经济区域抛在后面。早在 1988 年，纽澳两国政府就签署协议，准备在 1990 年成立两国统一贸易市场。澳大利亚总理霍克 1991 年又提出了与日本主张类似的亚太地区经济集团的构想。而美国面对这个形势，也提出它并不只是大西洋，更是太平洋国家的讲法，设法参与并主导亚洲区域整合新趋向。而全球冷战结束后的新局势，自然也有助于亚洲的整合。

目前东亚地区经济上的整合，在这些构想及推动下，已经可以看出确有不少成效。一方面，亚太地区正在逐步形成跨国界的国际产业协作体系。近几年来不同国家在同一产业内的合作日益增多，可以说这一地区已建立了初具规模的跨国协调性国际生产体系。

另一方面，在亚太地区基本上已形成了一个产业类型和技术转移的连续系统及机制。日本要从资本密集型产业向技术和知识密集型升级，亚洲四小龙要从劳动密集型向资本和技术密集型升级，东协国家要从传统农业转向以劳动密集型为主的产业。如此即可形成若干分工合作之区域型经济体系。

再者，区域内生产的国际分工不断向高层次发展，区域内国际贸易联系日益密切，区域内资本的国际流动规模日趋扩大，区域内各国对资源或技术的相互依赖程度不断加深。产业结构、贸易结构、资源结构均呈现很强的互补性，商品、资本、劳务和技术的流动明显扩大，专业化发展已由单方面依赖日本，改成多边努力，从而促使经济上的合作加强。这些都是东亚国家经济整合愈趋活络的原因。1981 年以来，PECC（太平洋经济合作会议）成立，更是把这种关系机构化了。

在亚太范围内，“南太平洋委员会”是地区性的最早机构，1947 年在纽澳倡议下就已成立。1968 年，“太平洋地区贸易发展会议”（PAFTAD）成立，并召开多次会议。在亚太圈内，“东协”一体化程度最高，更是具有内聚力和卓有成效的组织，它强调经济目标，但也有政治作为。1980 年 1 月，东协国家召开“八〇年代的亚洲与太平洋：朝向更加对称的经济和相互依赖关系”讨论会，并发表《东协与太平洋共同体》研究报告。东协各国承认太平洋各国经济上存在日益密切的相互依赖关系，是建立经济合作组织或共同体的必要性理由，其后更出现了太平洋经济合作的政府间对话结构：“6+5”，即“东盟太平洋合作”会议，由东盟六国加上美、日、加、澳、纽组成。国际上普遍认为，这个会议的召开是亚太合作的一个突破性进展。因为它显示东协国家已经参与到太平洋新世界的共同命运中去了。

三

对于东亚环太平洋地区未来之经济整合与发展，研究者各有不同的看法与评估，或乐观、或悲观。除了政治与经济上的理由之外，文化的因素也渐被研究者所注意了。

因为亚太国家之间存在着民族上、政治上、文化上、社会上、制度上和经济上的不同点。这些不同点，常常和大西洋共同体的共同点形成对比。特别是文化上，这一地区，存在着多种文化背景。就整个圈子而言，东西方文化长期共处，多种宗教（儒、佛、道、伊斯兰、基督教及当地宗教）并存，是一个显著的特点。各地世俗文化也风格各异。在人种方面，这一地区更是名目繁多，呈现各具特色的人文风貌。由于民族同一性的脆弱，多年以来东南亚各国未有鲜明的区域集体行动，且东南亚许多尚未成熟的政治实体，当其民族完整性受到国内多元种族的离心挑战时，又往往转换成国内的高压政策，或甚至引来邻国与外来大国的干涉。在意识到国内多元种族的离心挑战时，又往往加深意识形态、社会制度、发展水平上的差异，使得这一地区的多样化思想更有充足发展。

这样的多样性，究竟对亚太地区的发展是好是坏？

乐观的研究者，可以奈思比特（Naisbitt）为例。在其著名论著《2000 年大趋势》中，他提出“社会主义变质”“亚太地区兴起”“全球经济民营化”“世纪末宗教狂热”等大趋势，认为苏联与东欧之变革，似乎显示了社会主义业已变质；伊拉克及巴勒斯坦解放组织的一些动作，似乎也说明了伊斯兰教的宗教热仍方兴未艾。同理，亚洲地区经济及国民教育的发展，可能也预示了亚太地区将继欧洲美洲地区成为世界之重心，太平洋时代即将来临。

但奈思比特的论据及方法可能有问题。他说太平洋边缘兴起之四大征象是：一、经济之发展；二、文化之进步；三、东亚继日本之后崛起成为主要力量；四、环太平洋各地注重教育。这几点均有待商榷。

先讲第三点。在亚太地区，日本、中国内地、东亚四小龙，事实上是一矛盾错综、彼此竞争的状况。相对于欧洲单一市场，这个地区更不可能成为政治及经济上的一个整体单位。何况还有菲律宾、印尼等太平洋印度洋国家不同的政经文化利益冲突掺杂其中！所以太平洋地区诸弱国不断进步发展的结果，可能不是形成环太平洋经济文化共同体，而是加速了此一地区内部的冲突与社会文化问题。

其次奈思比特以“这地区人民使用的语言超过一千种，宗教和文化传统也是全世界最多样”来证明世界文化的重心已转移到亚洲，也毫无道理。语言与文化不同，对一个地区的整体发展是不利的，东南亚某些地区之排华以及语言政策上的纠纷，很难令我们相信这便是文化重心已移至亚洲的征兆。

再说教育，他举韩国为例，云韩国青年受高等教育之比例已超过英国。但他为何不举内地为例呢？内地的教育总支出在全世界排名一四九名，为倒数第二位，仅高于西亚的也门，说“教育是亚太地区的竞争优势”，实在有点滑稽。

要之，奈思比特对于亚洲的事物，实在颇为隔阂，他选择的资料项也很片面，解释更成问题。例如他说：重要的收藏家和艺术家走访日本，就如前几辈人到巴黎和罗马朝圣一样。现在全世界艺术品销售有30%买主是日本人。但日本商人摆阔买艺术品，与台湾国泰集团蔡家兄弟开“寒舍”“国泰美术馆”一样，基本上是附庸风雅兼投资做生意，能以此印证亚洲已成为世界艺坛新盟主了吗？且现在艺术家及商贩到日本，其意义与前几世纪艺人乃至当代艺术学习者赴巴黎罗马，亦全然不同。在当代艺术世界里，美国法国仍扮演着创造性的角色，亚洲只是消费者。朝圣的人，不会到亚洲的欧洲艺术品拍卖场中朝圣，乃是显而易见的事实。

我不敢如奈思比特那么乐观。我认为整个东亚或东南亚地区，在经济发展上虽已形成一种集体意识，趋向整合，但在文化方面，其实仍然冲突甚多。尤其目前讨论亚太经济发展或合作的学者，把经济合作的基础架构在文化上，更是极为危险的事。

近几年内地鼓吹建立以儒家文化或中国文化为基础的“大中华经济圈”之类，便是其中一个鲜明的例子。李义虎《破灭的神话：世界的裂变与弥合》（湖南人民出版社，1992）即曾如此言道：

> 任何一种地区意识，都需要为它提供思想来源和文化底蕴；任何一经济圈，都需要寻找文化依托。从政治上讲，亚太地区无领袖；从文化讲，中国文化是现成的。将这一地区特别是东亚部分称为“儒家文明圈”、“佛教文明圈”、“中国文明圈”，都是明确指大的意义上的中国文化。历史上，中国文化的传播不是靠战争而是靠文明同化力，即使被侵略后它也能同化征服者（如蒙古人、满洲人及东洋人）。中国文化一直处于地区内的中心地位（包括儒佛等），从未有过变化，就是在西方文化侵蚀后仍能居主导地位。现在，世界各经济圈、文化圈对文化依托的要求是很高的。日本学者认为：“中国是一个无与伦比的国家，它甚至不适用正常意义的国家概念。它是半个亚洲大陆文化的缔造者和无可争议的继承人。这种文化持续了3000至4000年。东方所有国家从越南到朝鲜和日本，无例外地承认：中国文化的优势，是这个地区的政治及文化秩序的基础。”与中国文化相比，日本文化则不系统也无历史考验。在西太平洋地区，在黄种人区（包括纽澳等华人移民区），中国文化的向心

力和辐射力都未曾减弱。特别是中、日、朝、越及新加坡、泰、马来、菲等地，它们的文化不但是共同的，而且是共通的。日本、亚洲四小龙虽然在经济上属于西方，但在文化上属于中国。所谓“四小龙”之“龙”，即受中国文化影响之意。

这种逻辑推演与讲法，中国人或东南亚华人当然听得十分受用；但这就与奈思比特犯的错误思维一样，都与东南亚实际状况颇有差距。

奈思比特的问题，在于漠视文化的异质性与冲突，只简单地把“差异”视为“多元化”，并将“多元化”视为“活力”。李义虎的问题，则在于忽略了亚太地区文化的多元性，才会设想以中国文化为整个亚太地区的思想来源和依据，而使其理论显露出“文化帝国主义”的气味，令许多国家及人士感到不快。

而且，同一种文化真有助于地区的和平与合作吗？

历史已经对于这个问题，给予了很明确的答复。历史上所有文化统一的国家内部都有内战，每个国家中，内战自然是由同一国家文化中的人相互进行。希腊城邦间的战争、中古时期的欧洲战争、文艺复兴时期意大利的战争，16、17 世纪的宗教战争，甚至于 18 世纪的战争，也都是在同一文化的领域内进行的。这些文化领域中的不同国家，均具有同一的文化要素：语言、宗教、教育、文学和艺术。可是这些文化领域并不能在其范围内，创造出一个单一的社群，抑遏其境内的分裂趋势和破坏力量，并把它们导入和平。那么，我们又如何能够期望经由不同文化间的交流，创造出一个共同体呢？

事实上，不同国家的国民虽可具有同一的知识和艺术经验，欣赏同一的文学和美术，但那并不能创造一共同体，因为它并不能促使不同国家的人民，在彼此关系中采取道德上及政治上有意义且一致的行动。因此，认为经济整合必须奠基在文化上，其实是颇为错误的想法。包克（Guy J.Pauker）曾说：

> 东南亚各国由于种族和语言的庞杂、共同历史意义的阙如，以及殖民统治互异的经验，彼此之间一直互相隔绝；表现其特征的，是宗教多元、经济互补的缺乏、意识形态的分裂，以及对外来威胁的来源与性质在政治上争论不休。

果真如此，则如何寻找并协调诸国的共同政治、经济、安全利益，以便以集体行动在区域事务上扮演有意义的角色，确实有其难处。到底，经济整合之外，尚需要寻求与塑造共同利害、共同价值、集体记忆与文物传统。

四

既然如此，东南亚就不能谈文化整合或经济整合、社会整合了吗？那又不然，因为整合即在冲突之中。

早期的研究者多半忽视冲突，把冲突视为病态。例如社会学的结构功能学派，派森思（Talcott Parsons）即认为冲突主要是具破坏性的、分裂性的和反功能的后果。因为冲突基本上是一种“病态”（disease）。

术语常可为思想的倾向性提供某种线索。在早期理论家使用“冲突”一词的地方，派森思宁可说“紧张”和“压力”。这种选择不是偶然的。“紧张”和“压力”包括由于过分费力、过分辛劳或过分紧张带来的损害，因此包含着系统内某种形式的“病态”。因此这种思考倾向使得他把冲突看作是“功能失调”和破坏性，而忽视了冲突的积极功能。对于他来说，冲突在某种程度上是可以避免的，在某种程度上又是不可避免的，它是人类社会的“特有病态”。

其后，隆德柏格（George A.Lundberg）也把冲突看成是分裂性的，因为它是以“对立各方之间的沟通中止”为特征。依隆德柏格看来，沟通是社会过程的基础，而“断绝沟通就是冲突的实质”，所以，冲突一定是功能失调的现象。隆德柏格的理论体系倾向于调适。社会学被明确地定义为关于“人类群体创造的沟通调适技术”的学科。隆德柏格用“调适”来表示用有机体的活动达到均衡的情形，均衡又反过来被看作是社会的“正常”状态。按这种定义所包含的前提，就可以明显看出隆德柏格在冲突中所能看到的，只是消极的和分裂的现象。

但相对于这些理论，齐美尔（Georg Simmel）的《冲突论》却指出：我们、我们群体，或内群体（in group）与其他人，或其他群体、外群体（out group）之间的区别，只有在冲突中或透过冲突才能形成。这并不限于阶级之间的冲突，尽管许多研究者把阶级冲突作为最常用的例证。但在国家和民族冲突、政治冲突以及科层结构中不同层次的冲突也提供了同样的例子，同时这个概念也适用于国际关系与地缘政治学范畴中。

以东亚或东南亚之“群体整合”来说，它是在东西冷战体系不再被视为合法的国际社会结构之际，借着与欧洲、美洲的“区隔”与“冲突”，才能逐渐发展成目前这样拥有自我共同利益及自我意识的群体，而使国际社会出现新的权力关系或阶层关系。自 16 世纪初，葡萄牙与西班牙先后进占东南亚区域，随后是荷兰人与英国人。美西战争后，美国由西班牙手中接管了菲律宾等地。然而在二次世界大战，日军席卷东南亚的三年中，带给了东南亚地区有利的民族主义成长条件，从此纷纷建立民族国家，与欧美做了“区隔”。美国却因“骨牌理论”与东南亚公约体系之战略考量，而持续地以军事与经济染指东南亚诸国，此亦造就了东南亚诸国政府与人民对欧美潜意识的“冲突”。

因此，原先东亚地区各国并无现在这样迫切的联盟关系需求以及集体意识。老实说，东南亚诸国彼此不但经贸关系不甚紧密，在心理上也没有东南亚、东亚共同体的感受与需要，对其他国家的发展状况根本漠不关心，缺乏东南亚经济协助与文化整合的意愿。现在才有东南亚的集体安全、集体发展意识。

这样的共同利益追求及共同自我意识，生于与欧美世界的区隔与冲突关系，因此东南亚共同体必然带有若干反对或对抗欧美的态度。这不仅表现在经济上，更表现在文化上。因为在经济方面，美国借口自身也是环太平洋国家，所以积极参与。况且东亚各国对美国的经济依赖关系，也依然根深蒂固，一时之间尚未必能立刻调整：但东亚共同体或经济圈的形成，却带给了东亚国家的文化自觉，希望能摆脱依赖关系，迈向后殖民时代。

这其中包括香港对其自我身份与地位的再认识、新加坡“发扬东方文化以对抗西方歪风”的措施、马来西亚及东协国家对全球南北对抗的态度……都显示了一种新的东方文化运动正在形成，并使得美国的观察家如亨廷顿等人发展出了“文化冲突”忧惧感的论说，认为今后世界会走向基督教文明与儒教文明、伊斯兰教文明冲突对抗的局面。

东方文化发展论以及新的东亚经济文化联盟关系，更导致了东亚诸国暂时放弃或压抑了彼此的冲突。此即萨姆纳（Sumer）所谓“对抗合作”（antagonistic cooperation）的问题。在萨姆纳看来，“生存竞争”（competition for life）支配每一社会中所有人的奋斗，并导向合作。因为每个人都认识到与别人合作更能有效地达到自己的目标。而联合又是组织的基础，对于透过许多不同单位并为了共同目的而联合起来，以期增强共同力量而言，“组织”是一个伟大的发明。这种联合，也叫做对抗的合作，它存在于两个人或两团体之间。因为联合符合双方更大的共同利益，故存在于两者之间的小利益冲突就被压抑下来。

也就是说，冲突导致了暂时的联合，因此能够把社会中各种不同的成分结合在一起，带来协调一致的行为，而且打破了社会原有的隔离。

但群体内部的冲突虽遭压抑，毕竟不是已经解决或不存在，冲突仍是剧烈的。然而因大方向上必须“对抗合作”，故经压抑的冲突关系乃逐渐表现为下列几种型式：一是试图沟通，增进理解，以达成更好的合作关系。亦即寻找或创造内部更大更多的共同点，马来西亚政府改变对华人及中华文化的态度，推动儒家与伊斯兰文化之对话，即为著名之例。

二是寻求建立内部分工体系，以安顿歧异；或把冲突及竞争关系，用组织内之层次关系来解释。这种方式，在经济方面尤为明显。例如台湾、香港、新加坡大量雇用泰、菲籍劳工，越南新娘也大量仲介至台湾等地，不但足以显示经济分工状况，而且泰、菲、越南文化也逐渐融入其他国家中，成为新兴的次文化。

三则是以文化的差异来改变或提升对本身文化的理解。例如儒家文化或中华文化，以前均只是泛说，现在要用此种文化观来概括内地与台湾以外的地区，立刻就会发现原有的中华文化观大有问题。因为海外华人之海洋移民经验、贸易经商事迹，完全不同于历来对中华文化的理解。从前说起中华文化，总是以乡土感情、农耕文化、封建宗族社会、道德伦理生活等来形容，以与西方海洋商业文明相对照。那其实只是个局限于内地内部的中华文化观。只有通过东南亚各国华人社会所显示出来的文化差异，才能帮助我们调整中华文化观，而获得新的理解。换言之，一种文化的内部差别、异质化因素，已重新得到正视。在东南亚整合的呼声中，“一个新加坡，一种新加坡人”意识，“华人也是马来西亚人”意识，也同时得以出现，正应由此脉络来观察。

因此，冲突与整合乃是一体的，未来这样的冲突与整合势必继续发展下去。

从台湾看 80 年代的香港文化

（本文作于 1999 年）

一

非常惭愧，80 年代末期，1988 年春，我才开始有与香港接触的机会。在我《四十自述》（编者按：现改名《鹏程问道》，由东方出版社 2015 年出版）中曾经记载：当时“中国古典文学研究会和香港浸会学院有项交流计划，让我随李瑞腾、简锦松、颜昆阳同去举行一场关于文学批评的讲座，再赴港大座谈。我们几人都是第一次赴港，所以也是无处不感到新鲜。锦松则长袍飘飘，招摇过市，让港人也觉得十分惊奇。在他某次过街时，我就看见站在公车巴士里的一位小姐‘啊’了一声，下巴仿佛掉下来，再也合不拢了”。

这是典型的土包子过港。如今视之，仍不免莞尔。此诚为我与昆阳瑞腾诸兄之固陋使然，然而我们当时已是教授、古典文学研究会的负责人，而居然仍如此缺乏香港经验，实在也不妨视为一种抽样示例，说明台湾当时之学者文化人对香港文化状况的隔膜。

当时我们理解香港学术文化状况，主要靠香港旅台留学生及稍早一些曾赴港讲学的前辈学者。但数量既有限，更无法有具体的、文化氛围上的认知，隔岸观烟火，但觉朦朦胧胧。

当时我们抵港后第一个体会，就是语文环境颇异于台湾。这是一个语言上以英语、粤语为主的社会，国语普通话寸步难行。中文勉强可以通用，但自成特色。如市招多用赵之谦体，报刊多广东语汇，有时对之仍须半猜半认，跟去日本差不多。在浸会学院中文系讨论《文心雕龙》时，中、英、广东话掺杂使用，更与在台湾之经验迥然异趣。

这个经验，让我忆起在台湾时，报刊上也曾对此有所报道与讨论。例如 1984 年 11 月 5 日《华侨日报》说：九七以后，如果要维持司法制度，就应设立小组，把法律、法例、司法手续本地化，并培养足够的双语人才。1987 年 2 月 25 日《大华晚报》也报道："此间英文报纸《南华早报》进行的一项调查显示，百分之三十五的香港居民认为英文对他们的工作或日常生活很重要。""香港三百所获得政府资助的中学中，大约有百分之八十利用英语作为教学工具。""虽然在香港的五百五十万居民中有百分之九十八是中国人，但一般普遍使用英文。"可是他们的英文也许并不够好，报道说一位年轻的经理云："我在此间一所英语学校念物理、化学和其他科目。但我常常必须把我所学的翻译成广东方言，以应付每天的生活。因此，我的英文和中文都无法顶呱呱。"这类报道，通常会将此现象归结为香港是殖民地的缘故。

对于香港是殖民地，我当然晓得；对于殖民地的语文政策也可有基本的理解。但那些报道与数字，对我而言，并不真确、并无实感。说广东话的香港，我原先以为大概不过如说闽南语的台湾社会罢了。或者，我根本就忘了香港是个讲广东话的地方。因为我看香港邵氏、嘉禾的影片长大，一直看到 80 年代的新艺城、世纪。在电影里，说的可都是国语；新艺城的光头麦嘉，甚且满口山东土话。香港的连续剧《楚留香》或邓丽君动听的《香港、香港》，也都是讲国语的[①]。

这样的经验，说明了什么？一、台湾与香港学术文化界之交往，在80年代其实仍不热络，起码台湾对香港仍然十分隔阂（事实上，80年代中期解严以前，台人赴港亦并不容易）。二、相关的报道固然有一些，可是整体上是聚焦于香港之政治处境的。殖民地的身份、将要回归祖国之命运、或左或右或中共与台湾间角力的场域，成为台湾对香港的容颜素描，文化报道则甚少。三、即或看了这些报道，对香港也很难有具体的感知。这除了缺乏实际生活世界的接触与体验，宛如隔靴搔痒之外，更涉及媒体之性质、报道之数量、内容及强度。所以在十多年后，今天，一位同样不曾身履香港的台湾人，对香港已不再会像当年那样无知。当年的媒体与报道，有时是起着遮蔽功能的。或者会像哈哈镜一般，显相出一个与现实香港未必相同的面貌。

从台湾看80年代的香港，它观看的位置与基本限制，就在这儿。因此，底下的观察，都是在这种限制或观察情境中说的。

---

① 1984年10月25日《华侨日报》载：立法局辩论港督施政报告，何锦辉议员提出港府应该采取进一步措施以提高中文地位的建议六点：一是港府应在招聘公务人员时给予受中文中学教育的年轻人机会，中国语文一种须列为所有申请人的必修科目，二是内部晋升还须考虑其中文能力水平，三是能讲写中文指定程度者应予以奖励，四是尽力使中文在法庭诉讼中得到与英文同等地位，五是鼓励专上教育学院把中文科合格列为考生入学条件之一，六是立刻决定使用中文作为中小学的授课语言，提高运用中文及英文程度。可是，《华侨日报》仍有报道：高等法院按察司认为要将香港法律译成中文，根本不可能；要反映原文真义也不可能；甚至于他还认为在任何地方，只要采用普通法，法庭上都必须让英文成为一种使用语文。这可以代表80年代前期港英政府的语言态度。

二

80 年代的香港社会，第一个特征，从台湾来看，那当然就是富裕。

当时香港居民五百三十万，每人每年平均所得达到二千美元，比内地的二百五十美元、台湾的一千美元都高得多，而且实质增长率高到 6.9%。电视机、电话、冰箱等当时内地居民梦寐以求的高级消费品，几乎在每一个公共屋村家庭里都看得见。以爱民村为例，1977 年的一项调查研究就发现：98.6% 的住户都拥有自己的电视机，其中超过一半是彩色电视机。1977 年底香港总共有九十九万具电话；每四个半居民便拥有一具电话。拥有私家车的程度亦很惊人，1979 年底香港私家车总数为十六万辆，如果以全香港住户一百二十万户计，每一百户人家便有十四辆私家车。又因物质财富增加，香港居民闲暇消遣的时间亦愈来愈多。据财政司在财政预算案上的估计，在 70 年代末期“每个工人的工作时数平均每年约下跌 1.9%”。

社会富裕之外，台湾人也感觉香港社会较为文明。所谓文明，是指这个社会中家世、性别、籍贯、宗教等等和出身背景有关的因素，对个人的地位之提升，已经不再那么重要了。有才干加拼劲就有机会。其原因在于：一、公营及私营机构趋向科层化，科层组织重视效率和合理化程序，用人唯才，能力和资格成为人事甄选的首要标准。二、在工业化过程中，生产科技日趋精密，没有专门技术和知识，工作就不能胜任。三、大中小学入学、政府部门及大工商机构挑选人才，都很重视公开考试的成绩。四、香港有一个自由企业制度，低薪小白领和劳动工人只要积累到少许资本，就有机会在自由市场内独立创业，无须仰赖固定的薪酬工资。五、在资本主义市场经济中，卖者之间竞争着价格指标并分配利益，竞争者必须顺应市场态势才能击倒对手。因此，香港形成了一符合现代社会“现代性”的社会，成就取向高于身份取向。这在台湾80年代仍笼罩着现代化思潮的情况下，当然会觉得它较为文明先进[①]。

香港还有现代化所标举的另一项优点，甚为台人所称道，那就是法治。台湾人认为：殖民地统治带给香港一个开明的法律制度。虽然法律的执行仍然有漏洞、法律制度仍然较多地反映资本家和中产阶级的利益与价值观念，但基本上在法律面前人人平等，民事和刑事诉讼都有一定的合理化程序，人身自由和私有财产受到保障，尤其是70年代中成立的“廉政公署”，令台湾大为称羡。1984年10月27日《民生报》就有文章讨论：“香港能，为什么我们不能？”举出廉政公署、交通秩序、警民关系等为例，说明其法治成就。

可是，这样一个富裕、文明且有法治的地方，台湾人真的羡慕它吗？不，因为殖民地的历史与身份，是台湾人所看不起的：而香港的未来，令台湾人不敢乐观。

横亘在整个80年代的香港报道，遂因此与对香港未来前途的疑虑相始终。有关香港的报道与讨论，总是涉及“回归”或“基本法”之某某方案等等。

然而，80年代中香港人在面对《基本法》制定过程中所体现的激情，台湾人实在又不太清楚，对《基本法》也缺乏理解和兴趣（至今，看过《基本法》的人，绝不超过万分之二）。大家都觉得香港是香港、台湾是台湾。台湾比较会关切的，只是那些与台湾有关的机构与符号。例如调景岭上那片旗海，将来还会再见到吗？台湾在香港办的学校，像珠海学院之类，将来能不能继续

---

① 详陈越《香港社会结构特性》，载1983年9月《黄河杂志》。

存在，等等。

因此，80年代中所展开的香港前途中英论战、港人治港、《基本法》论争等，到底对香港人之精神状态、心灵意识、文化内涵有何刺激，形成何种变化，台湾的人大抵均不甚了然。

也就是说，台湾看80年代的香港，一方面赞叹它在资本主义现代化的进程上取得了美好的成果，无愧为东方之明珠；一方面又对它的历史处境感到无奈。

但因时序毕竟又仅是80年代，虽近黄昏，夕阳终究仍有无限之好。所以这时台湾人也毋庸感喟，正好趁着晚霞绚灿之际，好好来香港旅游、采购一番。旅游观光团开始打出香港为"购物天堂"的名号，招揽台湾人到香港消费。于是，香港又成为台湾人消费的对象或场域，台湾人在此见识比台湾更先进的资本主义文化、体会各种消费模式与经验，掏空了荷包，而却自认为大赚了一笔地欣然返台，骄其同侪与邻里。

资本主义现代化社会的文化特征之一，正是文化工业之发达。80年代，是香港文化工业发展成熟且向台湾倾销其产品之时代。

1976年2月21日《联合报》刊载了记者戴独行的专访，标题是："在台湾技术支援下的香港电视节目，制作水准已经提高了"。里面说：一般比较，香港三家电视台的综艺歌唱节目比台湾好，而戏剧节目则不及台湾。香港综艺节目的进步，仅次于日本。主要是得力于设备的新颖完善，采用电脑作业变换机，录制歌舞表演时，可以自动控制变换图案、叠影等，增加画面的美观和变化。同时，香港的舞蹈基础够，电视台内每天都有舞蹈团排练，并且管理严格……香港的戏剧节目所以较差，主要原因是没有制作人制度，因而缺乏完整的构想；其次是不重视剧本……香港的无线电视台和佳艺电视台，在戏剧节目方面都借助于台湾与内地。正在播演中的几出连续剧，像《包青天》、《侠女寻母》、《洪熙官与方世玉》、《大地风雷》等，都是购自华视和中视，改配粤语发音后播映。新近创办的佳艺电视台，更向内地的中国电视公司借将，礼聘连续剧制作人鲁稚子赴港，负责制作大型古装历史连续剧《隋唐风云》，自今年元旦推出以来，使港九观众一新耳目。该文结论是：“香港荧光幕上的戏剧节目，从此步入一个多彩多姿的新纪元。”

这是70年代中期的情况，台港影视尚各擅胜场，台湾甚且足以技术支援香港。

可是，很快地，1983年3月13日江素惠在《中国时报》的报道，标题却变成了：“香港的电视节目为什么能胜过台湾？”文中说道：台湾的电视节目曾有过一段辉煌的日子，十年前，台湾的连续剧《包青天》、《保镖》曾轰动港九。然曾几何时，香港连续剧之蹿升发展，反而侵占了台湾市场。目前，香港电视业的水准不仅追上了台湾，也远远地超越台湾。探讨香港电视业之突飞猛进，其因有三：一、自由而激烈的竞争。二、香港电视业近年内吸收了许多外国深造回来的新血轮，他们以“专业技能”与“新颖的观念”在电视界施展才华与抱负。三、香港之电视在制作尺度上，有着很大的自由，可以充分发挥与创作，再加上“用人唯材”和“尊重职业精神”，在这些条件之配合下，终得在近几年来开创了电视的新境界。

江素惠的“台湾观点”，说明了当时台湾人对于为什么忽然香港影视竞争力大增而台湾招架乏力并不太了解。当时台湾舆论界最关心的是言论自由的“解严式”关怀，因此江素惠讨论这个问题时也归咎于台湾之创作尺度不如香港自由。可是香港之自由何尝大于台湾？香港政府影视及娱乐事务处，同样有播映前的审查制度，可以吊销电视台执照。而且电视台内部自己就有个自律小组，自认为不安者早已自宫阉除，故亦不必等送审后得了警告才思改进。因此，自由尺度云云，未必足分轩轾。至于自由竞争市场、专业人才等，台湾也同样有。但硬是比不过香港，为什么？

到1985年8月14日,《中央日报》另一篇《香港能，我们为何不能?》讲得就比较准确了。该文以香港无线电视台成立电影制作部，拍摄电影为例，说明企业多角化经营之必要，并说:“在今天的工业社会里，任何事业朝向多元化的方向发展是有必要的，这也是一种必然的趋势。不只是香港无线电视台在制作电视节目的同时也参与制片工作，就连香港德宝电影公司在拍摄电影之余，还与‘特高’公司合作生产录影带、唱片及其他娱乐事业，诸如这种多元化的企业发展，也算得上是一种稳扎稳打的做法。既然香港无线电视台都能够朝多元化的企业发展，我们台湾的电视台又为什么不能?”

该文特别提示台湾影视业应朝多元化的企业发展，可说摸对了路。香港这个时期的电影、电视、唱片制作发行，均不再是仰赖制作人、剧本的人文精神的时代，而是朝文化工业发展，讲究的正是企业化经营。

以电影来说，1986年9月8日《大华晚报》标题说:“港片在台，攻城略地，宣传奏效，无往不利。”同年3月13日《联合报》标题是:“港片格局愈张愈大，国内业者看得感慨万千。”1985年12月29日《民生报》标题是:“分采凌厉宣传攻势，港片猛抢台湾市场。”这些报道，都可以看出台湾电影在香港企业化攻势下的窘况。

面对这波压力，台湾人的反应有两类，是“有为者亦若是”，主张也采大制作，堆砌金钱、危险和异国风情，大卡司、大宣传，追问:“为什么不能以企业化的头脑和态度，团结起来经营台湾电影市场呢?”①

① 见1985年12月29日《民生报》之报道。据阿多诺(Theodor W.Adorno)之见，电影在文化工业中居核心的地位，生产过程和许多物品的生产模式类似。故此处以电影为分析对象。

另一种反应则是批判性的，例如1989年2月16日《联合报》标题云："港片剑走偏锋，大陆题材多浮夸嬉闹。"1988年《中时晚报》又刊载了郭力昕对成龙的批评，说无论其影片多么卖座，"仍不能因此掩盖成龙电影彻底追求商业价值的本质，以及他急于成名变成超级巨星，不惜以人命（包括自己的与其他演员的）为赌本来争取观众认同的事实。"并说成龙是"靠着在杂志上大做广告以塑造偶像的企业行销策略，打入了日本市场"。焦雄屏则介绍欧美影评家认为香港电影那种五光十色、目眩神摇的节奏感，以及相当高的专业分工水准，固然很炫，但香港电影绝非艺术。它毫无原创性，只有宛如霓虹灯般展示"故事"的力量，并且对"商业"毫不自卑（例如《英雄本色》卖钱，拍续集时周润发只好死而复活，扮演孪生兄弟）。但是，其流行文化的魔力、平铺直达的说故事方法，却很有吸引力。徐克的《新蜀山剑侠》、《刀马旦》，谭家明的《名剑》，许鞍华的《书剑恩仇录》，吴宇森的《英雄本色》，程小东的《倩女幽魂》，洪金宝的《东方秃鹰》和成龙的《A计划》，都使欧美影评人处于兴奋状态。他们都同意："香港电影走回了好莱坞三十年代的商业传统。"

对于这种企业化的做法，台湾许多人并不赞成。论调之一，是说如此做未必就一定能赚钱，80年代初世纪公司解体就是个例证。世纪"同样是现代化的经营，用企业化的方式来拍摄影片"，却无法与新艺城、永佳竞争。可见文化工业自有其风险，要营运得好，没那么简单（见1983年1月26日《自立晚报》）。

论调之二，是说此种商业化取向并不可取，反而是70年代后期的新浪潮电影令人怀念，而台湾的电影其实还是比香港好。如1984年4月4日《中国时报》即有报道谓：新浪潮电影初萌时期，曾拍出过不少艺术评价很高的作品。但在多次票房失败的打击下，只得迎合观众口味拍起纯为赚钱而没啥"内容"的商业电影。因此，当台湾的电影选在香港展出七部艺术性颇高的国内制作电影时，立即获得一致的叫好。“蔡继光和徐克等香港新浪潮导演感概地表示，他们也想拍摄文艺气息较重和抒发个人情怀的电影，却没有像中影这样一个重视影片艺术性和教育意义的电影公司。他们所面临的全是如邵氏、新艺城及嘉禾等唯利是图的商业电影机构，使得这些有心有所作为的香港编导群感到去年一年，香港电影简直缴了白卷。”

这是电影界回应香港挑战的模式。这个模式可以概括当时台湾影视工作者对港式文化工业的态度。不过，程度上总有些不同，电影业徘徊于依从效法与批判之间，流行音乐界则以仿效为主，迅速使自己转换了体质。

据李活雄《日本流行文化风靡香港：论日本音乐界对香港乐坛的冲击》之分析，80 年代中期以后，香港流行音乐界，已把前此十年间日本那一套偶像经营术的商业经营手法学会了，其主要内容包括：一、经理人制度的引进。二、偶像的甄选着重外型多于歌唱技巧。三、塑造良好形象的包装法。例如悉心钻研潮流走势是必需的；花费在唱片封套设计上的金钱在所不计；接受访问前更要预先与经理人商量好如何应对；等等。四、配合歌星形象，尽量悉心安排舞蹈及指导台风。五、提高灯光及音乐效果的舞台设计，全面引入吊缆及出动大型吊臂升降器等舞台技术，泽田研二及西城秀树在港举行的演唱会对香港的舞台表演事业所带来的影响十分巨大[①]。

这一套，迅即转口引进了台湾，港台流行音乐界逐渐合流。体质相同，资金、人员与技术相互通假，乃渐发展成为港台文化工业，成了 90 年代新的文化景观。

这时的香港，是以文化工业先行者之角色，向台湾演示其利弊，并引领台湾走向东亚华人资本主义体制的。

---

① 原武道等编《日本与亚洲华人社会：历史文化篇》，香港商务，1999。

四

所谓华人资本主义体制，是指中共改革开放以后，台湾、香港、内地共同形成的图像。这个图像也曾被冠以“大中华经济圈”之类名称，也可以涵括东南亚。

在这个图像中，香港的地位非常特殊。它逐渐从一个欧洲强权的边远殖民地，变成大中华经济圈里的重要环。不论是它看自己，或内地、台湾看它，都会翘首西顾，看着它与西方的关系，转而朝向两岸的华人社会。

在这种视野下，香港乃逐渐扮演起沟通或整合的角色。

沟通，是说内地、台湾都需要透过香港作为桥梁、中介，去碰触及理解对方。人员、货物，固然须借此地转运，观念、讯息也靠此处媒介。

虽然郑树森曾在 1992 年 8 月《联合文学》月刊香港文学专号的前言中自叹：“对香港来说，无论语言、文化传承、地理环境及生存条件，香港都无法自外于‘中原’，但客观情况又注定香港要扮演‘边陲’角色（绝无可能另谋发展），而且往往内地与台湾皆视为边陲。”但事实上，80 年代的香港，在两岸中间常常反而是中心，因为一切都要透过它中介。内地书，台湾买不着，非飞来香港扛回去不可；内地学人，无法直接交往，多半是在香港切磋论学；对内地政局的发展，在台湾看不真切，往往须仰赖香港的政论杂志；对内地文化状况的认识，也一样得靠香港。

以文学来说，80 年代台湾对内地之认知，得诸香港的介绍沟通，是十分明显的。1987 年西西编了两本《八十年代中国大陆小说选》，一称“红高粱”，一名“阁楼”，都由洪范出版社出版。其序言对内地小说界现况的描述、艺术之分析、优劣之评骘，长达廿一页。第三册《爆炸》，次年出版，仍由西西主编。同年郑树森续编了《八月骄阳》《哭泣的窗户》，前言也有十一页。这些选本所显示的编选水准、对内地新时期文学之掌握，是当时初初接触内地文学的台湾文坛所难以企及的。台湾也即是通过这类介绍，才逐渐认识内地文学。

至于整合，是指香港在两岸之间，企图扮演整合者的角色。例如1987年，卜少夫、胡菊人等人组成了“新亚洲文化基金会”，这个基金会以新亚洲为名，但事实上它想建立的只是个华人或中国文化的新亚洲，所以编辑出版了《中国当代政论选》《中国当代散文选》《中国当代女作家文选》《中国当代新闻文学选》《中国当代小品文选》等书。编者曾自述：“这套丛书准备向海峡两岸发行。很高兴如今台湾版已在发行；我们当然希望亦能到大陆发行，但成不成未可预卜。正因如此，《新亚洲丛书》才见得特别有意义。因为这是第一套集合两岸和海外的中国作家于一堂的选集。而散文选尤其是最可以达到溶合‘分隔’和‘流散’的中国人情怀于一炉的文体。”

在两岸间扮演一个整合性的角色，融合分隔流散的中国人，显然就是这套书或这个基金会的目的。[①] 而这种整合，不只是单纯的集合而已，更含有“扩散”的作用，亦即将此种整合之意义扩散至海峡两岸，如此方能真正达成整合之功能。所以它编的书又要发行至台湾与内地。

这样的整合，是80年代香港非常重要的历史阶段使命及自我期许。外界也看好它这种角色地位。因此，当时跨国性的华文新闻报业，就曾竞相主动以与消费文化和商业资讯结合的倾销策

① 因为具有这种整合的企图，故香港的观点通常也较全面。例如郑树森编的《现代中国小说选》（洪范出版社，1998），所收就包括了两岸的作家作品，台湾一般选本都不如此。

略，与中国内地的当权者商讨开放中国报业市场的可能。台湾地区和东南亚的报业资本，纷纷以沟通中国内地、台湾和香港三地，以内地统一台湾应先开放与台湾的讯息沟通为由，争相向内地争取让出有诸多限制和高度垄断的报业市场。这种努力，与《新亚洲丛书》企图到内地发行，可说如出一辙。

沟通，缩短了两岸的差距。整合，又形塑了中国整体的形象。“大中华”、“中国人”、“文化中国”的国族文化想象，乃于焉盛行起来了。

且不说香港本地人，即使是当时台湾来港的文化人，辄亦显现了这种气质与文化倾向。如逯耀东在港创办《国人》月刊，据郑树森说“一度与当时香港两大文化刊物鼎足而三”[①]。余光中则在未来香港之前，颇以乡愁之作见称于诗坛。70年代中期赴港之后，乡愁之作便渐少，因为他发现他站在一个新的位置上：“香港在内地与台湾之间的位置似乎恰到好处”，“和内地的母体似相连又似隔绝，和台湾似远阻又似邻近”。所以他写出《心血来潮》那首抒发“奔向母爱的大陆和童贞的岛”，又质问两岸政治家：“这一生，就被美丽的海峡／这无情的一把水蓝刀／永远切成两半了吗？”看见香港的中秋月，则追思：“何日重圆，八万万人共婵娟？”他眼光看见的，是整个的中国。

可是，这整个的中国，事实上仍处在分裂当中，因此其整体性并不显示在它的现实面，而显示在我们对它的“整体想象”里。例如想象大家都是中国人、都享用着中华文化、有共同的整体的历史、也将有整体的未来；在这种认同态度中，历史文化必然被刻意强调，像流沙河对余光中在港时期诗作的分析，就注意

---

① 《香港文学的界定》，收入郑树森《从现代到当代》，东大图书公司，1994。本文原是1992年8月《联合文学》香港文学专号的前言。

到余光中到港后的一大变化就是回溯历史文化之作增多了[①]。

在香港，70 年代末期创办的《八方》文艺丛刊，也开始“结合海外、香港、台湾与内地作家，以文化中国的理想，跨越外在樊篱，充分体现香港中介两岸的微妙地位”[②]。

然而，这个“大中华文化”的体会，又是与“经济中国”“大中华经济圈”叠合为一体的，它的内涵中含藏着一个“我们共同拥有辉煌之过去，也将一道迎接光明新世纪”的意念或期许。而这个新未来，即是华人资本主义社会。

这种想法，起于 70 年代东亚经济的蓬勃发展。“日本第一”之说响彻云霄，台湾、香港、新加坡之经济成长亦令世人惊艳。以致讨论资本主义的学者开始反省东亚传统文化及社会不利于资本主义发展之旧说，认为资本主义可有非西方化及多元化的发展。另一些学者则因东亚这些区域都与中国文化或儒家文化传统有关，而展开“儒家思想与东亚经济”的探讨，希望说明儒家思想非但无碍于资本主义，甚且促成了东亚经济的快速发展。在这些思路中，都视资本主义体制为乐观的、不可避免的进步。恰好内地也在 70 年代进行改革开放“搞活经济”，更令人有两岸将逐渐整合的期待。故而“亚太新世纪”“中华经济圈”“儒家经济文化圈”等说法，一时俱起，对分裂的国族，提出经济文化统一的远景。

在社会现实上，这种以中国国族主义为主导的经济合作大计，在 80 年代中后期亦确实曾广泛引起港、台资本家的兴趣。除了香港在九七回归的大前提下，顺此而进行地域经济转型，与

① 详流沙河《诗人余光中的香港时期》，收入黄维梁编《璀璨的五采笔》，九歌出版社，1994。

② 见郑树森《现代中国文学中的香港小说》，收入陈炳良编《香港文学探赏》，书林出版社，1994。

内地经济关系日益密切之外，台湾亦曾有资本西进的热潮。更加促进了两岸经济上的整合与文化交流[①]。

五

政治体制上隶属于英国殖民地、经济体制依附于世界资本主义体系、文化上又扮演着华人资本主义社会之中枢角色的香港，在文化上的特征，遂又因其国际化、中介转运站化，而有本身面目模糊之感，令人不知何为香港文化。

中介者，意在沟通两造，乃桥梁、媒婆、舌人之角色。桥梁之重要性在于它能否确实达成沟通之目的，造型美观，引人注目，实在其次。媒婆要称职，更不能太凸出，以免抢了新郎新娘的风采。企图整合拉拢双方，首先亦须减轻自己的本位色彩。何况，处于内地与台湾两大之间，自己也少登台唱主角、强人以从我之本钱。故这个时期的香港，其本身的面目，颇为模糊。

在此，容我引用锺玲（一位台湾作家，80 年代居港的观察者）一篇文章来说明什么叫做香港面貌模糊。

锺玲《香港女性小说家笔下的时空和感性》一文讨论了西西、吴煦斌、锺晓阳三位女作家，认为三人以香港为其小说时空场域之作品都偏少，反而是处理不属于香港时空的题材，像是异域情调、20 世纪 40 年代中国的生活方式、永生永世受苦受难的中国小老百姓、规模宏大的历史题材、内心世界以及个性的发展、幻境及超现实主义色彩的梦魇等等。纵使少数写到了香港，可是在这三位女作家笔下的香港，十有七八不是形象模糊，就是

---

① 另参罗永生《从传媒帝国主义到传媒帝国的想象》，收入陈清侨编《身份认同与公共文化》，牛津大学出版社，香港文化研究丛书，1997。

着墨甚少。如吴煦斌的小说《木》之中，故事发生的主要地点，固然在香港，可是那些餐厅、公园却完全没有香港的特色，可以是世界任何一个城市的餐厅和公园。在锺晓阳的《停车暂借问》与短篇小说集《流年》之中，大部分也只写了香港的轮廓，详尽的描写毕竟不多。西西有几个故事也发生在香港，但香港却隐身幕后，台前出现的是其他地方。《十字勋章》就是一个例子。她另有一篇《感冒》女主角是香港人。但是由于故事偏重描写她的心态与个性，外在的香港环境仍然着墨甚少。《像我这样的一个女子》也一样，用的背景是香港，但是对香港场景的用墨极淡。故事女主角的职业颇为奇特，她是殡仪馆的化妆师。然而内容上也看不出是香港哪一家殡仪馆。此外，锺玲说："香港是个国际金融中心，许多企业家、商业行政首脑，直接间接操纵香港的命脉，更有数以万计的白领阶级在商业社会中工作、生活。然而奇怪的是，这三位女作家，没有写过一篇以商场金融界为题材的小说。"

据锺玲看，西西与锺晓阳对中国都有回归意识，她们回归的对象不尽是共产党统治的中国，而是中国的大地、中国的传统，或中国的大众。而这种现象，与台湾及内地均不相同。

锺玲说："台湾近十年来的女作家，如李昂、萧飒、袁琼琼、蒋晓云等，大多写都市女性生活这个现实的题材，而中国内地'文革'以后涌现的女作家，如茹志鹃、张洁、谌容、王安忆等，也是循着一贯写实的大方向，写社会主义中国产生的问题、写女性的生活。何以单单是香港的女作家作多方面的尝试呢？我想这与香港社会本身的现实与条件有关。"

什么现实与条件呢？锺玲认为：一、因香港是个商业社会，文学不受重视，文学家也投诉无门，故以回避、不反映现实来间接抗议。二、因香港是国际性都市，故其作品视野较广阔，不拘于香港一地。

这些理由，我都不敢苟同。香港本地面貌模糊，与世界各大国际大都市，如纽约、东京、巴黎等相较，事实上是极明显的；与台北或北京、上海相比，也是如此。在这个城市中，80年代中期以后，虽然开始逐渐思考到本身的文化性格问题，但即使是谈香港文学，大体仍是从内地学界讲“台港文学”这个概念出发，或由此带生出来的。1982年首届台湾香港文学研讨会，1984年第二届会议，都不在香港召开，而分别举办于广州、厦门，正可以说明这一点。1985年才在港大召开“香港文学研讨会”。但1988年我旅港时，所感受到的气氛及获得的知识，都还让我难以摸着香港文学的身姿。当时，似乎也只有卢玮銮等少数人在关心并致力这个领域或论题。

香港本身的文化身份及本土认同，成为蓬勃的议题，应该是90年以后的风景。一方面，80年代末期后港人的文化视角及认同对象遂亦有所调整：另一方面，后殖民论述，80年代后期在西方渐成显学。受美国学风影响的文化研究，亦强烈影响着（也许还具有殖民地性格的香港）学术界，以致竞相运用此类理论来申谈香港应如何建立本地认同及文化身份。再者，“九七”被称为“大限”，在80年代毕竟感受不如90年代强烈，面临即将被收回祖国的命运，政治上突出港人治港的意义，文化上同样也就要显示出香港的特性与格局，不再是80年代对中国的感情与态度了。

当然，80年代的文化认同问题，也绝不是一句“回归意识”或“中国人情怀”便可概括，因为内中非常复杂。当时港人固然在文化上认同中国，可是它同时也认同资本主义社会及生活体制。这两者，在某些时候是叠合的。如前文所谈及，说大中华经济圈、儒家文明新世纪时，两者可以叠合。但是，在许多时候它们又是矛盾的。香港人习惯于这个行之既久的资本主义生活体制；对于中国文化，有时也未必会热情拥抱。

这也可以解释在商业社会中，“照理说文学家可以像西方作家一样，透过作品来控诉这个现象”，而事实上香港没有这个现象。从台湾的角度看，80年代的香港知识人日渐和殖民地权力结构及资本主义制度妥协与合作，不再激进。早期左派、右派之争业已消逝。思想“左倾”的文学艺术工作者已抛掉理想和理论，在以赚钱为目的的大众传播机构里当起编导和研究员；政治活跃分子重新上大学修读法律、工商管理硕士、教育文凭课程，甚至弃学从商。秀异的专家、学者、专业人士的专业才识渐渐被香港政府赏识，部分也出席了各种咨询性的或者具有决策权力的委员会和机构，发挥了一定的影响，变成“技术官僚层”的一分子。这种种变迁的趋势或许和以下的因素有关：一、重视实际效率的经济意识形态，厚待有专门知识技术的专业人员，而薄待以思想批判社会文化道德的知识分子。知识分子要获取比较优厚的生活待遇，就要依附资本主义的工商机构或者政府组织，包括大学。这样，自然就较难发出尖锐批判的声音。二、政府的社会经济角色愈来愈重要，而要解决现代社会各种复杂的问题，要有效地计划、统筹、分配和使用各种社会及自然资源，因此需要各种经济、统计学、程序策划及大型电脑运算等等。精密“知识技术”的帮助，具有专业才能的精英分子因此愈来愈得到政府的重用。专业知识技术人才亦乐于享有新的权力和地位。三、在“文革”期间成长的年轻一代香港知识分子普遍感受到仿若“历史终结”般，资本主义大获全胜，意识形态争论已无意义，日益认同或顺从于这个社会。在这种种原因下，抗议性渐少，相较于台湾及内地，自然就成为另一个特色了[①]。

① 对香港知识分子的观感，另详37页注所引文。

六

1990 年，台北艺文界及商界流传一则消息，谓苏富比集团将来台举办拍卖会，且将来准备以台北作为取代香港的亚洲拍卖中心。

这是一系列看衰香港前途的现象之一。对于这种现象，台湾基本上觉得是个好机会，因此规划了庞大的取代香港方案，希望能成为新的“亚太营运中心”。

这个伟大的梦想，如今当然早已不存在了。不过，相反地，在香港 80 年代推动一些想法，例如文化中国、大中华经济圈、东亚儒家资本主义、两岸整合等，现在也早已荼淡话冷，少人谈及。当时一些指标性的事件，如苏富比集团是否离开香港，现在看来，好像也没什么了。缅念那逝去的 80 年代，实在令人感慨良多。但喟叹据说并不适合在学术研讨会上表达，学术会议据说应该严肃、客观、理性。所以还是让我在此住嘴了吧。

1999 年 12 月 2 日，香港 80 年代文学现象国际研讨会，主题演讲

90 年代两岸文艺文化互动

（本文作于 2000 年）

一、互动不良的时代

在我写这篇演讲稿时，王朔痛批金庸，而流弹四射，把所有江浙港台作家全部一竿子打翻的风波，仿佛仍在眼前，却又闻湖南传来炮声矣。

一位年轻的文学博士葛红兵，近来在《芙蓉》上写了一篇《为二十世纪中国文学写份悼词》。认为上个世纪根本没有什么文学大师，鲁迅好斗及打落水狗的精神，本无自由民主观念；丁玲丈夫被国民党杀害而她却跟叛徒同居，并在“解放”后迫害知道内情的沈从文；沈从文揭发萧乾；萧乾也揭发他，以致沈氏到死都不原谅萧；老舍之死，则是对现实妥协屈从，而现实仍不同情他之举。故整体说来，20 世纪作家人格实多扭曲，其作品语感也不佳，鲁迅涩、周作人枯、巴金嫩、郭沫若粗、赵树理俗、张爱玲直，均非杰作。

此君名为红兵，想必会遭到一些反批评，令人联想到“文革”时期红卫兵批斗文坛前辈及学术权威的往事。

但也许此类见解在台湾反而会有呼应与掌声。因为早在前卫版《一九九七年·台湾文学选》中，即收有郑清文的总序。此文原是他在巫永福文学会议上的座谈引言。它直言二三十年代文学，如巴金、茅盾之作，均没啥看头，以后也没什么长进。所以，底下这个结论就不是葛红兵想得到的啦，他说，台湾文学不能继承这个孱弱的传统，唯有摆脱它，独自飞翔才好。

头脑若还清楚的人当然会问：台湾文学若“因为先天的不足”，故误认了中国现代文学为其传统，现在甩掉它，为什么先天不良者居然就立刻能飞了？

但郑氏此类议论，本非讲理，而且也不是讲给会问这些问题的人听的。90 年代的台湾，跟内地其实一样，文学都在一个个的畛域中发展。花发花落，只给自己这个院子里的人称赏。对于邻院开什么花、有什么景致，殊乏兴趣。别人家就算有花，也总不及咱们院里的豌豆。倘或有人居然不能理解这一点，且也附和这一点，跟我们一齐为豌豆喝彩，则其人必然在人格、道德、美感、社会意识等各方面颇有瑕疵。

因此我们才会看到以贬抑中国现代文学来建立台湾文学的主体性、以贬抑台港文学来维护内地文化主体的地位、以贬抑南方作家来彰显北京语言与文学的优势地位、以贬抑 20 世纪来预告新世纪的光辉、以南方的芙蓉来贬抑北地风霜等诸般景象。

不但如此，就只在台湾内部，也还有许多畛域。

向阳曾谓台湾现代文学在 80 年代后期已逐渐出现分化的现象，一可称为“台北·后·现代”，一可称为“台湾的·主体性建构”。都市文学、台北及其资本主义体质，与乡土、本土、台语的台湾文学，形成了一种文化建构的城乡差距、语言分裂及主体性分立[1]。

城乡差距、南北分歧、各拥主体，确如其所述。而最妙的，是彼此都骂别人是霸权，并理直气壮地要颠覆别人的文化霸权来建立自己的霸权。

并不只台湾才有城乡差距，内地更有的是。贾平凹写了《废都》，上海的评论家就说：西安也能叫做都市吗？那顶多只是个衰败且缺乏现代性的大城镇罢了。京派、海派的老争论，到了90年代也有新的进展。其他川军、陕军、楚军亦各有号角，各唱各的调。正是："岔路各自走，风景大不同。"

岔路各自走的，可不只是城与乡，还有许许多多其他的区分方式。例如男与女、精英与大众、学院与在野、不同的媒体书写群、不同的文艺营阵地等等。

其中，女性主义、女性书写、阴性特质、女性经验、性别政治、反阳具批评、女性阅读、女性批评……从对此无兴趣也觉得无聊不相干的人来看，也会认为在90年代已形成了一个歇斯底里的女性新霸权。跟家里那些女人，老婆、妈妈、女朋友撒娇与撒泼并无二致。且把一些床帏私事拿出来大谈特谈，口沫横飞、鸣锣喝道，强迫大家听，殊属无谓。不满彼姝（或不甚姝）猖狂者，则忠告曰："这一撮安适于西方帝国主义文化的黄色余孽，也不宜太迟地摘掉余孽的帽子，还来得及跳回到参加'振兴中华'的行列中去。"[2]

颜元叔这一年辈的人，大概也会对新世代作家及理论玩家感到不解与不满、对"酷儿"理论嗤之以鼻。新世代作家则视那些LKK为老古董。但所谓新世代本身也不是同一代。他们又可分为

---

①《"台北的"与"台湾的"：初论台湾现代文学的城乡差距》，收入《当代台湾都市文学论》，时报公司，1995。

② 颜元叔，中外文学二十周年专辑，1993。

X 世代、Y 世代、Z 世代等等，各拥教主、各诵真言、各捧圣经、各有仪式，但求自怡悦，本不持赠君也。

其中又有一辈，已进入 E 时代。或架设个人洗澡间之类网站，或成立台湾现代诗网路联盟，或发行电子报诗刊，或借 BBS 成为网路文学家。网路文学方兴未艾，虚拟文坛隐然成形。在网路咖啡馆林立于街头之际，“文学咖啡屋”，就再也不会是 60、70 年代明星咖啡店的风华，而是联副的网路文学专栏了。

对此网路传播，许多人是无能置喙的。因为号称进入后现代社会的台湾与内地，许多地方仍保持着前现代的生活方式。即使是香港，企业也有 60.3% 不用电子邮件。两岸作家们保持“家庭手工业”形态者，更是大有人在。对于资讯社会新霸权，一笔在手，往往便要自负：帝力何有于我哉？

某些自设网站的作家，或许也只是另一种形式的家庭手工业。不过，作坊形态的初级文学书写工业之外，大规模量产的类型文学消费工业，也不罕见。相对于此文学工业之世俗消费霸权，某些人以“严肃”自期，《一九九三年·台湾文学选》李敏勇序，即举了十几个这样的声音。马森先生也有文学本来就只属于小众的主张（《文讯》月刊一五〇期）。

可是，文学却又正面临着大众之需求问题。90 年代，文学家越来越多（据白灵说，台湾现代诗人上千、内地数万），但社会上不少人却对文学越来越感疏离。原因是文学作品越来越不好看，仅是一小撮人之自我呢喃。文学奖评审时，连评审也常常看不懂或看得痛苦万状，读者当然会对之啧有烦言。《联合报》近年所办小说奖，几乎都会碰到这类质疑。我也曾投书为小众的文学辩护，还挨了一顿骂。

这就是说，90 年代两岸的文学，其实已形成深刻的内在断裂状况。台湾不关心内地文学之发展，如视越人之瘠腴；内地同样不理解也不理会台湾。而台湾与内地亦都不想关心香港。香港则只自弹自唱，自寻文化认同，以建立香港主体为旗号。在各地域内部，又都分崩离析，畛域判然。

此类疆界壁垒，形成于地域、阶层、性别、年龄、城乡、教育程度、政经社会力量之中，是社会走向多元化的征象之一。但多元化的结果，异乎早期鼓吹现代化者之预料，社会并不因多元而进步，文学并不以多元而增强了活力，反而是内部冲突加剧、裂痕扩大。对于多元化形成的价值分化状况，社会学家也曾主张强化沟通理性以化弭之。然而，实际上越来越是靠权力的争衡与意志的对抗在维持社会运行。况且，沟通已不可能，一是对立者本来即以打倒对方之霸权为职志，在刘再复、李泽厚出版《告别革命》之后，此类打倒意识、革命情绪仍然流漾于文坛。二、各畛域本身即是语言的分裂，彼此说话是听不懂的。不信吗？随便抄一段女性主义、后殖民、酷儿理论文评，相信现在读报的朋友中不少人就会在吃早餐时哽到，如闻外星人语。

亦因为如此，故 90 年代，又是一个无法评说的时代。这个时代的象征人物，在台湾就是李登辉。他号称民主先生，有人要为之塑铜像，许多人还有李氏情结。但另一个文学形象，则他是“大说谎家”（见张大春《大说谎家》）。台湾社会有一半左右的人不喜欢他。于是，要用一个理论或观点去评说他这十二年的是非功过，几乎便不可能。文学也同样如此难以描述。

例如前面谈及香港 90 年代对自我文化认同问题之讨论。其中当然有不少人认为香港的特点，一是殖民地身份即将结束的后殖民状况，二是处在内地与台湾的“夹缝”中。但 1995 年《香港文化研究》却企划了一个专题，叫“北进想象”。那时台湾正在大谈南进，而香港人则反省到：当他们正在为自己殖民地的身份感叹，香港人其实正大量北进。不但工厂资金移往珠江三角洲、浦东工业区，利用北方南下廉价劳工，榨取巨大剩余价值；也去内地包二奶、嫖北姑，把内地改造成香港男人的性乐园。其文化工业，如唱片、录音带、电视、电影、CD，乃至金庸梁羽生的武侠小说、梁凤仪的资本主义爱情小说、台港一体式卡拉OK，更是南卷内地。在这种情况下，香港是否在去殖民化之前，即已先成了一个殖民者呢？反过来说，把中原文化与香港文化本质化，且对立起来，鼓吹资产阶级大香港沙文主义；把外国资本主义以香港为桥头堡的北进，作为自己的北进想象，又是否恰当？是否只是更深的殖民化表现呢？

台湾也有类似的问题，而且我们更复杂。除了西进内地之外，政府还鼓吹南进，或要进到非洲中南美洲去。对于我们的文学或文化工业，我们如何评说？

在《文化再拉扯：跟红顶白》中，梁款慨叹香港中产阶级失踪了，没有自己的歌曲、电影、文学、历史馆；也痛陈90年代电影已死、电视不再有趣、流行歌回光返照、新闻工作面临十字街头。[①] 台湾的情况也差不多。中产阶级政党已泡沫化。文学艺术热闹极了，但除了自己这一群那一群人以外，谁也不关心谁，也不理解谁。

因此，90年代，其实又是寂寞的。论争与口水虽然够多了，但单纯的文学热情、对文学人从事文学事业的关怀、对共同的文学议题研讨，都淡了。分众的时代、多元分化的步调、南辕北辙的想法、无从对话也不必沟通的价值观、难以评论的错综纷杂现象，若用经王德威推广而已流行俗滥的术语来说，大抵亦可称为是“众声喧哗”。

但是，喧嚣固极喧嚣矣，其中实又有着无边的寂寞。

当然，事情也总不只是悲观的。裂痕大了，换个角度看，那个裂痕就是个新的空间。这个文学社会到处都分裂了，那就到处都会形成新空间。北方说，男与女的论述，中间便有个不男不

① 香港人文科学出版社，1997。

女、又男又女的同性恋、双性恋、雌雄同体的暧昧空间。严肃与消闲的论述，中间也会有个又严肃又消闲、以通俗为正典、以纯文学为通俗的变形地带。金庸小说正典化，在 90 年代工程浩大，同时在两岸进行，甚至把北美华人圈也卷进来。诗与公车、广告结合，体现了大众文化的形塑力与文学消费的新风貌。都市浪漫小说、罗曼史新篇、推理小说、旅游文学，更无一不与商业社会体制嵌合。而文学与电影工业的关系、世纪末"人间四月天"的热潮，亦是讨论纯文学与大众通俗文化"之间"的好题材。

这个"之间"，孟樊曾以"中间地带的幽然浮现"为说。① 此中间地带固然加大了裂痕，但也形成了可以交会可以融通的场域，以致对立的与分裂的两端，往往朝中间靠拢，情形殆亦如台湾政坛上所谓的"新中间路线"。

新中间，只能是个描述语，其内容是什么，端看两极是啥。可是我们可以约略发现：中间事实上只能是平凡、平淡、平庸。中间文学亦仅能是日常生活的饮食男女，卑之无甚高论。

从前人家批评文学家无聊，会说这些人老是邀别人来看他的肚脐眼。现在，文学正扩大这种卑俗的精神，请大家来瞧瞧他如何吃饭、如何做爱，来端详他的肚脐眼、脚毛以至生殖器。饮食文学，大行其道，令焦桐觉得世纪末很像饮食文学节庆（见九歌版《散文选》）。而作家们对身体及情欲的关注，更是到达前所未有的热度，有爱有欲，有情有肉，发扬兽性，非前此诸先行者所能梦见。

欧洲学界对于这一类现象，有"日常生活批判"之类思潮予以解释，我本来也很想征引一些来歌颂一下逝去的那个 90 年代，但一个平凡乏味的时代，戴上太重的学术冠冕，未见得合适，也就不必再折磨读者了。

---

① 《当代台湾通俗文学论》，时报公司，1992。

二、国家与认同的隔阂

以上的状况，大抵可称为“不交流”。不交流也是一种互动方式，而且是两岸普遍存在的方式。这个方式，使得两岸在后冷战时代，理论上应该消弭了竹篱、行动上也热络了交往的时代，反而形成了更深沉更内在的隔阂。

隔阂的散象之一，就是90年代两岸都在强调“认同”的问题。

认同，包括自我认同（Self-identification）和受别人承认（Recognition by others），指涉身份及文化诸领域。在台湾，90年代常见的要求是：你认不认同这块土地？认不认同自己是台湾人？认不认同台湾文化？同时也渴盼别人承认台湾的身份。香港也在80年代后期开始展开香港文化的塑颜工作，讨论香港人的身份认同与文化认同。内地则在90年代广泛运用后殖民、东方主义等理论，探讨中国意识、自我与他者、知识分子的认同困境、比较文学学者失语症等问题。

认同，简单说就是追问：“我是谁？”所期望建立的是意识自我的主体性。但谈到认同往往是政治、身份、文化纠葛难分。所以性别、国家、民族、语文、文化全被搅到一块儿，争辩起来没完没了。结果只能诉诸认同，也就是诉诸立场与信仰，无法衡理、无法论事。对于不同的认同者来说，根本就认为另一认同者是非理性的激情、霸道、没水准。彼此视若寇仇，不共戴天。

其次，认同又经常引发“谁是我们？”“他们又是谁？”等差异政治（a politics of difference）之问题，区分内部公民为两类或两等，反而制造了社会内部的对立。某些人觉得过去有人不认同台湾、台湾文化与台籍作家不受重视，心里顿觉委屈，所以要求别人要认同台湾。但台湾人是一等公民，外省人就是二等公民吗？本省籍或被判定为认同台湾者才是台湾作家，其他人则可以排斥在台湾文学之外吗？面对这种差别待遇。我就曾听作家朱天心谈过，她要争取的，就是不认同的自由。

我也不认同这种认同。因为，这是第三点，有些东西是不能认同的，例如土地。孔子曰："君子怀德，小人怀土"，我们读儒家书的人，焉可媚俗从众也来高喊：要认同某某这块土地？性别、国家、语言是否足以作为认同之对象或凭借，也同样可以商榷。以国家或民族来说，认同形成了国族主义间的对抗。两相激化对抗，便几乎兵戎相见。这次陈水扁就职，内地就非常在意他是否认同自己是个中国人。足证认同问题已因与国族主义相联结而导致两岸睽隔日甚了。

90 年代末，成龙的大片，恰好名为"我是谁？"两岸，大家都在问我是谁、如何界定自我；要求别人尊重我、庄重我的"尊严"；区分谁是我们与他们；担心自己被别人"凝视"；而也都在发展我群意识。故族群问题反而较 70、80 年代更为醒目。"族群"之"族"也脱离了以往民族学之概念，而是泛指一群有特定认同感的人，如所谓台湾四大族群、哈日族、哈美族、女性族群、同志群体之类。内地的国族认同，则系在对抗"妖魔化中国""文化冲突与全球新秩序""资本主义全球化"中发展而成，事实上也属于这 90 年代的新脉络，与 19 世纪至 20 世纪的民族主义，并不是同一件事。

但国家的角色，在 90 年代毕竟是极为尴尬的。

据管理学家彼得·杜拉克《新现实》之见，自 16 世纪以来，世界发展的趋势，是国家的形成以及国家权力的伸张。这并不是说早期人类即无国家，而是说在早期有许多领域并非以国家权力来贯透、来支配的。例如西方中古时期政治，基本上是封建领主分治的状态；经济上，则是庄园经济；思想文化上，又有宗教团体来主导。直到封建时代结束，近代国家形态兴起，这些领域才将其权力让渡出来，总归于国家主权之下，由国家来负责一切政治经济文化教育等事务。

这种趋势，形成了近代国家权力不断扩张的结果。国家负责所有对人民“管、教、养、卫”的工作，教会、医院、学校、军队乃至产业，都逐步收归国有或由国家来运作。“大有为的政府”成为许多政府及其人民共同的愿望。

其次，就是医院、学校、社会团体等“社会第三部门”之兴起。这些部门，过去可能仍由政府主导或操控，例如学校，过去教育国家化是非常明显的，现在则是“松绑”，渐由学校自主。同样地，政府对人民团体的掌握，也在衰退中。党禁、结社之禁渐成旧日的回忆；而且这些社团、基金会、宗教文化团体在社会上活力日增，也是颇为明显的。

这整体状态，用彼得·杜拉克的话来说，就是“政府的极限”状况已发生了。面对这种情况，政府的对应方式大抵可分为两种：一种当然是顺应潮流，予以配合；一种则是企图扭转，重建政府的权威。对后面这一种做法，彼得·杜拉克呼吁我们应该防范“奇里斯玛”，亦即诉诸领袖权威及魅力以重建政府威权的迷思。

90 年代，台湾因解严而社会力大增，内地也在改革开放后逐渐形成“小政府、大社会”的格局。且由于两岸关系急速发展，经贸交流、文化来往日趋频繁，奔走于两岸间的商人、学者、文化人、宗教徒不计其数，相关之活动亦多如繁星。而这些人与活动，政府所能介入及参与之空间其实极小极小。内地政府之力量无法直接及于台湾，台湾当局对赴内地投资或进行文教交流也无法鼓励，或也缺乏着力点。故两岸，包括香港，在交流互动中，基本上是处在半个无政府状态中的。可是，其力无法运用，出了问题又无法处理，政府之焦虑与恐惧也是不难理解的。希望以加强政治侦防等管制活动来突破它存在的封闭与极限，便是它所选择的一条路子。但整体状况看来，成效并不甚彰。“非国家行为者”在文化上尤其超越了国家这个范畴。

以1992年获得威尼斯影展金狮奖的《悲情城市》电影为例。该片制作人詹宏志，便曾自言他愿鼓励侯孝贤拍这部片子，是想到了莫扎特逝世200周年，全世界都在纪念他的例子。他说，侯孝贤拍的电影，在台湾可能卖座不会太好，但就像一曲莫扎特的音乐带，可以卖到全世界任何地方一样，我们不能斤斤计较眼前一地的票房。“行销侯孝贤”，绝对比把这笔钱拿来拍一部媚世或者赶流行的大烂片好得多。看起来是走了与商业市场取向相反的道路，其实这才符合真正的商业利益。

这个例子，非常有趣。因为同样支持拍《悲情城市》的这家公司，1993年又投资邀内地艺人张艺谋、巩俐导演及主演了《大红灯笼高高挂》，而且也在威尼斯影展中再度获奖。

依当时法规，台湾制作人不能聘用内地艺人担任影片的主、配角。可是，该片不仅主角系内地人士，导演和剧本也都是。可说根本就是一部内地影片，除了拍摄资金是台湾的以外（在参选时又登记为香港出品）。但结果它参赛了，也得奖了，台湾能不能进口播映？

这种曲折的状况，尚可见诸另一事例：1993年亚洲杯成棒赛，台湾“中国广播公司”在球场边树立的几方看板，忽遭拆除了。这些看板为何遭此命运，大家心里都很清楚。但中广负责人及棒协理事长唐盼盼却声称要向日本的广告公司索赔。

这显示了什么呢？在以上这些事象的背后，有一张网，勾连并托住一切事务的发展，那就是一种超越于个别国家之上的国际体系中之“非国家行为者”。

在老旧的国际关系概念中，我们通常以民族国家为政经行为之最重要单位，依此而讨论权力、国家利益、对外政策、情报活动、战争、国际法等。但非国家的行为者逐渐崛起而替代了这个重要位置，例如恐怖主义组织、宗教活动、跨国公司、种族集团之类，它们在地球上纵横交错地影响着政治、经济及文化活动，非任何国家或国际行政当局所能控制。

我们不必设想 IBM、日立、通用汽车等巨大的跨国公司，只要想想台湾商人、香港登记、内地拍片；或台湾的广告看板被拆了，却要找日本人理赔这一类事情。我们就会发现“非国家行为者”是如何行动、如何地无处不在了。莫扎特这位音乐家，正是仰仗着这样一种行为体系，结合着跨国公司的传销活动，才能在全世界传唱开来。对于这个新趋势，国家还不大适应，其文化政策仍要不断加强国家权力，实施国家行政当局对非国家行为者的监督和控制？

可是，内地仍有不少人在纪念莫扎特；青年热爱摇滚乐；跨国企业台资公司仍在继续增加；文化工业，如电影更是继续在寻求海外资金，共同制作与发行。可见在当今的国际体系中，非国家行为者的行动和力量，是很难扼杀的。90 年代的交流活动，往往也要见诸此类非国家行为者之间；若从国家的角度去看，那么，不交流的负面互动恐怕就太多了。

罗伯特·赖克《国家的作用：二十一世纪的资本主义前》也曾对国家的性质与意义在新时代之状况，做了类如彼得·杜拉克般的论断。谓经济全球化与全球网络，已使得传统意义的国家力量削弱了。但他的说法，在这一类言论中比较特殊之处，在于他提出了国家内部分裂的现象。

依他的看法，在全球化趋势中，符号分析人员融入全球性国际化经济网络中的程度与速度，都优于生产人员和服务人员。当然，其财富也高于其他两种人。而亦因为如此，此类人士之利益并不完全等同于民族国家的利益，有时甚至会有所冲突。可是这类人士仅占选民人数的五分之一，他们对世界大势虽有较开阔且合于实况之理解，然而另外那五分之四的常规生产人员和直接服务人员，却倾向主张“此胜彼败”的民族主义，只顾增进自己国家的利益（也就是他们自己的利益），不管是否会牺牲其他国家。所以，国家边界正在消失之际，我们同时也会看到狭隘的国族主义态度；在全球化越来越快速时，不但穷国与富国的差距日益增大，国内贫富不均也愈形扩大[①]。

借用他的分析来说，全球化，虽然也有资本主义新帝国主义的内涵，但它也代表着沟通、交流、休戚一体化、彼此处在同一个网络中。这个现象确实不待21世纪始然，90年代已然如此了。而且也不必说全球，两岸之间就已形成了这样一个网络，经贸往来、文化交流、人员互访，远比80年代更为热络，更不用说与冷战时期相比了。

处在这个网络中，常会让我们感到“我们”已脱离了国家（90年代，香港还是英国统治。而台湾、内地人民来往仍须签证或审批，界域仍是非常明显的），活在一个新的共同体中。

但是，实际上有这种感觉、参与这种交流、利益也得自此一网络者仅是小部分人；大多数人并不进入这个网络，利益亦不来自此，而是来自传统“国家”内部，因此此类人并不主张创造共同利益，只在乎自我利益。以致整个社会内部是分裂的。

我们在台湾地区领导人大选时，这种感受更为强烈。台湾南部传统产业县市是民进党胜选的主力所在。在这批选民心中，民族主义情绪及属于本土的利益比重较大，对于两岸共同网络则参与较少，也较不相干。这种现象，我觉得内地沿海与内陆、大都市与农村之间也会存在；在某些阶层间恐怕亦可发现。

80年代末期，我们相信的是：长期隔阂造成了敌对（或者应该倒过来说），所以只要透过经贸交流，创造共同的利益；透过文艺文化交流，增进彼此的了解，即能逐渐达成统合的目标。90

① 上海市政协编译组译，上海译文出版社，1998。

年代初，我自己更曾秉此信念，具体规划了一些政策，建立了两岸文化交流的格局。但十年以还，交流越来越多，两岸并未越趋统合，反而裂痕越大。各地社会内部之分裂也颇见征象，畛域愈来愈多，实在有令人希望破灭之感。

据哈伯马斯对晚期资本主义社会的反省。他把人的行为分成两类：工具行为与沟通行为。工具行为，即人依技术进行的劳动，涉及的是人与自然的关系。沟通行为，是人与人之间的相互作用，通过对话，达成人们的理解与一致。而人类奋斗的目标，并非劳动之合理化，而是沟通行为的合理化。因为前者意味着技术控制力的扩大，后者才能有人之解放含意。在晚期资本主义社会，却恰好是因科技越来越发达，人的劳动越来越符合科技之要求，技术的合理性变成了对人之统治的合理性，以致人的沟通行为反而越来越不合理。故而要改造这个社会，我们就必须强调生活主体间进行没有强制性的诚实沟通、对话，以求相互谅解。要达到此等理想，一是得承认和重视共同的规范标准，属于他所谓“沟通伦理学”范畴；二是须选择恰当的语言进行对话，他称为“普遍语用学”。

这个期望，或许只能看成是学者纯稚的理想，现实的发展似乎总不朝此前进。但在无可奈何之际，面对两岸这个内部畛域横梗、裂痕甚多的社会，是不是我们也仍要继续提倡沟通理性以改善 90 年代留下来的难题呢？我不知道。谨借这个机会，述现象、说感慨而略探其原因，敬以此就教于与会诸贤达君子。

2000 年 6 月 1 日，90 年代两岸三地文学现象国际研讨会主题演讲

附：朱耀伟先生回应

拜读龚鹏程校长大作，对文中有关平凡乏味的 90 年代的批评很有感同身受之叹。互动不良、漠不关心、平庸卑俗，对学术

生涯在90年代起步的我来说真是字字有如丧钟，敲出难以承受的沉重感。以我自己的专研范围为例，文化研究最初以跨科际姿态在八九十年代急速兴起，号称可以沟通不同学科，打破日渐僵化的系科区分，跨越系科专业语言不能对话的鸿沟，主旨堂皇动人，使隐身不同系科边缘的他者纷纷揭竿起义，脱去本来的外衣，一时间同仇敌忾。转眼十多年过去，沟通并不见得成功。反而正如龚校长所言做成更多语言分裂，文化研究的畴畛内部分裂，相互不尊重，大家不是听不懂对方的话，便是听不入耳，几乎要视对方为最大敌人。究其原因，或因90年代人文学科急速发展，却又未能完全系科化，有限的场域争夺俨如音乐椅游戏，于是出现如龚校长所言的“打倒”意识，不能再对事论理，更遑论伟大的沟通理性。

龚校长大文后半部提出的认同也正是问题的症结所在。90年代两岸各自按不同脉络大谈认同，殊不知认同本身已是很有疑问的课题，往往内含排他性。认同在后殖民和全球化论述中变成他者发声的理论工具，本身就相当微妙，甚至有论者声称那是全球资本主义的工具，而此正是由于龚校长文中所言的“非国家行为”的兴起。成龙在问“我是谁?”后便进军荷里活，身份认同的全球化素质已是不言而喻。全球化本身正是一个表面和谐一体化，内里则分崩离析的现象。正如卡尔斯泰斯（Manuel Castells）所言，在全球化的网络年代将会出现更多“超级城市”（megacities）（如香港、深圳、广东、珠江三角洲、澳门和珠海等地所将会形成的网络），而他构想中的“超级城市”的特点是有全球化联系，但本土则内部断裂（指社会不同阶层之间的分化）[1]。全球化年代的交流的特点正是表面对话，内里断裂。在如

① Castells, *The Rise of the Network Society*（Cambridge and Oxford: Blackwell, 1996）, pp. 403–410.

此情势下，多元化不但不是进步的保证，更可能是全球资本主义之下的另一种种族主义式压迫。[1]

回顾90年代两岸的文化互动，也许就是全球化洪流中的小漩涡，最后自消失得无无踪。龚校长以J ü rgen Habermas的沟通理论的纯稚理想作结，当中不无慨叹与反讽。我自己的后殖民论述训练一再提醒我，"交流"的重点可能在于无意义、回声、暴力、误解。[2] 公共领域当中畛域横梗、尔争我夺，表面上一起明修栈道，实则各自暗度陈仓，沟通理论反而可能变成了全球化的堂皇借口。全球化沟通的底下是跨国企业管理思维的垄断。以香港为例，大学体制也日渐企业化，学者变成学术经纪，钩心斗角争逐生意，研究计划只重花钱不重成果。正如三好将夫所言："在大学体制的脉络来说，认同政治必然会引至派系和分裂。但如今它却因差异的哲学而得到正式许可。"[3] 全球化引发"差异的哲学"（the philosophy of difference）的兴起，却反讽地引发派系斗争和内部分裂。但这对管理层来说却又未必是坏事，因为可以利用弱肉强食的森林原则来提高效率。于是大学不重就事论理和启发思维，而只看成本效益和投资回报。当大学也不能作为沟通行为的据点，我实在无法想象沟通行为如何可能。回首90年代，一个缺乏灵感的时代，也许多元化、认同只是替罪羔羊，全球化年代的学术政治因平庸的人而在平庸的时代大领风骚，甚至跨越下一千禧……

---

① Slavoj i ek, *Multiculturalism, or, the Cultural Logic of Multinational Capitalism, New Left Review*（September/October 1997）, p.44.

② 引自廖炳惠《后殖民与后现代：Homi K. Bhabha的访谈》，《当代》第七十一期（1992.3），p.25.

③ MaSao Miyoshi, *Ivory Tower in Escrow*, Boundary 2（Spring 2000）, p. 46.

华人与中华文化在多元社会的承传与发展

一

本文准备从一个故事讲起，一则中国伊斯兰的故事。

与一般人的印象不同的是：伊斯兰教虽然起于阿拉伯半岛，但只有20%左右教徒住在阿拉伯语区。真正大批伊斯兰教徒聚居之处，不在中东，而在南亚与东南亚。印尼（约一亿二千万）、孟加拉（一亿一千万）、土耳其、埃及（六千六百万）、伊朗（六千五百万）、阿尔及利亚（六千三百万）、中国（三千八百万）。故中国居第七位，高于著名之伊斯兰教国家阿富汗（二千七百万）、伊拉克（二千三百万）、沙特阿拉伯（二千一百万）、叙利亚（一千五百万）、约旦（五百万）等国甚多。换言之，40%的伊斯兰人口在东南亚南亚，30%在非洲，只有20%才在中东阿拉伯地区。中国的伊斯兰则远多于中东任何一国。

在中国，伊斯兰教分布最普遍的地方，一般人也立刻会想到西北。这一样也是错的。

中国伊斯兰教之传播，西北地区其实远较中原地区晚。新疆在公元8世纪时，仍以摩尼教信仰为主，后来改信佛教。吐鲁番则信奉景教、摩尼教。10世纪后，才逐渐发展起伊斯兰信仰。15

世纪后半期，才普及到维吾尔族地区。康熙乾隆年间，南疆号称“回部”，表示该地已广信回教。但北疆称为“准噶尔部”，即说明了该地尚未全面回教化。后来是因清朝平准部回部之后，为统治之需，移南疆之民入北疆，才使新疆全面回教化。可是，早在唐宋之间，中原地区及沿海地区就已多有伊斯兰教徒聚居了。

目前，西北之新疆、甘肃、宁夏，已为著名之伊斯兰教徒聚集地。内蒙古也有一部分。此外，西南之云南亦为重要聚集区。清朝咸丰同治年间，所谓晋陕甘回变、云南回变，即是发生在这些地区。

中原一带，如山东之回族，或由南方迁来（如蒲松龄，见下文）。或如永乐十五年，菲律宾苏禄国王入朝，病死，葬于山东，其族属遂留居于此。来源是很复杂的。河南的回民也很不少，郑州、开封、洛阳均甚普遍。

安徽的回民，则自明朝初年蓝玉、常遇春、沐英以来，便甚著名。江南则南昌、景德镇、九江一带亦多。湖南的常德、邵阳，回族据说更是占了70%以上。

广西、桂林、南宁等处也不少。广东，在1920年也曾设立过阿拉伯大学。

江苏的回民，占少数民族的80%以上，盐城、南通、无锡、扬州、南京，都是他们的聚集地。浙江省回民聚居亦甚早。杭州的真教寺，建于唐代。宁波则在元代即有回回堂。温州一带，由福建晋江迁入的回民也不少。

福建，当然是较特别的地方。由于唐宋时期，泉州为世界第一大港，故海舶而来之伊斯兰教民甚多。穆罕默德的两名弟子便葬于此。其周边如福州、厦门、劭安、南安、惠安、永春、平潭、同安等地，也多有回民。台湾及东南亚的福建移民，多来自漳州地区，事实上便多有回民血统。

1957年中国科学院考古所曾出版吴文良《泉州宗教石刻》。

1984年，泉州海外交通史博物馆又编成《泉州伊斯兰教石刻》，陈达生主编，收集碑刻达二百通，足见泉州与伊斯兰之渊源。

前文谈到的山东蒲姓，即蒲松龄一支。据罗香林《蒲寿庚研究》说，本由阿拉伯迁来，居在四川一带，后因任官，迁至福建晋江。传到南宋蒲寿庚时，曾任泉州市舶使，又受福建东建招抚使，总管船舶。后来叛宋降元，又助元征伐东南，故遭宋朝报复，戮其宗族。蒲氏这一族才会再迁至它处。这一族在泉州、福州、永春、绍安都有分布。仅绍安一地，即有千余户。还有一部分改姓为吴。

伊斯兰人改姓，不仅此一例。如惠安白奇乡郭氏，传世抄本有明郭萌修《泉州郭氏族谱》、丁惠之重修《郭氏奇山义房家谱》等。族谱上溯族源于郭子仪，但迁来泉州，始于元朝郭德广。自郭子仪至郭德广，中间六百年世系缺载。后来在1974年，发现一块汉文、波斯文合刻的墓碑，汉文为:“普坡庭·惠白奇·元郭氏世祖坟茔”，波斯文为人名:“伊本·库斯·德广贡·纳姆”，这才明白郭氏本是伊斯兰穆斯林，迁于晋江坡庭、惠安白奇，而冒姓为郭。

晋江的丁姓，则是阿拉伯文Din的音。回人名尾音常有此字，如阿拉丁、宾拉丁、元代著名的大臣瞻恩丁，故反读以之为姓。晋江丁氏即为著名一支。在明、清两氏曾任官者四人，现尚有谱牒多种可考。

除此之外，海南岛也很值得注意。近年海南岛南端三亚陵水一带，发现唐宋以来不少伊斯兰教徒墓葬群，部分墓葬之葬制与广、泉、杭、扬等地伊斯兰教徒墓葬不同，有阿拉伯早期墓葬之特色，可见该地是伊斯兰教徒较早到达之地。从地理上看，海南岛确实也是东南亚航运要道，乃阿拉伯人、波斯人抵达广州、泉州必经之地。2000年，我去柬埔寨游观吴哥窟，见其壁画石刻，乃刻中国军队协助该国抗拒伊斯兰军来攻之图，甚以为奇。归来发箧书考之，方知《宋史》即载宋端拱元年大食内乱，其国人移居占城，与真腊交战不胜，迁居海南。《古今图书集成》崖州风俗条，亦载其地多回回，其人多蒲姓。占城，在越南，乃大食人所建之国。真腊，即今柬埔寨。大概伊斯兰与柬埔寨，此后迭有交战，柬埔寨也曾请中国协助出兵，或佣兵助战，故其石刻如此。而其中一部分伊斯兰人，则由占城移到海南岛定居了。

因战争而移入伊斯兰教徒的地区，还有西藏。唐与吐蕃作战时，曾俘二万大食兵。可见彼时吐蕃已邀大食助战，故有许多大食人在西藏了。

由以上的分布状况来看，足以证明南宋周密在《癸辛杂志》中说“今回回皆以中原为家，江南尤多”，已非虚语。至元朝而“回回遍天下”。其分布殊不仅限于西北西南。此应注意者一。

如今中国境内伊斯兰教徒三千八百万；以前中国又号称为“五族共和”之域，满汉蒙回藏，回族人居第二位，亦足证其多。但这个数字，其实远不符真相。因为正如前文所述，许多仍自认为是汉人的郭、丁、马、苏、宋、蒲、李，可能都有伊斯兰血源。五代词人李珣，甚至更早的李彦生、李苏沙均经赐姓为李，明之李卓吾也是回子。凡此之类，几乎考不胜考。故中国伊斯兰之分布及人口殊不仅限于现在所说的三千八百万这个数字。此应注意者二。

伊斯兰教徒，在中国又称回教、回民，则为应注意者三。这是中国伊斯兰的特殊称谓，也反映了中国伊斯兰的特殊情况。

回教之“回”，历来多有疑义。或云乃由回纥之回而来。但回纥指维吾尔，维吾尔信奉伊斯兰教，在10世纪以后，时间较晚，故不可能是因回纥信此教而名其教民为回人。

大抵把波斯、阿拉伯人称为回回，是宋元以来普遍称谓。元设“回回历”可证。回回这个称呼，也因此而并不专指某一人种学意义上的族种。所以现在有几十个少数民族信仰伊斯兰教，也就是回教。如维吾尔、哈萨克、东乡等。哈萨克、维吾尔是它的种族名，回民则是一种从宗教、文化上用以跟汉满蒙藏区分开来的称谓。这其中，满蒙藏都还可说是种族名，汉族则显然非人种学意义上的称呼。汉朝以前，不可能有汉族。所谓汉族，是指历经夏商周长期融合，而在汉代形成一文化共同体的庞大族群。在这所谓汉人中，包括了许多种族，例如东夷、西夏、西北羌戎、北狄、南蛮、苗越等等。凡接受汉文化之基本价值观，拥有大体相近之伦理态度者，均可称为汉人。

回民，亦复如此。从种族上看，他们可能分别是维吾尔、哈萨克、蒙古、西藏、东乡、锡伯等，但只要他们信奉伊斯兰教，过着一种伊斯兰式的伦理生活，他们就都可称为回民，这也是“回回遍天下”的另一个涵义。论中国伊斯兰者，不可不明白这一点。

伊斯兰教入华千百年，其文化影响虽不如佛教入华，也仍是很可观的，底下分别介绍一二。

首应说天文学。中国古天文学均只言廿八宿十二星次。黄道十二宫、太阳入宫法，分周天为三百六十度，即是伊斯兰教所传入。唐之九执历、宋之应天历均受伊斯兰教历法学之影响。宋庆历《武经总要》已列黄道十二宫之名。元则万年历、回回历，均为回回历法。时置回回司天监，官阶正四品。至明钦天监中，仍有回回历科，清初仍之。至康熙时，杨光先与西洋传教士比赛测天，所用的中土古法，其实乃是回回历法。故自唐至清初，回回历学皆占重要地位，影响中国天文学甚深。元代郭守敬修授时历，虽非回回法，但他引用弧三角形法及阿拉伯数学，依然可以看出回回历学与中国天文学间的关系。

地理学方面，阿拉伯人梯山航海而来，地学知识曾对中国人起过许多作用，但载籍无征。可考者，厥为元代扎马鲁丁主修《大元一统志》，篇幅广达1300卷，内附彩色地图，用经纬法，述七洲形胜，包含欧亚非，实开我国地学之新纪元。扎马鲁丁又曾做地球仪，时在1267年，比西方同类制作早了225年。

阿拉伯人来华，主要是经商，所贩以香料及药材为多，李珣曾撰《海药本草》六卷，记此类药材。其中如“乳香、木香，丁香、没药、血竭、肉豆蔻”，现今均是中药习见之药，而其源皆出于伊斯兰商旅，后亦皆收入《本草纲目》中。元代，鉴于回回药及医术确实有裨民生，曾设回回医药局，又名广惠司。回人忽思慧也撰有《饮膳正要》，阐论食疗方及制牛肉脯法。陶宗仪《南村辍耕录》则载有开脑瘤术。

医药活人，兵器杀人，回回兵器也很可观。杜甫曾作《大食刀歌》咏其利兵。宋元以后，兵器进入新时代，火药虽发明者是宋人，发扬光大者实为回回，《明史·兵志》云:“元初得西域炮，攻金蔡洲城，始用火。”即指回回炮而言。时并为设回回炮手总管府，南征襄阳，西征欧亚，均仰此利器。

传统武技部分，伊斯兰教徒自固保卫之意识很强，清真寺多为锻炼强身之中心。我在1990年赴开封游历时即曾见清真寺中设武术学校，教习族人练武。回族武术，因此而在我国武术中独树一帜。著名拳种，如弹腿、查拳（查密尔创，明中叶创于山东冠县，后普及北方），均极负盛名，传习者则不限于教门中人。我少时练北派长拳时，入门就是十二路弹腿，工架沉稳，格度大方，确为扎底的好拳种。

回人还擅长买卖珠宝古玩。上海现有清真寺二十座，为伊斯兰著名聚居城市，其城隍庙、古玩街，过去便多由回人经营。其他工艺，如瓷釉中的回青、霁红、苏麻离青，也均与回回有关。

其他可说的还多的是，像台北复兴南路靠近信义路间一堆清粥小菜店的对面，有一家“泉州馓肴面馆”。这种泉州面食，就是伊斯兰吃法。可是，恐怕连这家老板也只晓得这是泉州菜，而不知道它乃是伊斯兰教徒做法了。我们平常吃馓子，也同样不会明白这是典型的伊斯兰食物。伊斯兰，在我们身边太久了，反倒令我们不太能辨识它们的存在。这类物事，又岂仅馓子这一项呢?

二

在马来西亚这个伊斯兰教居主流地位的社会中，马来西亚的华人应该对以上我所讲的这个故事耳熟能详了。但既然大家应该已经知道了，为什么我还要再讲一次呢?

前面说过，所谓华人，其实是包含了苗瑶藏羌狄越蛮回蒙侗等各种族的总称。同理，所谓中华文化是许多文化的总合。“华人”与“中华文化”，本来就是在多元文化中形成的。

过去，有许多人以一元论的角度来描述华人与中华文化。例如有人持中国人种西来说。人种西来，则包括人种、神祇、物品、器用，技术、神话、思想亦均有西方之色彩。苏雪林论《离骚》《九歌》《天问》，溯其源于巴比伦，即是如此。胡怀琛谓墨子为印度人，说墨子长得黑、主张兼爱非攻，其天志明鬼之说、摩顶放踵之行，均显示墨子当为一婆罗门。卫聚贤考证墨子应为印度人甚或阿拉伯人。金祖同陈盛良则说墨子可能是默罕穆德以前的回教徒，[1] 也都是如此。西来之西，或指印度、或指中亚、或指两河流域、或指地中海，总之是异域灵根来此开花的。

相对于人种及文化西来说，则有中华文化向其他地域散播的“泛太平洋传播论”。认为中国文化不仅传布于中国沿海及南太平洋群岛，也渡过白令海峡，传布于美加地区，或南至中美南美。南美之玛雅文化就与中国颇多相似。

---

① 均详方授楚《墨学源流》下卷《墨子之姓氏国籍学说辨》，中华书局，1973 台三版。

但迩来考古学界倾向多元论。世界人种未必出于一源，即或均源于北非或某地，文化仍可能是在不同地区分别平行发展起来的。1958年威利和菲利普（G.L.Willey & G.Sablots）《美洲考古的方法与理论》一书总结百余年来的美洲考古（包括中、南美洲）成果，即指出旧有对史前乃至历史时期的考古文化分期完全不适用美洲文明的发展。例如美洲不存在旧石器时代文明，在西班牙入侵前也根本没有铁器时代；而所谓的“青铜时代”在美洲也不明确。斯平登（Spinden H.）在1928年出版的《墨西哥与中美洲的古代文明》一书中，更明确指出：秘鲁和墨西哥的古代文明，以及邻近这个地区的各种文化，都是独立的从美洲早期农耕村社中发展起来的。杰克·哈兰（Jack Harlan）1971年《农业起源：中心和非中心》一文，则认为全世界有三个原始农业起源中心，即（1）美洲，特别是中美和南美；（2）近东及非洲地区；（2）中国及东南亚。这几个中心的农业文明是彼此独立且平行发生的。凡此，可显示考古学界基本上认为：不仅北美洲和南美洲是互相独立平行；甚至整个新大陆和旧大陆的文明也是彼此独立平行的。

而这样的结论，与中国的情形正相仿佛。早期以黄河流域为中华文化之起源中心，现在则认为有多个起源。过去我们讲古史，都是以黄帝为主，一元下衍式地讲三皇五帝奕叶相承，说中华民族都是黄帝的子孙。即使是顾颉刚所提古史传说层累说，其实也是一元的，是指传说一层层地添饰。但自徐中舒《中国古史的传说时代》、傅斯年《夷夏东西说》、杨宽《中国上古史导论》以降，出现了一种民族神话史观，认为中国至少有东西两大神话传说系统，与民族之分布有关。邹鲁所传，多为周人西戎之神话；淮楚所传，乃为东夷之传说。王孝廉《中国的神话世界》更广论东北族群（通古斯、蒙古、高丽、藏）、西南族群（氐羌、百越、苗蛮、台湾）、中原民族（汉民族共同体）等。

也就是说，考古与神话研究，渐渐从跨地域传播的角度，转换到地域分布的观点，认为文化是由一元拓衍者渐少，认为文化是由多元并起、平行发展，其后再有交流互动者渐多。

在思想文化方面，梁启超有《地理与文明关系》《亚洲地理大势》《中国地理大势》《欧洲地理大势》《近代学风之地理分布》等文，论证地理与文化学术有密切关系。谓南北地理民俗之分殊，在哲学、经学、佛学、词章、美术、音乐各方面都会形成南北风格的差异。刘师培《南北学派不同论》《南北文学不同论》更具体地分析了南北学术与文学之不同。胡适有时也会采用这个方法，例如他和顾颉刚论汉初学术，就都喜欢说“齐学”如何如何。也就是说中国文化内部也是多元化的。每一个地域中形成的学派，都有它的渊源、发展和流变。故学术非一元下衍或一元众流，而是多元并起，平行发展的。

傅斯年和雷海宗对中国史的分期，就本于这种认识。傅氏反对用西洋上古、中古、近古、近世四期划分国史，而采用种族的标准，区分上古至南朝为纯汉族之中国、隋至南宋为胡汉混合之中国。雷海宗的说法，与之相似。认为淝水之战以前，是古典式中国，为纯汉民族创造的文化；其后则为胡汉混合、华梵同化新中国。

凡此之类，均可见华人与中华文化是在多元格局中形成，其本身亦具多元性内容的。

三

如今，这种多元性愈形扩大了。一方面，中国人散处世界各地，中华文化的疆界性与民族性或国族的联系，都与从前越来越不相同，“中国人”也变成了国籍上分隶不同国家的“华人”。另一方面，政治上的“中国”又在政治上分踞海峡两岸，致使同一文化体出现了两种历史进程与文化的社会实践，中华文化与区域文化间亦形成辩证的发展。上述这两点，都与整个世界之全球化有关。因此，我们也有必要再就全球化的问题再加讨论。

全球化的概念，争论甚多，对于世界何时开始全球化，论者也有不同的看法。华勒斯坦认为始于16世纪殖民主义开始并建立资本主义世界体系之际，另有些人则主张始于跨国集团兴起时，或起于固定汇率废止时、东欧集团瓦解时等等。

但无论怎么说，全球化云云，都是针对“民族国家”而说的。表明现今社会已不再是一个以民族为主要行动者的场域与时代了，它强调跨国行动者、跨国认同、跨国社会空间、跨国形势、跨国过程中的冲突与交错等等。

在全球化这个趋势被学界普遍重视之际，文化全球化的说法也甚嚣尘上。所谓文化全球化，又称“麦当劳化”。意味着生活风格、文化象征和跨国行为方式之统一化与普遍化。不论是在德国巴伐利亚的乡村，或是在印度加尔各答、新加坡，还是里约热内卢，都有人在“消费”影集《星际大战》、穿蓝色牛仔装、抽着象征“自由、未开发的自然”的万宝路（Marlboro）香烟。所以“欧洲迪士尼乐团”总裁才会说：“迪士尼的特色有普世的适用性。您若想要使一个意大利小孩相信Topolino（‘米老鼠’的意大利称呼）是美国的，您一定失败。”似乎一个文化方面的单一世界已隐然成形。

但罗兰·罗伯森（Roland Robertson）却认为并非如此，他说：全球化并不即是单面向的全球化；单面向的全球化才是全球化争论中误解的来源。因为从经济的考量可以知道：全球化不只意味着“解地方化”，而是需要以“再地方化”为先决条件。“全球”，从字面上而言，是无人能制造出来的。而且正是有“在全球范围”生产和行销其产品的公司，才必须发展地方的条件。一方面，它们的产品形成、立基于地方的基础上；另一方面，能在全球范围内行销的文化象征，必须汲取于地方文化的原材料，如此才能生动、具爆发力和多样化的发展。“全球”意指“同时在多个地方”，亦即跨地方（translocal）。

因此，在大企业集团的考量中，这种地方和全球的关系扮演着重要的角色，并不值得惊讶。可口可乐和新力集团将他们的策略描述成“全球地方化”。他们的主管和经理均强调，全球化并不是指在世界上各个地方建造工厂，而是指成为各个文化的一部分。这种认识、这种企业策略，被称为“地方主义”。随着全球化的实现，地方主义也越来越重要。

可是，“再地方化”也不一定就表示地方的复兴。因为在地方色彩的复苏中，也同时隐含着解地方化。或者说，再地方化是经由无止境的解地方化来进行的，不能等同于单方向的“继续这样”的传统主义。那种古老的、狭隘的乡土主义，现在已不再具有实践力。这是因为表现地方意义的相关架构改变了。故地方文化不再能直接透过对世界的防御来证明自己的正确性、决定自己的方向。

这个讲法，瓦解了旧有民族文化想象。过去我们总觉得每一个社会或是一个社会团体都具有“一个”“自己的”、与其他文化有区隔的文化。此种想象可追溯到19世纪的浪漫主义，并且在本世纪由人类学继续发展，特别是被视为将文化理解成整体、形态或结构的文化相对主义。可是，现在我们注意到：这“一个”文化是在全球的关系网络中，参与到许多文化中，不断辩证地发展。不但可口可乐在中国，中国也在世界各各地方。

马尔腾·海耶尔（Maarten Hajer）曾描述过“地方的跨国化”，他说：“跨国化在文化、人和地方之间产生了新的连接，而且因此改变了我们的日常生活环境。它不仅将至今少有人知的产品带进了超级市场（例如Darians、Ciabattas或Pide）、将符号和象征带进了我们的城市（例如中国和日本的文字或是伊斯兰音乐），而且还有许多新团体和新人类出现在城市中，他们塑造了许多当代公民对大城市的认知。这些人包括了非洲人、波士尼亚人、克罗西亚人、波兰人和俄国人，还有日本人和美国人”。全球的在地化，事实上同时也就是这种地方的跨化。在这种新情势中，“一个”“自己”的文化实际上并不存在。

贝克（Ulrich Beck）《全球化危机：全球化的形成、风险与机会》中曾引艾利·戴特模特（Patricia Allay-Dettmers）《琐碎艺术》一书的论证，说明在跨国社会空间中，非洲不再是那一块非洲土地的大陆，而是一个概念：非洲不是地理上固定大小的一块地方，不是地球上可界定的一个区域，而是一跨国概念及其演出。此非洲概念，在世界上许多地方（在加勒比海、在曼哈顿的贫民区、在美国南方各州、在巴西的嘉年华会，甚至在伦敦举行、欧洲最大的街头化装舞会中）上演。

在伦敦的化装舞会中，面具、音乐、服装及舞蹈的选择，都系依据一个主题课本来计划和设计。在主题的选择上，有两个原则：一、这些主题吸收了具有世界普遍性的文化“非洲”概念；二、这些主题同时也配合了伦敦市郊黑人次文化的特色。可是，整个非洲大陆没有一件事物能符合在伦敦街头上演的非洲。而且，在疆界业已消失的世界社会中，非洲在哪里出现？位于哪里？在殖民地者于非洲遗留下的废墟中？在处于现代化中途的非洲大城市面貌中？在非洲的四星级饭店中？在有组织的非洲旅行团中？在美国黑人的寻根希望和幻影中？在西方大学撰写的非洲书籍里？或者在加勒比海区域以及文化的五光十色中？或者，甚至在英国黑人次文化对于民族认同的争取中？

本此，贝克也在问：“什么是欧洲？”“欧洲不是一个地理空间，而是一个‘想象的空间’。”对于中国、中华文化，我们同样也可以做这样的类拟思考。中国在哪里？在北京中南海，在台北介寿馆、在苗疆瑶族的歌舞里，在南投集集大地震的灾区中、在慈济功德会、在东南亚各宗乡会馆、在马来西亚的华人社会、在欧洲的中华餐馆、在越南韩国日本的孔庙、在北美各地的唐人街……无所不在。它也不是一个地区，而是一个概念，而且这个概念还正在与各所在地文化融合抟塑中，形成了在内地的中华文化、在北美的中华文化、在东南亚的中华文化、在台湾的中华文化、在纽澳的中华文化，等等。这是华夏文化的一个新局面、新社会空间。

四

本次大会，在主办单位给我的信上，曾说："海外华人素来重视文化传统，并致力其承传发扬。惟在全球化的冲击下，部分华裔新生代对源远流长的文化怀着疏离的心态，有者更建议与民族文化断奶，而以本土文化，特别是以西方强势文化为依归，认为无必要向中华文化汲取营养，引起文化断层的隐忧。"我知道主办单位希望我就此提出一些对治之药方。而以上所谈，即是我对这个问题的解答。

如前所述，中华文化从来就是在多元格局中形成及发展的，不是今天才开始面对多元社会。多元文化相互激荡交融的过程，也就是中华文化形成与发展的经历。因此，文化的承传与发展，在动态的关系中，根本是一体的，同时存在着。一个民族、一个区域，属于它们的本土性、个我性，也随时交融进了多元互动的大脉动中，我中有你，你中有我。细细检别，固然仍有不少东西，像上文第一节所叙述的伊斯兰文化和回民那样，可以追考得出来它的来历。但大多数是融合无别的了。在我们所谓的中华传统文化中，有太多原本是伊斯兰教文化、佛教文化、基督教文化的内容，老传统又跟新传统层叠。东南西北，更是异俗殊风，相与和会。所谓中华料理、中国菜，可能是东甜西辣北咸南淡，什么都有，什么都可算上。所谓中华传统习俗，端午龙舟竞渡，是楚越风俗；中元盂兰盆会，是佛教影响；中秋赏月想嫦娥，是上古夏民族的神话；吃月饼，是元末汉人杀鞑子；过年聚餐吃水饺，是满人习俗；烧饼，则是印度传来的；折扇，又源于韩国……诸如此类，在在显示我们不能以静态的、本质的眼光来看待中华文化。中华文化不是“一个”“自己的”且与其他文化有区隔的文化，却也不是与其他文化毫无区隔的。别的文化会不断加进来，中华文化也会渗透参与到许多其他文化中。

迩来我们注意到全球化对中华文化的冲击，但我们一样得注意中华文化的跨国化情势也同样在扩展。在全球各地，都可见到中华文化。中国，在跨国文化空间中，亦不只是地理上固定的一个区域，而是个跨国概念及表现。用贝克的话来说：“什么是中国？中国不是一个地理空间，而是一个想象的空间。”它是一个概念，这个概念正在与各地的在地文化融合抟塑中。

假如我们这样来理解，则“文化断层”或“文化断奶”之忧，或许就可稍稍纾解了。只有把文化想象成一个具有本质性的、固定的东西，才能说我们要切断它，或用另一个（本土的或西方的）来替换。现代化时期的文化论者，往往如此主张，故亦必引起传统文化保存主义者的反弹，认为如此断奶，必将形成文化断层。其实文化问题不是这样看的。

2003年11月29日，马来西亚，华人与中华文化在多元社会的承传与发展研讨会，主题演讲，马来亚大学及雪兰莪中华大会堂主办

马来西亚纪事

一、欧亚大学

去马来西亚，是为欧亚大学艺术所授课。

有些朋友知道我现在还是欧亚大学的校长，但对这所学校并不清楚。办校原委本来也颇曲折，故我一般并不太谈，这里且简单做些介绍。

我常去新加坡、马来西亚讲学，参与当地华人社会不少活动。还曾应侨委会之邀，几乎跑遍马来西亚各个州，一州州地去演讲，包括东马沙劳越、沙巴等地。一天飞一站，不以为苦。

原因是我深感马来西亚华人处境之蹇困。他们在大马，胼手胝足，建设家园，却受马来政权歧视，成为二等公民。勉强维持华文教育，尽力保存中华文化，过程可歌可泣、艰苦卓绝，可是成果有限。至今，马来西亚教育，仍以英文及马来文为教学语言。受华文教育的青年，入大学的机会大受压缩。即使入大学，中文系的毕业学位论文也都还只能是用马来文写，遑论其他。若不在大马升学，就只能到台湾（早年内地未开放），因此迄今留台大学生已达三万人。

这三万人，有一部分可能就此不再返回大马。而返回的，政府也不承认其学历，多只能在华人社会里谋职，而且也不再有深造之机会，因为华文教育体系只能办到高中。近年南方学院、新纪元学院惨淡经营，想升格成为大学，至今仍在奋斗，故如何协助大马青年继续升学，如何支持马来西亚华文教育，一直是我想努力的工作。

后来我在台湾办佛光大学时，发展世界华文文学研究，与马来西亚互动更加频繁，乃因此决定在该地开办境外教学研究所。不过因马来西亚华人高级师资较为欠缺，大部分教师都得从台湾去支持，教学成本太高。待我卸任后，董事会觉得不赚钱，便把它们都停办了。期间还想赖给我一个罪名，说我私自办学，不符法令云云。我颇不值其所为，且认为学生既已招了，就必须给学生一个交代，乃另在卢森堡注册了一所欧亚大学。之所以会在欧盟注册，一是马来西亚不会承认台湾与内地的文凭，但会承认欧盟的；二是想借此机缘，发展多校区跨国教学体系。

经几年惨淡经营，旧的研究所学生已陆续结业，欧亚大学进入自主招生的新阶段。于是又另在美国注册，马来西亚校区则开办艺术、历史、宗教等研究所，日常事务委由副校长王琛发负责，我仍可四处云游。

这个大学，最大的宏愿，是全世界华人可以都只用中文就可读毕博士，而且只需在其所在国，不必远赴重洋异邦。今年在台湾与内地，也尝试要开办几个研究所了。

二、槟城

此番抵槟城，恰逢全城在拜祭九皇爷，此礼在台湾没有，在内地更不可能有，但盛行于泰马、新加坡、印度尼西亚。每逢九月一日至重九，连续九天，全境供斋吃素。黑道及妓业也都要收市。每家每户，素衣白裤，乃至披麻戴孝，做九天法事。最后一夜，九皇大帝绕境游行，群送出海，要在海上送很远才折返，所以法事做完，都在下半夜了。第二天早上许多店家就因此休市，在家休息。

这样的仪式，甚为怪异，而且最后游行时，几乎全城神佛都出动了，观音堂、关帝庙、哪咤坛、赵王爷、大圣寺……无所不有。各抬神轿，伴以乩童信众，沿途香火不断。路过各坛各寺前，神轿要一一礼敬，庙祝也要站在庙口，持令旗香柱迎之，双方各缠一麻绳鞭带，称为法鞭，像条大蛇，绕在脖子上；把纸钱烧起，铺在地面。然后各如武术界比武请手一般，叉步盘腿，下拜，拱拳为礼，举起绳鞭在地上噼里啪啦，打得火光四溅。神轿则冲前盘纡作势。又有乩童，或持画戟，或举钉锤，或肚兜鲨剑，或箭衣画脸，各各异态。九皇大帝之车乘，则饰以菊花，宛若灵座，男女皆虔诚不哗。

这九皇，据说为斗母宫北斗信仰。北斗一般都说是七星，但道教认为整个北斗其实共有九星，其中有两颗隐星，而各星皆有星君，故总为九皇。但因内地及港台虽也有北斗信仰，却无此仪式，故颇令人疑其别有缘故。王琛发认为整个仪式类似《礼记》所记“小祥”之丧礼，可能是祭拜明朝皇帝。槟城这一带，旧为反复明会党之根据地，故相沿如此。

这种民俗宗教活动，或谓为小传统，或以为甚土，其实不然。我在12日怡保开完会回槟城时，就又碰上中坛元帅千秋诞辰花车游行。中坛元帅就是哪咤，游行之热闹也不下于九皇大帝，海墘及落洞高速大道一带交通大瘫痪，还有三十几辆来自BI Boby Kit Club的改装汽车，在显灵坛边摆开一般时尚界常看到的“香车美人”阵仗，令人大为惊奇。古老传统显然与华人社会新生活完全融为一体，跟台湾的庙会、神明出巡、妈祖绕境等同样可观。

三、针桃

10日由槟城去吉打州开会，先是第五届华人文学节，杨松年先生主题演讲。今年选出四本文学作品，推荐给各华社华校。冰谷写沙巴森林及所罗门群岛故事、何乃健论寓言等均颇可观。

11日开第25届华人文化节，检讨1983年华社提出的“国家文化备忘录”。由我做主题演讲，题为“全球化趋势下的大马华社”。

演讲时我提到马来西亚华人不应妄自菲薄，自认为是中华文化的边陲。因为许多中华文化之内涵仍保存于大马，弥足珍惜；许多中华文化之新发展，也可提供不同的经验给内地及台湾。

马来西亚的九皇大帝、三一教，真实教、德教、同善社、万国道德会、世界社卍字会等，都是内地所无或已绝迹了的。我这次来大马，陈进国恰好在此做了真空教的研究回去，我则去看了三一教主的玉山祠。祠中所供的神，连我也有不认得的。可见到马来西亚做研究，是我们研究中华文化的人所不能不做的事。

讲毕，有一人来找我，问其名，曰：庄国荣，非介绍他师傅给我认识不可，说：“您讲中国传统的许多东西还保存在大马，确实不错，我师神技即为其中之一，先生非去看看不可！”我拗不过他，只好随他开车去访。其师温健隆正在朋友家喝酒，被找回，在家中等我。

我去一看，聊起才知温先生道脉源出崂山三清宫，是丘处机一系，后来在华山冲霄观传法。其师湖北人，出杜心正门下，本自然门医武传统，授徒四人，分别学其拳术、针草、符箓、天医（即祝由科）。温氏得其针草之学，武术方面有师传生铁大球，练习手法，为我演示了一番。针则非针灸一般常见之技，是用针入肉以后，挑动摇针以泄邪气，兼用灸法。

此类民间异人，在马来西亚其实很多，也许应做个文化资源保存的调查计划，系统地整理整理。

四、华社

整个华人社团的处境，自然还是不利的。但 2008 年大马政治生态丕变，反对党国会大胜，执政的“国阵”普遍都面临改革压力，华总代表大会亦于近日提出多项提案。政治经济部分就不说了，教育文化方面的提案如：请政府落实增建华小的制度；请政府废除用英文教数理；请政府承认独立中学统考文凭；请政府允准新纪元及南方学院升格；请政府尊重校园自主，停止干预校园选举；请政府保留华人义山、古庙及文物古迹；请政府尊重华人宗教自由等。由其呼吁，便知华人处境之难，其效果也不可期。

对于华人与华社之处境及对策，我的文章或可参考，见后文。

全球化趋势下的大马华社

一、国族主义下的华社

东南亚华人社会之形成，不用说，是源于中国人之海外移民。

在秦汉唐宋时期，中国声势盛大，四裔慕义来归者多，因此历史的动向是以“夷狄”或“诸蕃”进入中国体系为主的。中国人移往海外蕃国者毕竟甚少。明清时期恰好相反。中国体系开始松动，藩属逐渐散离，而中国人亦日益走出直辖本土，向世界扩散了。

以马来西亚为例。中国人在汉代就已经到过马来西亚，但直至唐宋，均无华人定居该地之记录。元朝以后才有，如汪大渊《岛夷志略》所载，单马锡“男女中国人居之”（单马锡，即新加坡旧名）。郑和下南洋以后，此类人益多。而大规模移入，则须待1768年英军占领槟榔屿之后。在英殖民势力扩占马来西亚各州之际，华人之移入人口也随之增加。19世纪已移入500万人，20世纪以后更移得多。仅1900年至1940年便移入了1200万。

但早期华人虽散居于世界各地，而其意识内容却并不觉得他离开了中国。不止是在种族、国家文化认同上，他均仍认同中国。他侨居于异地，亦未必即与中国疏隔了，因为他们仍然谈着中国事，仍参与救国、中兴、建国、光华、觉民大业。因此他们遂亦成为“大中华”“大中国”中之一份子。“兴亡有责，匹夫足动圣听”（金山正埠中西日报叙）。

这种思想意识，当然会遭到所在国的疑忌排斥，视华人为“境内的异国人”。偏偏 20 世纪又是东南亚、非洲、中南美洲各地纷纷摆脱殖民，走向独立及民族建国的时代，民族国家努力伸张其国族主义以自脱于世界殖民强权之外。对于在他们国境内，非其族类，其心可能也异之中国人，既有感于族类之异，更对中国人这种跨国性的世界网络深具戒心，认为那也是一种强权，故不能不伸张其国族主义以压抑之。

所以我们才会看到马来西亚、印度尼西亚、新加坡、泰国等地各种排华或压抑华人的举措。手段或刚烈或阴柔，总之，是要转化中国人为马来西亚人、印度尼西亚人、新加坡人、泰国人等；转化“侨民意识”为“国（所在国）民意识”；转化“落叶归根”心态为“就地生根”；转化“侨社”为“属国团体”；转化华侨资本为所在国内民族资本。

“中国人”一词也越来越不好用。因为会突显国家认同上的困窘，因此渐渐以“华人”相称。正如王慷鼎所统计，1950 年以前，《南洋商报》等报刊中，华字头词汇（如华人、华教、华校之类）可说完全没有地盘。但 1951 年以后，逐渐追上侨字头词汇（如侨胞、侨团、侨社、侨教、侨校、侨务等），取而代之。国字头词汇（如我国、祖国、国父、国府、国军等），则在 1951 年便已绝迹了。[①]

这种侨民意识或中国意识之弱化现象，殊不仅新马一地而

① 见《新加坡华文日报社论之研究（1945—1959）》第五章第四节，新加坡国大中文系出版，1995。

然。各种现象足以证明：在客观形势不利的情况下，原先申张国族主义的世界各地中国人，已逐渐识时务地放弃其国族主义，企图融入所在地国家了，其国家认同已发生了变化。

虽然如此，华人的国族主义亦并未全面溃散。因为“中国人”的认同中，其实包含着种族血缘认同及文化认同。具体的国家认同虽已转向，“忠爱之忱”不施于中国政府，而施之于所在国，但种族血缘却无法改变。

文化上，于是只有两条路，一是放弃自我文化，同化于所在国之文化，企图融入于其中；二是以“国境内少数民族文化”的身份及名义，要求所在国容许其存在，并尊重多元文化之价值。若采取后一条策略，种族文化之重要性与独特价值，便会被不断强调。其存文保种之具体作为，则显示在散居中国人在世界各地办中文学校、推广华文教育、办华文报刊、发展华文文学等事务上。

二、全球化趋势下的华社

时序进入21世纪，全球化论述风起云涌，国族主义颇遭看衰，华人华社的命运又如何呢？

谭天星《战后东南亚华人文化变迁探讨》认为现代华族的问题主要有几派意见，一谓已形成“世界华族”，海外华人已形成为世界上最大的跨境民族，或者说中华民族已向海外延伸成一个世界性民族。二谓海外华人只是各所在国中之少数民族。三谓现代华族乃是在二次大战后，在东南亚形成的一个新兴民族。四谓华族已非实际存在物，如泰国之情形。

谭氏自己的看法则是：“华族，是海外源于中华民族，分属于不同国家，基于共同文化与种族认同的共同体。”（见黄万华

编《文化转换中的世界华文文学》，第二编，中国社科出版社，1999年）

朱耀伟《全球化论述生产年代的中国图象》则借1997年《新文学史》（*New Literary History*）第二界（Boundary 2）的专辑，呼应周蕾的讲法，提出“从中国性到诸中国性（Chinesenesses）”。认为内地、香港、台湾、海外华人都具有中国身份（Chinese identities）。中国不仅指内地单一之地，亦不能单一同质化地去说中国性（《本土神话：全球化年代的论述生产》，台湾学生书局，2002）。

若从“诸中国性”“诸中国身份”这些观念来看，华人既已形成世界最大的散居族裔，则其散居之处，即为诸中国之一部分，亦即散居中国之一体。

过去，已故德国汉学家马汉茂曾在1966年，于德国莱圣斯堡举办过一次“现代华文文学的大同世界”研讨会。“世界华文文学的大同世界”一词，根据王润华解释，是引用刘绍铭的翻译，把“大英共和联邦”（British Commonwealth）中的共和联邦一词加以汉化，成为“大同世界”。因为他认为目前许多曾为殖民地的国家中，用英文创作的英文文学，一般就称为“共和联邦文学”。同样，世界各国使用华文创作的文学作品，譬如东南亚的马来西亚、新加坡、香港、印度尼西亚、菲律宾、泰国、欧美各国的文学创作，也可以称为“华文共和联邦文学”。

以共和联邦来比拟，固然不尽符合散居中国内部诸中国身份的关系，但却颇具巧思。约略在此同时，即1964年，亚洲华文作家协会成立，其后组织越来越扩大，目前除“亚华”有二十个分会代表外，“北美华文作家协会”（二十二个分会）、“大洋洲华文作家协会”（九个分会）、“南美洲华文作家协会”（九个分会）、“非洲华文作家协会”（九个分会）、“欧洲华文作家协会”（十七个分会）、“中美洲华文作家协会”（六个分会）等七个洲际分会均已组成。这世界性的华文作家组合，事实上正体现着散居中国的新特征。

我们讲过，中国人散居世界各地，由来已久。但19、20世纪时，散居世界各地之中国人，不伸张其国际性世界性，而伸张其国族主义。现今则类似华文文学作家协会这样，散居中国人开始进行国际性、跨国组合。如谭天星前揭文便也曾提到“目前的华人社团有一种国际化的趋势”，文学、宗教、宗族、乡亲组织，无不如是。

像泰国，论者一般认为泰国华侨社会到80年代即已完全转化，目前已不存在华侨社会了。但是，“在新的历史条件下，泰国华族的某些特点却得到新的发展。这就是通过业缘纽带、地缘纽带、血缘纽带建立起来的华人社团，走向国际化”，诸如世界华商大会、国际潮团联谊会之类。目前，国际客属、国际陈氏宗亲、国际佛光等各种会议或组织，盘根错节地架构出一个新的世界华人新网络。单讲“世界华文经济网络”或“华文经济圈”“文化中国”，都可能过于简单而难以成立，但若注意这个多元互补、交光互摄、纵横交织的整体网络及发展趋势，便可知一个新的时代确已来临。

当然，散居中国的讲法，指不只中国本土才叫中国，其他世界各华人社会也都是中国的一部分，或者中国已成为复数。这对强调世界上只有“一个中国”的政权，或对中国仍采固定、中心、单一观点的人来说，当然无论在政治态度或文学理论、心理认识上都难以接受。

但是，对中国本土境外的华人或外国人来说，散居中国，又不折不扣是个“大中国”，中国竟然以世界为疆域了。于是，世界华人共和联邦，意拟“英语帝国主义”，令人不安。这样一个大中国，如何安顿它与内部早已不认为自己是中国人（而是所谓的“新兴民族”）之关系，亦使人困惑。各地华文文学，发展的方向，主要是要让自己归属于当地的国家文学（例如，在北美的，争取让自己成为像美国黑人文学那样，属于美国文学中之一支；在新加坡、马来西亚、印度尼西亚等地，争取成为该国国家文学之一部分，为该国多元文化中之一元），抑或是要让自己归属于世界华文共和联邦，更是会引起争论。

海外中国人对自己的中国身份，感情复杂，自尊与自卑往往交杂难理。或坚决反对“中国人”之称呼，只愿自称为华人。或对中国身份颇不以为然，提出如“血缘上我无可避免是中国人，但我只有时同意自己是中国人”的讲法[①]；或者根本抛开华文与中华文化，期望能融入当地主流社会。这样的人，连华文都已放弃了，还奢谈什么华文共和联邦？

再说，从总体趋向上看，华人因移民流动，固然散居于世界各处者越来越多，可是在许多地方，学习华文、写作或发表华文文学，仍极困难；华文信息流通又远不及英文。因此，移民第二、三代辄已不娴习华文。未来，21 世纪的新趋向，到底是华文、华文文学扩及国际化，形成真正的共和联邦，还是终归衰亡，也是个可争辩的问题。

朱耀伟曾引用德希达（Jacques Derrida, 1930—）理论，说国族有如幽灵（specter）般阴魂不散。[②] 认为在“散居中国”和“华文共和联邦文学”的构想中，国族的阴影仍会继续缠扰不休。又提出“批判的世界公民主义”（“critical cosmopolitanism”）的说

① Ien Ang, *Can One Say No to Chineseness ? Pushing the Limits of the Diasporic Paradigm,* Boundary225（Fall1998）: pp.223—242.

② Pheng Cheah, *Spectral Nationality: The Living On [sur-vie] of the Postcolonial Nation in Neocolonial Globalization,* Boundary226（Fall1999）: pp.225—252.

法[①]，谓我们对霸权、普遍的真理、高低不同的道德观和自己本身的“帝国主义”倾向都要抱怀疑态度，从而避免堕入狭隘的国族主义的陷阱。

这个提醒很有用。在面对上述诸争议时，我们不能天真地认为散居中国或什么国际化云云就能超越国族主义，或摆脱国族主义。也应注意世界华文大同世界之说，对其他民族、其他国家，就可能形成文化霸权的压力。我们只能把散居中国与世界华文共和联邦当成一个开放的描述体系。

三、全球化与大马华社

落实到大马华社的具体处境上说。

有学者认为马来西亚早已参与全球化：“马哈迪的 2020 年宏愿，将国家的焦点集中在经济领域。从 1990 年到 1997 年里，前所未有地出现了开放局面，‘五一三’以后华人被压抑的经商机会突然大增，发展主义的政治基调让我们看到马哈迪大幅度调整民族主义的主张。他掌握到在全球化时代，族群间的彼此对比在国与国之间的竞争之下可说微不足道。抢分经济蛋糕的假想敌人不应是国内的异族同胞，而是更具竞争能力的外国公司。这时他实行经济、教育和文化的自由化政策，让非上著享有更大的参与空间，最终让马来西亚政府有效地结合各族群的优势，朝向国际竞争的方向。”（何国忠《马哈迪的族群政策与华人社会》）。

可是这样的国际化，距全球化其实极为遥远，而且马来西

① Aihwa Ong, *Flexible Citizenship: The Cultural Logics of Transnationality*（Durhamand London: Duke university Press, 1999）, p.14. 此说引自 Paul Rainbow, *The Anthropology of Reason*（Princeton: Princeton University Press, 1996）, pp.56.

亚政府所积极参与的东协组织，向来对全球化深怀戒惧。因为东协国家组成区域协作组织之目的，原本即是希望能平衡美国、日本在东南亚地区的影响力。大马政府历次在东协国家组织中的发言，尤其是前首相马哈迪，对此态度鲜明，令人印象深刻。

在内政部分，马来西亚政府所推动的，不论其表面说词为何，其实正是国族主义方向。希望境内各民族文化，可以融入到一个以马来文化为主体的国家文化中来。何启良即曾指出，自从 1971 年所经济政策推行以来，在政治经济资源移转到国家机关和马来精英的情况下，马来西亚已成为一个种族霸权国家（an ethnic hegemonic state）。这个趋向，当然也是与全球化不同的。

大马华人社会处在这样一个具体的环境中，全球化的潮流，固然在世界其他地区可能都十分澎湃，但在马来西亚却谈来仍十分奢侈，缺乏全球化之许多具体条件，例如新闻媒体传播信息之全球化。华人处在国族主义之政策下，升学与就业均居弱势，要谈全球化知识经济，也根本谈不上。若要附和全球化之说，发展一个美国化以外的中国式华人全球化，谈说华人世界网络、华人非领土扩张、世界华文共和联邦等等，恐怕也甚是冒险。以为全球化浪潮来了，就能跨越马来国族主义，或摆脱国族主义，更是不切实际。

但从另一方面看，全球化并不是一种理论，它同时也指涉一种现象。这种现象不但存在着，而且正如它的名称，确实是在全球化中。各国政府，鲜少人喜欢全球化；知识界对其理论描述或世界权力结构之事实，亦多批判；竭力抵御或选择性接纳，则各公私团体各有策略，可是全球化仍在迅速进行着。

在经济活动方面，国际金融、货币、股票、油价，早已全球一体化。在信息流通方面，网络无远弗届。在知识领域，自然科学几无国界，不知国家为何物。早已形成全球单一学科模型与知识内涵，连表述方式、教学体系等都极为雷同。人文社科学术，则在20世纪60年代以后，亦大体统一，形成依赖理论学派所指称的“世界体系”。还没有全球化的，是什么呢？食、衣、住、行吗？谁不感受到如今在生活形式方面，食衣住行亦已渐渐趋同了呢？整个世界，在朝一个同质化的方向走，尚存畛域的，大概只有宗教、语言等少数事务吧！

而就是语言，似乎也在趋同。许多小语种正在消失，英语帝国之版图则正在日益扩大。许多在国际事务上努力抗拒美国化的国家，对于推广英语反而比谁都积极，例如马来西亚准备用英语来教中小学数理课程，中国更是全国上下疯英文。

这就是趋势的力量。在趋势底下，许多事务会改变，或已经在改变中。对马来西亚华人社会来说，环境的变化，较重要者有以下几点：

一、多元文化的格局或价值观已蔚为潮流。

在国族主义当令的时代，民族文化均不受重视。大家期待与努力的，是如何将国家内部各民族、各异质文化整合到一块儿，形成一个“国族”。例如美国所谓的“民族大熔炉”，中国所谓的“中华民族”，都是国族主义下的产物。民族大熔炉，会把金银铜铁锡熔成新的一丸金属球，各民族的差异性消失了，形成一个新的美利坚国族。中华民族也一样，汉满蒙回藏，不但在政治上五族共和，在文化上也要形成一个整体，是一个中华民族大家庭。这个“民族”，不是一般种族意义的民族，而是国族。为了说明大家乃是同一个族，因此这个民族的成员竟又都有了共同的祖先——黄帝；所有的中国人遂都是中华儿女。

可是，民族大熔炉实质上并非所有民族都一样被熔解重铸，美国是以盎格鲁萨克逊族文化、白人、中产阶级、男性为熔炉，去熔铸亚洲、非洲、南美洲移民及土著印第安民族，令其同化之工程。中华民族云云也一样，事实上是以汉族文化为中华文化之主要内涵的。其他国家推动的各式国家认同、文化认同、民族整合思想工作，情况亦复相似。其口号可能是“一个新加坡、一种新加坡人”之类，也可能是马来西亚式的。

20世纪这种塑造新国族运动，目前仍局部在进行着，因此在某些地方仍把强调个别民族文化的人视为破坏国家团结、向政府公然挑衅者，逮捕治罪，或查禁报纸社团。

可是，目前这种运动越来越少了。原因之一是世界人口大规模移动，国家之限界早已模糊。移民带来的文化交往、杂居、互融，都让国族主义很难进行，许多后现代理论家都会强调现今文化的杂交化（hybridization），即由于此。

而文化的杂交化，又使得许多异质的文化要素格外被人发现，而非如从前那样，受到压抑与隐藏。于是，多元文化的存在价值日益获得肯定。女性、少数族裔、有色人种、非基督徒，在美国之地位大异于前，即拜此思潮之赐。

文化多元化论，不只可以平抑国族主义之压力，对全球趋势中蕴含的全球文化帝国主义，也是一帖平衡剂。它强调在全球的文化交往中，最能吸引人的，其实就是差异。所以各地区各民族均应展现其特色，此即所谓全球在地化，以此才能抵拒全球同质化之危机。

在多元文化的格局或新价值取向下，马来西亚华人长期努力保持文化传统，就具有非比寻常之意义；政府之文化政策，恐怕也不得不逐渐靠拢文化多元论述。未来马华致力之方向，或许也该是利用此一论述来扩大发展空间。

二、中国参与全球化之新形势。

冷战时期之世界格局，乃是美苏对抗，美国围堵苏联中国，于是中国在东南亚寻找突破口，苏联在东欧。如今全球化新情势，是所谓多维格局，也就是区域竞争、全球统合。区域，指欧盟、东协、亚太经合会之类，内部统合以进行区域间的竞争；全球统合，指联合国、WTO、世界银行等对区域间的经济文化进行的协调统合。

而这个新形势中，变化最大的是中国。

80年代，美国把中国拉出冷战围堵圈，以共同对抗苏联。中国也自觉地改革开放，走向世界，积极参与国际事务。二十余年来，不但经济大为改善，在国际事务中的重要性亦与日俱增，因此号称“中国崛起”。对于中国如此迅速崛起，未来到底会泡沫化、崩溃，或持续强大，各界均有不同之分析，但目前中国正参与全球化进程，乃不争之事实。华语与华文之重要性，也与日俱增。此次主办奥运，高举“同一个世界，同一个梦想”为口号，参与全球化之态度不言可喻。

在冷战时期，马来西亚也是参与围堵中国的国家之一。对内剿灭马共，对外积极防止中国扩张，与中国存在着潜藏的敌意。对于在马来西亚境内倡言中华文化者，遂亦不能不持戒心。如今形势丕变，中国已参与东协十加三组织，与马来西亚之文化交往又日益频繁，华社的处境当然也就颇有变化。

移民虽说远离了故乡，但故乡的命运往往也仍会影响着移民的生活。就如嫁出的女子，在夫家的地位，常与娘家的荣枯有关。华人在其所在国之处境，终究仍与中国强不强大有关。因此，华人无论如何说中国意识、侨民意识已经转化或弱化，对中国仍不能不有所期望、不能不有所关切。未来华社也应利用马来政府扩大与中国经贸文化交流之形势，取得更好的发展位置与发展机会。

三、全球华人国际网络之形成。

如前文所述，华人之世界移民运动，迄今仍在进行。每年台湾与内地都仍有大批人移往北美、新西兰澳州、欧洲。华人的跨国组合，也因此越来越发达。原本地区性的华人业缘、血缘、地缘、宗教组织，渐渐不再局限于本地，走向国际。这个网络，对马来西亚华人社会十分重要。各种本地社团长期形成的壁垒、恩怨、权力关系，均可能因国际化而重组；对于华社发展之思路与策略，亦有刺激之效。华社若能妥为运用，便可获得更多（经由此一网络而获得的）资源，形成全球华人共同经营马来西亚华人文化的效果。目前华社还不太注意或重视此一网络，实在是很可惜的事。

四、关注并结合世界多元文化保存运动。

多元文化之发展，本身就是世界性的议题。

以美国为例，在欧洲人到达北美时，印第安语约有500种左右，到20世纪下半叶，已剩下不到一半。因为欧洲白人采用消灭印第安人及印第安文化的策略，少数未被杀掉的印第安人，则鼓励其同化。

依同化论的角度，印第安人学习英语、接受美国文明，不唯可改善印第安人的处境，更可改善两种文明的关系，因此强制要求放弃母语、学习英语。由于此举引起争议较大，效果不彰，故又有双语教育之推行。但整个双语教育仍是白人控制的，其本质是过渡，以达到印第安人说英语、融入美国文化大熔炉之目的，并非维护印第安族群利益、保障其语言文化的维护型双语教育（the maintenance bilingual education）。

直到1990年，美国国会才通过《美国土著语言法》，改弦更张。该法确定了“维持、保护和促进美国土著居民使用、实践和发展语言的自由和权利”，“承认他们独特的文化权利和政治权利”，“增强和提高学生对自己文化和历史的认识和了解”。这表示主导社会的思潮业已转向，同化论、双语论走入历史，目前正以抢救、维护、共同发展为主轴，推展美国的多元文化性。对于过去同化政策下的语文教育，批评者视为剥夺人权之举。

马来西亚的种族政策，跟美国有异曲同工之处。美国过去同化的对象，并不只限于印第安人，还包括大量外来移民，包括同自欧洲移入的德语后裔。1968年通过的《双语教育法》，直接起因就是移民问题。直到90年代后，这种在语言及文化上歧视少数民族和外来移民的态度，才遭唾弃。此一转变，事实上也即是世界之新趋势新潮流，全球学界、人权团体，在此均有许多通力合作之处。马来西亚华人若要争取华族文化在大马能具有法定之维持、保护、发展地位，避免被同化或歧视，就应多了解国际上这类多元文化促进运动及其成果，并寻求与之合作。对于像印第安人语言传承发展这一类做法，亦应多所取鉴。

华人在处境上虽然蹇困，但心态上一向自大，未必瞧得起印第安人的语言挽救运动。但实际上华语在马来西亚之法律地位尚不及美国之印第安语；政府及主流企业、基金会、社会运动者也根本未能如挽救印第安语那样去保护华语华文；就是印第安人对于语言的抢救措施，很多亦为大马华人社团没想到或做不到的。例如发展印第安文化出版事业，建立印第安语广播电台、电视台，扩大印第安语言文化影响计划，师徒语言学习计划，其中实不乏可以借鉴者。可以让大马华教从弱势的传承与保存，发展为较具开拓性的作为。

五、采取动态的多元文化论。

针对同化论，反抗者多援引多元文化论以资对抗，但迩来多元文化论本身已颇有理论之进展。霍米巴巴（Homi K.Bhabha）即认为，多元文化主义目前已失去了合法性，因为此一主张建立在文化多样性上；而文化多样性的说法，预设了有一种身份的本质主义。这种文化跟那种文化，本质上就不一样，所以彼此才需要包容、交流。此说虽有良好之用意，但采文化相对主义立场，强调各个文化的自主性，仿佛文化在历史及社会上从未被“玷污”，事实上并不符合各民族文化在历史上多所交融交会之事实。而且把文化上的差异固定化、绝对化，虽说要加强交流了解，实又增加了文化间的敌对关系，并不利于少数族群的发展。据此，霍米巴巴改而提倡“文化差异”。

霍米巴巴认为，移民经验和后殖民经验，是目前世界普遍存在的现象，因此今天各文化均不应如过去那样强调传统的核心价值、纯正身份，而应重视不同文明接触的边缘与交界处。如果我们不认清这一点，仍一味强调、崇拜文化传统、民族认同，则自己就越来越种族主义化，如何反对别人采用种族主义之方式对付我们？

反之，我们该注重的是“混杂性”。每个文化都有与其他文化交界而形成的混血杂交（interbreeding）接触区。这种混杂，事实上就是两种文化已在事实上交流糅合的部分或区块。因此，主动寻找这种混杂性，才能开辟出通往国际性（或民族间性）文化的通道。

这个理论，用在马来西亚华人社会上，就可能是一种提醒：除了强调自己的民族文化传统，突出马来人与华人之分以外，现在还应注意两种文化已有交流混融之经验和事实，两种文化不是本质上对立或泾渭分明的。我从前曾以伊斯兰教文化本身就是中华文化中之一部分的例子来说明这一点，现在借霍米巴巴的理论再说一遍，或许不为无益。

其他可谈的当然还很多，但言不尽意，总之，全球化乃是一个新情势，对华社之发展，可能是个新契机。能否掌握这个契机、利用此一情势，就要靠大马华社的朋友们自己的努力了，我们仅能敲敲边鼓罢了！

（2008年10月11日，马来西亚吉打州华人大会堂主办，第25届全国华人文化节，21世纪马来西亚华人文化研讨会，主题演讲稿）

《三十年代中国本位文化大讨论》序

2008年12月号《万象》刊有朱元曙《朱希祖与朱氏兄弟》一文，文中为反驳鲁迅说朱希祖评论世事甚为迂远，举了个例子："1934年何炳松等十教授发起'中国本位的文化运动'，这实际上是陈立夫、陈果夫系统发起的一次带有政治色彩的文化运动，他们邀请朱希祖参加。朱希祖在日记中说：'余于文化事业可略助于撰著，至于党务则素不参加，乃当秉持素志。'后来干脆连邀请的宴会也不去了，认为这只是'徒供政客之虚声奔走也而已'。"

中国文化本位运动，至今在许多人眼中笔下，仍是如此这般，实在是件令人憾慨之事。

1934年，何炳松、樊仲云、陶希圣、萨孟武、黄文山、孙寒冰、章益、武堉干、王新命等十人联名发表《中国本位的文化建设宣言》。因这十人都在大学教书，故一般又称为"十教授宣言"。宣言甫发布，即有人认为是受国民党党部所指使，看朱希祖这类记载，好像也坐实了这项传言。

其实呢？当时的国民党，就凭陈立夫、陈果夫兄弟之所谓CC派，便能指使得动这十位教授来共同发起此一宣言吗？且不说十教授皆硕学名重之士，把他们一概指为如政治打手般受人麾使，对他们乃是人格污辱。十人之政治立场互异，本来也就不都属国民党。国民党当时也没有那么大的控制力，足以发起运动、指命群彦。

何况，“CC”只是国民党中一个派系，那时党中派系争衡，二陈并不如现今想象的那样有势力。宣言发表后，后来任国民党中央宣传部副部长的叶青就批评它是文化的民族主义，有国家主义和中国主义的气味。可见即使在国民党内部也是有争议的，不能径视为国民党的文化立场或是由它发起的文化运动。

陈立夫确实曾想借这个宣言，以政治力量推动之。在北平，由蒋梦麟主持的座谈会上，他即公开讲过：“十教授宣言，在中国本位文化建设之开创期中已引起各方之最大注意，则为事实。吾人应聚更多类学者对此问题做更进步之研讨，内容力求充实。希望能拟定具体计划，以政治力量实现，以期此一运动之扩大。”估计朱希祖接到邀请参加的会议，便是陈氏希望如何以政治力量实现宣言的讨论。政治人物，看见好题目即拿来作为搞运动之张本，乃政界之常事，朱希祖批评它“徒供政客之虚声奔走”也没错。但这与十教授文化宣言本身之价值与是非，并不是同一件事，不宜混为一谈。

十教授宣言所遭到的误解，还不只此一端。另一重大误解，是将十教授宣言视为文化保守主义。如李麦麦评论它时就说：“宣言的标题叫做中国本位的文化建设宣言，这‘中国本位’四字，就容易使人联想‘中国为体’的思想上去。”黄任之也即在有关宣言的座谈会上主张继承清末，建设“中学为体，西学为用”的中国本位文化。胡适《试评所谓中国本位的文化建设》一文更明白指出：

> 十教授在他们的宣言里，曾表示他们不满意于洋务维新时期的“中学为体，西学为用”的见解。这是很可惊异的！因为他

> 们的“中国本位的文化建设”，正是“中学为体，西学为用”的最新式化装出现。说话是全变了，精神还是那位《劝学篇》的作者的精神。

因此胡适说：“他们的宣言也正是今日一般反动空气中最时髦的一种表现”，乃是“他们的保守的心理在那里做怪”！

五四运动以后，主张新文化、认为中国必须向西方学习的人，动辄把“反动”“保守”“落后”等帽子抛到建议中国不该如此激进西化的人士头上，自居进步、开明、先进。这是论战时将对方污名化的伎俩，于是文化保守主义逐渐成一恶谥，代表复古与不思进步。时至今日，文化保守主义已未必仍属污名，因激进西化本身亦迭遭批判，未必仍具有正面的价值。因此，为十教授洗刷恶谥，说他们不是文化保守主义，完全没有必要。文化保守主义未必就不好，“中学为体，西学为用”未必就不对。问题是：胡适等人根本就搞错了，十教授并不是张之洞或林琴南，其宣言也确实不是要中学为体西学为用。

在洋务运动和维新时期，提倡“中学为体，西学为用”的人，讲的是坚持中国的伦理价值，而在器用、技术乃至制度上不妨学习西方。五四运动以后，主张现代化、批判孔教、批判国民性的人，除了认为在器用、技术、制度上应更积极向西方学习外，还要从精神伦理方面确定地学习西方。因此继之而起的科学与玄学人生观论战、东西文化论战，都集矢于伦理价值层面。如梁漱溟、熊十力等人，是主张东方精神文明自有其胜长，不可尽弃的。这类思维模式，正近于或延续于“中学为体、西学为用”；虽然对于何者才是“体”，他们与张之洞的见解并不一致。

十教授却都不再是谈经学、人生观、精神文化价值的人，他们主要是社会科学学者。宣言发表时，武堉干在上海商学院任职；王新命在上海政法学院；黄文山在中央大学任社会系主任；孙寒冰是上海复旦政治学教授，又治经济学；章益在复旦大学，后曾担任教育系主任；萨孟武在南京中央政治学校任行政系主任；陈高佣治新闻学；陶希圣治社会史学；樊仲云治教育学。诸先生不但大都有留学国外之背景，知识结构且均偏于社会科学领域，唯一之例外只有何炳松，他是一位历史学者，但亦是西洋史背景，当时且正担任暨南大学校长，他与传统史学之偏于人文学显然也是不甚相同的。

由于具有西方社会科学知识背景，十教授所谈的中国本位，便远不是东方精神文明之类从前人所说的中学之体，而是社会科学意义的中国社会现实。

他们批评持复古论的人士，反对复古，理由是："现在的中国，不是过去的中国，自有其一定的时代性。所以我们特别注意于此时此地的需要。此时此地的需要，就是中国本位的基础。"因此时此地之中国已非古代中国，故赞美或诅咒古代之制度思想均归于无用。

他们也批评主张全盘西化的人士，理由是："中国现在是在农业的封建的社会和工业的社会交嬗的时期，和已完全进到工业时代的英美，自有不同的情形，所以我们不能赞成完全模仿英美。"

这些论述，立足点都明显基于中国当时的社会现实，用他们的话来说，即"中国空间时间的特殊性"。基于此种特殊性，他们反对复古，也反对西化，又反对俄化或模仿意大利、德国。此即所谓中国本位。立基于此本位而发展文化，即是中国本位的文化建设。

从思想史的角度看，这是 1928 年社会史论战之后进一步的发展。

社会史论战的核心问题，一是问当时的中国是什么社会，二是问中国社会发展的历史如何划分阶段。后者主要是讨论中国是否曾有过亚细亚生产方式的时代，又是否有奴隶社会，封建社会起于何时。前者则有些人主张当时中国是半封建半殖民，有些人说是封建之残余，有些人说已是资产社会，不一而足。陶希圣即为此次论战之主要参与者。十教授宣言中说到“中国现在是在农业的封建的社会和工业的社会交嬗的时期”，正是顺着社会史论战时对中国当时社会性质的认定而说的。

也就是说，东西文化观式的讨论，争论中国该东方化还是西方化，是20世纪20年代的旧事了。社会史论战之后，30年代新的论题是，中国之现代化该采什么方式。

1933年《申报月刊》二卷七号一举刊出亦英《现代化的正路与歧路》、张素民《中国现代化之前提与方式》、董之学《中国现代化的基本问题》、杨幸之《论中国现代化》、戴霭庐《关于中国现代化的几个问题》、罗吟圃《对于中国现代化之我见》、吴觉农《中国农业的现代化》、郑林庄《生产现代化与中国出路》、陈高佣《怎样使中国文化现代化》、唐庆增《中国生产之现代化应采个人主义》等文，正代表了新的意见气候。其中陈高佣就是十教授宣言的作者之一。

诸君所论，也往往与十教授宣言有可相呼应之处，例如亦英（祝伯英）说中国不应单纯地走资本主义或社会主义道路，应走一种特殊形式的现代化。张素民说中国只能采取受节制的资本主义（regulated capitalism），亦即国家社会主义或社会民主主义。董之学说中国非单纯之资本主义社会，故不需社会主义革命；也不是封建社会，故亦不需欧美之资本主义化；中国乃两者之间的复式社会，应采取非资本主义方法。如是云云，不都是在说中国空间时间的特殊性，使得中国必须走一条特殊的道路吗？

陈高佣那篇文章亦复如此，首言各民族历史之现阶段颇不相同，俄是初步社会主义、英美是末期资本主义，中国则既未走上资本主义，又无资格实行社会主义，此等半殖民地要想发展，便须认清现势以建立文化。文章后半接着说：“今后的文化运动切不可再蹈以前玄虚空洞的覆辙，我们应当切实把握住我们的民族问题”，并积极注意：一、以解放民族为中心；二、以发展民族资本为具体任务；三、平均发展城乡文化；四、反对帝国主义与封建意识的文化。

这样的文化运动，内涵也许不尽同于十教授宣言，因为未必十人均主张一致，但基本思路即是如此。陈氏《怎样使中国文化现代化》一文，恰好可作为十教授宣言的一个前奏。

正因十教授宣言发表前已有了这许多思想气候的酝酿与铺垫，十教授宣言发表后才会引发热烈的关注。李麦麦说：“自从十教授的文化宣言发表以来，‘十一宣言’已经成为到处传诵的东西，‘中国本位’已成为人人讨论的问题。在此学术界、舆论界以至社会人士全体注目这一运动之时，反对讥讽者当然亦大有人在。”可见一时观听，颇为热闹。

其热闹，自然不尽表现为赞成，而是指该宣言点出了一个问题：中国现阶段该有什么样的文化建设？因而引爆了社会对此论题的关注能量。

对此问题，十教授主张应根据中国本位，亦即中国之具体情况来发展，反对采取英美、德意、苏俄之办法。那些主张英美资本主义、德意国家主义、苏联社会主义的人当然群起而攻之。“中国本位”四个字，又让西化论者联想起过去曾喧腾一时的东方文明论，以为中体西用说又将复辟。而本来对全盘西化就有意见的人，则见猎心喜，认为剥极来复，文化终于要回到中国本位上来建设了。双方都因此而做了许多文章，各自发挥着中国绝不能复古、绝对要继续西化，和中国绝不能西化，应保持民族特色的见解。政治团体也趁这个时机，强调自己所主张者正是中国本位文化之所需。众声喧哗，诚如潘光旦所形容：

> 刘湛恩先生一面看到民族自信心的重要，一面却也提出基

督教本位的意见；欧元怀先生提出的是科学化、标准化、普通化的三化原则；俞寰澄先生主张以农村为本位；叶青先生则主现代化；黄任之先生很看重中国旧有文化因素的分析与选择；李浩然先生注意的是城乡的平衡发展；陶百川、何西亚、谢俞三先生都主张以三民主义为最高的原则；邰爽秋先生又以为应特别注重三民主义中的民生主义；李麦麦先生说我们应接受欧化，应肯定的宣示资本主义的文化……（《华年周刊》四卷三期《谈中国本位》）。

各说各话，真理愈辩似乎愈是群言淆乱、莫衷一是。各人讲说着自己的救国方略及文化主张，十教授宣言之真意似渐隐晦矣！

然而，一切论战，大抵皆如是也！重点不在对那个宣言文本的正确诠释，而在于它所引发出来的议论，正可以看出当时中国知识分子存在的焦虑。对于“中国到底该往何处去”这样一个摆在眼前的真实问题，当时的各色思考方案，皆由此一宣言而引发毕呈。

由这一点看，宣言及其相关讨论，无疑甚具思想史意义，足以呈现当时思想界之大势。

可是，宣言及其相关讨论又是具有现实意义的。当时论议，本来就着眼于现实，所谓中国本位。讨论所得，亦期贡献于现实，改善中国的困境。虽然论议本身因社会上缺乏共识而没得到具体的结论，但对中国社会的分析和强调文化建设应立基于中国本位之态度，对后世其实颇有启发。

例如在宣言讨论文化建设方法之际，学界也在争论经济发展的道路：到底中国该以农立国，还是以工立国？有些人主张中国不宜工业化，有人就说中国可以不工业化吗？郑林庄则于1935年在《独立评论》137号发表《我们可以走第三条路》，张培刚又于次期反驳道："第三条路走得通吗？"这是在经济方面另一型态的中国本位之争。

思想文化方面，中国本位文化的争论一直持续到1935年还有李麦麦《资本主义文化与社会主义文化》(《文化建设月刊》一卷七期)、丁遥思《论中国本位的文化建设》(《文化批判》三卷一期)等文。这些讨论，我认为直接引发了毛泽东的《论新阶段》。在那里面，毛泽东说：

> 我们这个民族数千年的历史，有它的发展法则，有它的民族特点……马克思主义必须通过民族形式才能实现，没有抽象的马克思主义，只有具体的马克思主义……就是把马克思主义应用到中国具体环境的具体斗争去……因此，马克思主义中国化，使之在其每一表现中带着中国的特性……

艾思奇于1939年发表的《论中国的特殊性》，大抵即阐发此旨。例如"我们在中国的社会里来应用来实践马克思主义的时候，也必须注意到中国社会的特殊性，也必须要具体地来了解中国社会"，"马克思主义之所以能够中国化，是由于中国自己本身早已产生了马克思主义的实际运动，中国的马克思主义是在中国自己的社会经济发展中有他的基础，是在自己内部有着根源"等语，均可以看到他是如何地强调马克思主义与中国本位的关系。

因此，我们可以说："中国本位的文化建设"这个概念，不但国民党曾予运用，设法推展三民主义文化；共产党也发展了这一观念，以此来推动马克思主义的中国化。直到现在，仍有"发展中国特色的社会主义"等各种提法。而这些文化路向的选择，对中国社会的具体影响，那是不言可喻的。

另外，这个宣言，以许多人联名发表宣言的方式提出文化主张。其形式亦广被效法。50年代钱穆、唐君毅、张君劢、徐复观在香港发表的“新儒家文化宣言”，乃至2004年庞朴、许嘉璐等人发表的所谓“甲申北京宣言”，皆仿效于此。足证其影响非同泛泛。

由于现今一般人或已不太记得这个影响重大的宣言及其引发之争论，或已不甚理解其意义，故商务印书馆的朋友特将之辑出，以备今日关心国事者参考。中国文化向何处去？昔年诸君追问的这个问题，今日仍然迫在眼前；诸君所论之方案，例如资本主义、社会主义、国家主义，抑或中国特殊道路，仍是现今在抉择中的各种选项。历史虽已过往，事况兀自新鲜，仍将叩触吾人之思维。因是辑此一编，正不为无益也。

《当代台湾文学与中华传统文化》序

桑塔耶纳（George Santayana）在第一次世界大战期间一直住在伦敦，后来写了一册《英伦独语》，文藻艳发，是学者中难得的笔墨。据他说决定英国人性格的，乃是他内在的氛围、他灵魂的气候。亦即植根于灵魂深处已经定型的性格倾向。它赋予他生活的方向感。这种内在氛围，倘若非要具体用语言说出来，可能只会像政治口号般，是几句简短的语句或过于简化的理论。因为单纯的语言无法表达这种内在氛围，它的思想层次远比任何语言或想法都要深邃，它是无言的本能和静默的坚持。

桑塔耶纳所形容的英国人灵魂气候，看来迷离不着边际，说了仿佛没说。但用来描述台湾人的性格，恐怕恰好适用。

迩来台湾主体性思维大行其道，某些朋友因之倡言台湾人不是中国人、台湾文化不是中华文化。理由各式各样，例如说台湾自古乃无主孤岛，海上商旅海盗据之、荷兰人据之、清政府据之、日本人据之，国民政府又据之，各色人等及文化混杂施用于此“福尔摩沙岛”上，故中华文化仅与荷兰、日本、西班牙等文化相似，均属于台湾文化内涵中之一因素而已。若说台湾文化，则为此混糅而成之另一文化，早与中华文化不同云云。此类说词，自然伴随有若干政策、行动及话语，例如强调台湾早期汉人移垦时与原住民之冲突与融合的，重视台湾文化中原住民的因素；强调日本对台湾有现代化贡献者，大谈日本文化对台湾之影响等，妙绪纷纶，颇动时会。

但我以为这些都是理论的言说构作，非台湾人内在真正的灵魂气候。内在的氛围或所谓灵魂气候，该怎么看呢？

日本人在台湾50年，台湾人不乏自幼住着日式房屋；日本料理也是一般民众常吃的饮食；台湾人还喜欢日式泡汤，也就是洗温泉；日语词汇也夹杂在我们的日常用语中；老年人缅念昔日“日本时代”，年轻人哈日、赶时尚；去日本旅游、用日本汽车家电，更是司空见惯。如是等等，细细罗列下来，几乎令人要怀疑日本文化已经浸润到我们灵魂深处了。

可是，且慢，台湾人住日式房屋、睡和式榻榻米，但膝盖迄今还没法柔化，跪不住。去吃日本料理时，榻榻米总要挖个洞才好搁脚。台式日本料理，用料及烹饪方式当然很地道，但跟日本料理硬是气味殊绝，毕竟不同。其他各种事项，大抵均是如此。若再深入谈人际关系、做事态度、伦理思维等等，那就更看得出台湾人绝对不同于日本人。

日本文化尚且如此，若说台湾人灵魂气候竟是荷兰的或法国的美国的，岂非更是河汉其谈？在台湾，某些主张“台独”或“台湾人非中国人、台湾文化非中华文化”者的言行，常会让观者感叹：“唉，到底是中国人嘛！”优美的性格本诸中华文化，劣根性也一样来自中华文化，这才是台湾！

不只如此，有时我甚至还会认为台湾的中华文化氛围可能比内地更要浓些。此语无褒义，自然也非贬义。台湾虽乃海上一岛，看起来不像是个中华文化之中心，而是边缘边陲，但明郑以来，心态上反而常以正朔自居，即使在日本占领时期，依然讲习汉文化不辍。近60年来，又无内地“文革”之类反传统浪潮的冲击，因此中华文化之底蕴，巍然尚存。近些年，去中国化，成为政治操作之手段；民主化，成为现代化之标志。可是拨开表层的符号与形式，我们就会看到分类械斗、地域宗亲组织与观念、地方豪族与绅权、宗教动员、黑社会帮派运作等传统社会的那些东西。而那些传统的组织及运作模式，在内地大抵久已不存在了。也就是说，中华文化在台湾，还不只是一种灵魂气候的存在，它还有社会实体组织性存在的基础。这些社会性存在，也会有些变貌，以符合新时代之需。但就像台式日本料理一样，看起来是日式的，吃在口里，却不折不扣是中国东西。

徐学兄是在内地的台湾研究圈里，我觉得能写出类似桑塔耶纳《英伦独语》那样深入观察台湾之作的朋友。他大概亦有见于此，故特写了这本书，以台湾文学作品及文学观念，来说明中华文化在台湾是如何表现为台湾人的灵魂气候。

书分三部分。上篇谈母题，从历史、故国之思、个体与族群观、天人合一思想、乐天知命心态等几个中华文化的重要母题，看台湾文学如何涵蕴之、体现之。中篇就散文、诗歌、戏剧、文学批评几种文类，分说它与中华文化的关系。下篇我觉得最有见地，谈汉语形象思考，亦即文学创作应如何利用汉语声律、语素、句式之特点，而避免中文恶性西化。此乃当代文学创作之大问题，徐学以台湾在这方面的探讨来阐述它，发人深省。

我一直觉得，在内地做台湾研究的人，不能只是拿着台湾与中华文化有紧密关联这一点来论证台湾该是中国不可分割的一部分，也不能只把它当成区域性事务来研究。而应是透过对台湾之中国性的研究，来深入讨论何谓中国性，现实上的中国又该如何才能更好地体现中华文化。亦即由对台湾一地人文发展之研究，有贡献于中华文化之发扬。徐学兄此作庶几近之。故略述灵魂内在深契之旨，聊相印诠。匆匆不文，知者谅之。

丙戌岁杪写于燕京小西天隐居处

城市礼乐文明建设的意义

一、当前复兴礼乐的尝试

请容我先举几个例子说明目前各界复兴礼仪、推广乐教的工作，以见社会需求和趋势。

（一）国乐启蒙

1. 家庭音乐环境及诗书氛围建设

（1）家长根据教材指导，在儿童不同活动时间采用不同的音乐引导其聆听，将音乐以潜移默化的方式融入儿童的日常生活。

（2）选曲为中国传统文人音乐与民间音乐两类，分为三辑十二个主题。

上辑以圣贤为主题，有《神人畅》、《流水》、《山居吟》、《文王操》四部分。

中辑以苍生为主题，有《潇湘水云》、《关山月》、《大浪淘沙》、《渔歌》四部分。

下辑以四季为主题，有《春晓吟》、《出水莲》、《秋宵步月》、《松风寒》四部分。

（3）教材附有指导家长的手册《走进德音雅乐》和《国乐启蒙导聆》两本。

2. 网络课堂

德音文化教育中心，课堂分为德音文化、国乐启蒙与中华乐教三部分，中华乐教板块中收录了很多与乐教有关的文献、学者文章，以及乐教实践的动态。国乐启蒙即介绍以上家庭与学校学习之内容。并设有提问交流专区，方便对此项实践活动感兴趣的人士交流学习。

3. 教材内容

《国乐启蒙》教材分上、中、下三个部分，包括乐曲 75 首，古琴与筝独奏占独奏乐曲总数的将近百分之七十。

4. 校园背景音乐环境建设

将国乐启蒙乐教实践的理念与方法融入学校环境，并有高校志愿者参与此项活动。具体操作方面，德音教育中心尝试将学校音乐课与艺术、语文、历史、思想等科目的融合。并在实践过程中以学生年龄为依据，选取适合曲目，制作符合《国乐启蒙》理念的中小学课例示范，在学校推广。

（二）儿童中国乐教课堂

这一实践活动是“儿童艺术教育”在全国的试点，共有 18 个省参与此幼儿乐教试点。教材配合音响、视频数据，通过网络课堂及现实课堂同步进行，是 2009 年 10 月“北京·中国传统音乐节”向全世界儿童及教育工作者推荐介绍中国民乐及中国传统文化的唯一专用教材。其《儿童中国民乐品赏》共含 24 张 CD、170 首乐曲。每首乐曲均有语言讲解，并配有 6 本 100 万余字的品赏手册。其特点是：

1. 将儿童乐教分为四个阶段：一为童蒙养正篇，二为问史明辨篇，三为志在修远篇，四为大智养德篇。每个阶段根据不同的特点结合不同的经典导入与学习。

2. 将民俗与音乐结合，制作儿童专辑《四季——中国民族管弦乐指南》。

3. 收录音乐类型、乐器类型范围较广，并配有相关文化、地理、历史、民俗、艺术等材料。

（三）中国音乐学院雅乐团

雅乐团以“乐修内，礼修外”为行事要领，有古琴课、形体课、读经课、专门仪礼课，17 次韶乐排练（11 次分组练习，6 次为两组一起练习），2013 年主要进行雅乐演出排练。

（四）北京天坛神乐署

天坛神乐署除对专业人员的日常课程、排练复建中和韶乐之外，还有面向大众的祭祀体验、展览。演出：（1）每年一次祭天仪式。（2）春节及重大节日演出。（3）神乐署固定每周参观演出。（4）代表中国宫廷音乐接待性演出。（5）旨在传播雅乐文化的商业、非商业演出。现有曲目有整理出的《中和韶乐》30 首，以及新改编曲目（《关雎》、《鹿鸣》、《有瞽》）等。其《中和韶乐》严格遵循“钟敲一声，歌更一字”的中和原则。

由以上各项事例看，这些乐教复兴的活动，主要偏于学校教育领域，如国乐启蒙、儿童中国乐教课堂等都只在小学实施。中学以上，因课业越来越重，升学压力日剧，故几乎没有学校会实施这类教育。大学也还没有展开此类教育。除了学生自己办的兴趣性社团活动外，大约仅有音乐类专门学校或科系会推展它。如中国音乐学院设有中国雅乐研究中心那样。

因此乐教即使在教育领域亦是十分微弱的。教育领域之外，政府所设礼乐教化机构，似乎仅有北京天坛神乐署。其余即使是孔庙的祭礼祭乐，各地政府所办祭黄帝、伏羲、西王母等的典礼，虽也盛大非常，甚且常列名国家非物质文化遗产，其实亦未设立专责机构、职司研究、排练、推广；所施行的礼仪更因错误百出而颇遭诟病。

若更进一步看城市文明与礼乐建设，那就更淡漠了。可说城市的礼乐文明建设迄今仍未展开。

二、城市礼乐建设的性质

城市的情况，千奇百怪，各有其身世与机能，但这不妨碍它在空间上基本均含有之属性。这属性，一是祭祀的，一是行政的，一是生活的。

凡城市，必是祭祀中心。像希腊的城邦，必有神殿。中国则京城是宗庙社稷，地方则皆有城隍孔庙等等。18 世纪以来，神权在中西方都渐渐褪色，作为行政中心的城市，则越来越强势。但祭祀的城市功能其实并未消失，一部分仍分散存在于城市的宗教场所，如教堂、庵、寺、庙、坛中；另一部分由行政领域吸纳或替代之。

而所谓行政，是包含政治、经济、军事各方面的。城市作为协调管理众人这些事务的中心，遂也不得不越来越庞大，以致现代化的代名词之一竟就是城市化！

在古代，生活于城里的人只占少数，故城内人与城外人常形成不同之阶级，有时还有“市民权”之类特殊身份权利。到了现代，农民更是愈来愈抛弃其土地稼穑而入城，城市人口也愈来愈多。所谓现代生活，大抵也即以城市生活为基本模式。

祭祀、行政、生活，这三种城市基本属性，事实上就各有其相应之礼。其中与“祭祀”相对应的，便是吉礼，如祭拜三皇五帝、孔子、先贤先烈、开国功臣等均是。

与“行政”相对应的，是凶礼、军礼、宾礼。军礼涉及师、均、田、役、封等军事及田赋力役制度。凶礼涉及丧、荒、吊、禬、恤等赈济社会福利社会工作制度。宾礼则与城市交际或内部组织秩序有关。

以上所说吉凶军宾嘉五礼，大抵依《周礼》所载而说。这些固然都属于天子京城之礼，其实各地城市也同样有这些内容，不过礼制较低一等罢了。

“市民生活”部分，相对应的主要是嘉礼，如饮食、婚冠、宾射、餐燕、脤膰、贺庆等。这是一般人都会碰上且应用着的。

这其中，有些属于特殊时日之礼，有些却是日常生活之礼。如《仪礼》所载士婚礼、士冠礼、士丧礼、士虞礼，讲的是人一生中由冠婚老死等几个特殊阶段或时刻的礼，在人类学上通称此为“生命礼仪”或“生命通过礼仪”，指人生重要关口，须有此类礼仪以襄助其通过，均是特殊时日之礼。而士相见礼就只是一般日常生活之礼。

另，礼还有不由个体生命看的。由“群”的角度看，乡饮酒礼、燕礼就是群聚之礼。乡饮酒礼有四种情况：一、古人三年大比之时，诸侯之乡大夫向其君长举荐贤能之士，在乡学中与之会饮，待以宾礼。二、乡大夫以宾礼宴饮国中贤者。三、州长于春秋会民习射，射前饮酒。四、党正于冬季蜡祭饮酒。所以这是尊长养老，教民孝悌的一种普及性道德实践活动。至于燕礼，也有这种群聚饮宴之乐，但道德性就较低了，乃是诸侯宴饮，或诸侯对有功卿大夫的慰劳，或宴请四方来聘宾客。与聘礼、公食大夫礼、觐礼类似，具有更浓厚的行政意味。

细看这些礼与城市功能的对应关系，我们就可领悟：礼实施久了，老百姓固然渐渐化民成俗，礼本身却不仅是习俗。因此古代称圣王制礼作乐。礼乐均非习俗风气所凝，乃是“制作”。制作，显示了礼乐的制度意义，古之圣王，建立了一套社会制度，就配之以礼乐仪节（所谓玉帛钟鼓）予以表现，而最终影响了老百姓的风俗习惯，形成了一套生活文明。

所以礼是根据社会制度创造出的表现方式。我们这个时代、这时的城市，自然也即应依我们现在社会制度的内涵与精神，设计相应的仪节来表现我们这个时代。应有属于我们这个时代与城市的吉礼、凶礼、宾礼、嘉礼。礼乐并不只是用来教养百姓知礼行礼的，主政者更该担负起制礼作乐以化民成俗的责任。

三、礼乐的时代性与历史性

由这些意义说，“礼，时为大”，每种礼都具时代性，依循古礼绝不可行。历史上每个朝代都要制礼作乐，即由于此。

但礼也从来不会有革命式的新创，除非制度幡然丕变。例如婚礼，从周公制礼以来，历代虽多变异，但基本性质及框架不变。任何民族之婚礼，只要是男婚女嫁，其礼仪就都大体相似。只有不采父系制，如摩梭族那类母系制或某些地方的一妻多夫制，以及某些同性婚制，婚礼才会不一样。

因此，礼虽从时而变，事实上并不会差很多。因为社会制度尚未迥异，用以表现制度之精神内涵的“礼义”也没什么改变，仪节自然也就只能小调整。如古人皆戴冠，今人一般不戴，冠礼之加冠形式，可能就会调整为戴巾或其他什么仪式。不过加冠以象征成年、勖其志气的那个意义就仍是延续的。

此所以礼多半只是因革损益。革少因多，略加损益，便成新礼。既有传承性，也有创新感。

四、城市礼乐建设的时代意义

我们这个时代是特殊的。大的趋向是现代化，而现代都市本身即现代化的标志之一。

故现代都市皆有现代性之癌。例如堵车、拥挤、空气污染、噪音等无法改造且不断恶化之生态环境；工作竞争激烈，生存压力倍增，科层化官僚体制蔓延到一切工作领域，法律规范又延伸到无数日常生活领域里去的痛苦生活环境；精神空虚、价值与信仰空无，只剩物质与肉欲追求之精神环境等等。

城市越大，这些问题就越严重。市民患有沮丧、挫折、压力大、疏离感、精神官能症者越多，乃不得不发展减压、轻松、瑜伽、禅修、催眠、SPA、应用心理学等产业予以救济。

在这样一个时代，强调城市的礼乐文明建设，虽未必就能治癌，但无疑可收救治之效，减缓病症、降低病情。将来渐渐调整思维，改变发展方向以后，则竟能获愈亦未可知。

这首先是神圣性的补充。

现代社会，由经济上看，是工业革命后技术发展来的；由政治上看，是脱离神权政治后形成的；由精神上看，是理性化"除魅：解除世界魔咒"后产生的。因此它不仅以世俗性为特征，且以此为荣，认为打倒了封建迷信，人可以开始以自己的理性、计算及科技开创天地。但戡天役物，自为主宰之结果，却是生态问题一塌糊涂，人对天地鬼神什么也都缺乏了敬畏，乃至肆无忌惮，物欲横流。人文世界遂亦因而很难维持。

例如婚礼，过去西方人上教堂，中国人则在祠堂在家。在祠堂，是因新妇要庙见，在家也有"天地君亲师"和祖先的牌位。这些都是具神圣性的。婚姻除了男女欢娱和"合两姓之好"这种世俗意义之外，更增添了它的神圣性。这种神圣性未必即能保证婚姻就更巩固，绝不生变，但至少是种提醒与祝愿，显示了更深邃的意义，给予更深的祝福。比只在酒店里大吃大喝、胡闹一通，陷入更深的饮食男女层次要好得多。现今之婚礼嬉闹无状、扒衣性侵者时有所闻，令人慨然！若在教堂寺庙，焉得有此？

现代城市人已无祠堂，家中亦无祖宗牌位，则孔庙或许是可以选择的场所。我曾在都江堰孔庙试办过，反响热烈，足证尚符社会之需。

我所办，以汉代婚仪为主，参照《仪礼·士昏礼》，其中就有许多文化道理可讲。例如昏礼在黄昏举行，不甚举乐，至汉末还时兴唱挽歌，乃是尊重女方嫁女惜别之心情。由女性角度看，凄惶哭别父母之后，随即欢天喜地嫁入夫家，须有一心境转换之过程。故婚礼合卺时，仅与夫婿共食而已，公婆都不必在场。次日才见舅姑，三日才庙见，逐渐融入整个大家庭中。这些细致精微处，透过礼仪展示出来，令在场记者都恍然有悟夫妻婚姻之道。所以神圣性的补充，事实上又即是人文意义的强化。

由个人层面推广来看一个国家或社会，如祭三皇祭五帝，祭孔、祭先贤先烈之类吉礼，本身就是表达对历史文化的尊重。过去有许多年没这种祭祀了，目前正在恢复中，恢复的过程，却出现了不少笑话。如曲阜之祭孔，几乎连年被骂，至今仍未改善；陕西黄陵、河南郑州之祭黄帝，甘肃天水之祭伏羲、泾川之祭西王母等，均多谬误。但致祭的诚心很可贵，只要能秉此诚心，逐渐改善，自能渐入佳境。怕就怕在借此做旅游、想捞钱或升官，那就把神圣性事业又降入世俗化的泥淖中去了。而且其实并不需要任何城市都祭三皇五帝，祭与本城市有关之先圣先贤即可，或恢复祭山祭海、祭拜天地也都甚好。

其他宾、凶、嘉诸礼，不是祭的对象属于神圣的（如天地、贤圣那样），而是透过这些礼可以让本来只属于日常事务者获得神圣感，就如上文所说的婚礼、冠礼那般。现在我们许多行业在开工执业之前也都会办个小典礼小仪式，就显示了人与神圣性重新结合仍是现今社会所需要的。

其次，是历史性的强化。

人的生命是继承自父母的，谁都不可能如孙悟空般由石头里蹦出来；文明也是历史发展而形成，源远流长。因此人无论如何都不可能摆脱其历史性。

现代工业文明的历史观却在这一点上大申异议，强调文明的断裂，高喊革命、创新，对之前的文明采取否定、打倒、推翻、批评之态度，认为如此才能不断进步，挣脱历史的包袱与束缚。

这种新历史观，十分特殊，确实推动了现代文明的发展，但弊病也非常明显。破旧、革命，清洗掉了无数古迹、文物，更切断了我们生命中与古老文化联结的精神纽带，人总是带着憎恨父祖的情绪在过活，世界也只剩下一个单一的现实面向。

要拯救这种马库色所批评的“单面向的人”的精神处境，需在审美和历史性等各方面努力，重新让人与历史文化联系起来，令精神有其厚度与深度，使生命立体化。

礼乐的传习，正是能达成这一目的的有效方法之一。前文已说了，礼乐多由历史因革损益而来。无论中西，凡行礼，礼服必是古衣冠，或复古，或带有古意的；音乐也绝对不会采时兴流行曲，就是这个道理，特于此显示人与历史的联系。要通过习礼、演礼，礼在历史上所蕴含的文化意义，才能因而浸润入心，使人从生命的内在形成改变。

因此，最后还该一谈的是人文意识的深化。

礼本身就是对自然生命的人文梳理，所以虽然仍是一天 24 小时，仍是日出日落，但元旦、中秋、清明、端午这些日子就会与平常时日不同，显得特别有意义。这一天都有相应的礼俗，靠着这些礼仪，才能让这一天与其他日子区隔开来，而豁显其义，予人体会之。

同样的，生命礼仪也与节日一样，结婚的意义要靠婚礼的仪节来点明；丧礼、祭礼的意义要依丧、祭的仪式来表现，使那一天那一刻显得特别不同。

人都在生老病死、岁月流转中过着，一天又一天，若没有这些节日与生命礼仪，生命便平淡而无波澜，且亦无法体会或咀嚼生老病死和岁月生涯。所以人是透过礼乐才能让自己的人文意识苏醒并深化的。

一个城市的文明，不显示在它的建筑上，而在于它的市民是否具有文明素质。文明素质不能靠法制强力去捏塑，也不能靠道德训诫、知识告示去教导。文明素质是一种对生命的态度和人文精神之显现，必须让市民对生活与生命真有感悟、真能体会其人文意义，否则法制徒令人惧、道德规训徒令人烦，都是绝对不能奏效的。

五、当前中国文明建设的需求

众所周知，公民素质是衡量一个城市文明程度的重要标尺，是文明城市创建和精神文明建设的重要内容和基础工作，也是一个城市整体形象的重要体现。而随着我国经济的快速发展，国际地位已迅速提升，加强文化建设、提升我民族形象的工作就变得十分迫切。

自改革开放，特别是十六大以来，思想道德的建设即不断受到中央重视。各地区、城市也不同程度地深化群众性精神文明创建和志愿活动服务，这些举措明显促进了公民道德素质的提升。

但至今整个国家社会的道德文明领域仍然存在着不少问题：例如，公交车内无人为有需要之人让座、盗窃或毁坏公共设施、随地吐痰、公共场合大声喧哗、诚信缺失、人性冷淡等，都是常被人提出的。人与人之间，应对进退、老少长幼、亲疏远近的礼仪节度，一般人也常不能把握。更不用说生老病死、婚丧岁时的仪俗了。这些问题，皆引发了国民对“美丽中国的文明底线”的严肃质疑和拷问。由此亦可知，城市道德文明的建设已不仅是国运所需，更是民心所向。对此，政府提出“爱国、守法、诚信、知礼”的现代公民教育方针，并依此展开了相关的教育活动，确是十分可喜的现象，每个人都该为此奉献自己的一点力量。

因此，我们希望借由礼乐的传习，从根源处改善这一系列道德文明的问题。礼乐传习旨在传播中国传统的礼乐文明，塑造一个浓厚的礼乐文化氛围。如此，不仅能丰富市民的精神文化生活，增加市民对礼乐传统知识的了解，而且能在耳濡目染的教化中，提升市民的文明素质，涵养市民的文化内涵，形成人人讲文明、懂礼仪、遵守社会公德的好风气。

万国衣冠拜冕旒：重塑中华服装文明

“九天阊阖开宫殿，万国衣冠拜冕旒”，是唐代诗人王维描写当时早朝大明宫时的景象，可以令人想象大唐声威远播、万邦来朝之盛况。

借这句诗，让我们重新思索一下中国与外邦的服装关系。

到唐朝时，来朝的各邦皆已具衣冠了。但在古代，中国人以衣冠为文明之表征时，周围之部落或酋邦却还多在赤身裸体的阶段。此语，不具轻藐之意，只在说明一种现象及跟它伴随的观念。

因为古代各民族主要的装饰行为并不表现在衣服上，而是在文身及羽饰上。涅面、文身或羽饰，不但具美观之效果，更有礼仪目的，例如用以代表已成年、已婚、权威、勇敢等，增加自己在同族中的地位。即使过世了，也常要在尸身上施以彩绘，将尸体圣化。我国直到春秋战国时期，吴越一带就仍保有此种风俗，故《庄子·逍遥游》说吴越之人“断发纹身”。台湾原住民在明清汉人移入时，亦尚是如此。近世欧洲妇女帽饰，还常插着羽毛呢！

相对于周边各民族文身、插毛羽、饰兽皮的情况，中国较为特殊，乃是以衣裳代替文身的。《易·系辞传》说尧舜“垂衣裳而治天下”。衣裳就是中国文明与其他民族区分的标志，不断发，故具冠；不文身，故具衣裳。

其所以如此，当然有技术上的原因。古代纺织之术不发达，人就是想具衣冠也很难办得到，只好以文身饰羽之类方法为之。可是古代中国纺织术发明甚早，黄帝时缧祖采丝制衣之传说固然未可尽信，但从仰韶文化西阴村遗址所发现的半割蚕茧，不难推断：至少在新石器中期就已发明了丝绸技术。其后，丝更成为中国特产，唐代中期以后（十二三世纪），抽丝剥茧的技术才传入欧洲，距中国以蚕丝制衣，迟了四千年。余姚河姆渡文化所发现的织机，距今也在三千到五千年前。纺轮则各地遗址出土极多，可见纺织术在中华大地已甚普遍，乃世界上制衣最早、最盛的区域。

以现今出土材料观察，新石器时期衣服以贯头式、单披式、披风式为主，不加剪裁，大约是剪裁技术尚不发达之故。殷商就有剪裁了，衣以上衣下裳，交颈窄袖为主，宽带系腰，可能已穿裤，质料则锦、丝、绮、绸、罗都有。染料的运用也很成熟，如茜草红、栀子黄，都能掌握得非常好。湖北江陵马山楚墓所发现的提花针织品，以棒针织衣，更是世界上最古的针织品。

当时制衣技术业已如此发达，看到周边民族仍披着兽皮、插着羽毛，或仍光着身体，自然会油然而生出一种文明的自豪之感，自认为是“衣冠上国”，并把衣裳视为文明的代表或象征。《易》坤卦六五：“黄裳元吉”，象传说：“黄裳，元吉，文在其中”，即指此而言。黄是中央之色，元吉是内外均吉之意。穿着中央正色的服装，体现出有文明的样子，正是大吉大利之象。

文明之“文”，其意义也出于此。文，本是花纹之纹，虎豹身上有花纹，人的花纹则在衣服上表现。因此天之文是日月星辰，地之文是山川原隰，人之文就以衣裳为主，“文”“文章”二词，古代本不指文字或篇章，而是指黼黻章甫。

也就是说，服饰在中华文明中有特殊地位，是中华文明的代表。服装乃是古代中国人对文明的体会与思考之基点，穿衣的和不穿衣的，即是文明与野鄙之分。肉袒示人，象征羞辱他人（如弥衡击鼓骂曹时要肉袒）或屈辱自己（如廉颇负荆请罪时或勾践投降时也要肉袒）；赤身露体，则是出乖露丑的不礼貌行为。

相较之下，欧洲古代或古印度就无这种服饰文明观，所以都把身体视为文明之基点，研究体相、审美裸体。

古印度婆罗门盛行相法之学，要研究大人之相。因此婆罗门之智慧，就很强调相人之术。如《佛本行集经》卷三中：“（珍宝婆罗门）能教一切毗陀之论，四种毗陀皆悉收尽。又阐陀论、字论、声论，及可笑论、咒术之论、受记之论、世间相论、世间祭祀咒愿之论。”所谓“世间相论”，与婆罗门五法中的“善于大人相法”，都是相术。可见相法是婆罗门极为重要的才能。

古希腊亦甚重视人的形相问题。亚里士多德《体相学》说：“过去的体相学家分别依据三种方式来观察体相；有些人从动物的类出发进行体相观察，假定各种动物所具有的某种外形和心性。他们先议定动物有某种类型的身体，然后假设凡具有与此相似的身体者，也会具有相似的灵魂。另外某些人虽也采用这种方法，但不是从整个动物，而是只从人自身的类出发，依照某种族来区分，认为凡在外观和禀赋方面不同的人（如埃及人、色雷斯人和期库塞人），在心性表征上也同样相异。再一些人却从显明的性格特征中归纳出各种不同的心性，如易怒者、胆怯者、好色者，以及各种其他表征者。”可见体相学在希腊也是源远流长的。

由于盛行体相学，身体之美便被他们研究并欣赏着。大量雕刻均可证明这一点。

中国体相观的第一个特点却是不重形相之美，亦无人身形相崇拜（为了强调这一点，往往会故意说丑形者德充、形美者不善）。第二个特点是形德分离，“美人”未必指形貌好，通常是说德性好。三是不以形体为审美对象，而重视衣裳之文化意义及审美价值。

古人论美，常就“黼黻文绣之美”(《礼记·郊特牲》)说。说容，也不只指容貌，而是就衣饰说，如荀子《非十二子》:“士君子之容，其冠峻，其衣逢；其容良，俨然、壮然、祺然、棣然、恢恢然、广广然、昭昭然、荡荡然，是父兄之容也。”这衣冠黼黻文章，就是古代“文”的意思，一民族、一时代乃至一个人的文化即显示于此。像希腊那样以裸身人体为美者，古人将以之为不知羞，谓其野蛮、原始、无文化也。

历来帝王建立新政权亦无不以“易服色”为首务、重务。这即是以衣饰为一个时代文化之代表的思想的具体表现。推而广之，遂亦有以衣裳喻说思想者，如颜元《存性编·棉桃喻性》说:“天道浑沦，譬之棉桃：壳包棉，阴阳也；四瓣，元、亨、利、贞也；轧、弹、纺、织，二气四德流行以生万物也；成布而裁之为衣，生人也；领、袖、襟裾，四肢、五官、百骸，性之气质也。领可护项，袖可藏手，襟裾可蔽前后，即目能视、子能孝、臣能忠之属也，其情其才，皆此物此事，岂有他哉！不得谓棉桃中四瓣是棉，轧、弹、纺、织是棉，而至制成衣衫即非棉也，又不得谓正幅、直缝是棉，斜幅、旁杀即非是棉也。如是，则气质与性，是一是二？而可谓性本善，气质偏有恶乎？”

另外，《尚书·益稷》载舜向禹说道:“余欲观古人之象：日月星辰山龙华虫作绘、宗彝藻火粉米黼黻絺绣，以五采彰施于五色作服，汝明！”把日、月、星辰、山、龙、华虫绘在衣上，把宗彝、藻、火、白米、黼黻绣在裳上；或加以差参变化，如以日月星三辰为旗旌，以龙为衮，以华虫为冕，以虎为毳；或以之为上下级秩之分，如公用龙以下诸图案，侯用华虫以下诸图像，子用藻火以下各象，卿大夫用粉米以下，等等。此即为象也。象非人体形相，乃是秩宗之职、章服之制、尊卑之别，整体表现于衣饰上。观此图像，即见文明。故舜问禹曰："汝明白乎？"

这就是"以五采彰施于五色作服"以为文明的想法。象不以形见，文明不由体相上看，故《易》论"文"，以虎豹之纹为说。人身体上的衣服，则如虎豹之纹。其论文明文化，也从不指人体。坤卦六五"黄裳在其中，而畅于四肢，发于事业，美之至矣"，即为一证。此不仅可见文明文化是由衣裳上说，更可见中国人论美，不重形美而重视内在美，是要由内美再宣畅于形貌四肢的。

相对于中国，他们其实并不重视衣服。因为衣服在以身体本身作为审美对象或文明对象时，乃是不重要的，只起一种装饰作用或遮掩作用，或利用它来表现肌肉、骨体，重点其实皆不在衣裳而在躯体。

那时的衣服，大抵亦只如我国新石器时期，以贯头式、披风式、披肩式为主。这亦有无数雕塑与画像可证。后来的服装，当然剪裁搭配不断进步，但把衣服视为身体的附件，或身体的延伸，仍是欧洲主要的思路。通过衣服，企图表现身材；或以衣服修饰身体，构造出一种身体的假象［苏珊·朗格《情感与形式》一书，曾用艺术是一种幻象（illusion）或假象（virtual image）的观点，描述建筑是一种假的民俗领域（virtual ethnic domain）、雕刻是假的运动容量（virtual kinetic volume）、舞蹈是假的活力（virtual vitality）、文学是假的生活或历史。若依其说言之，则欧洲的服装艺术也可说是创造了一种假的身体］。

时至今日，欧风东渐，中国人早已尽弃传统服装而改穿洋服了，时尚界更是唯欧美马首是瞻。把衣服当作身体的延伸，或以衣服创造出身材假象的观念亦早已"全球化"，中国这种真正的服装文明观却乏人闻问。观古鉴今，实在令人感慨万端。

目前不是没有东方主义式的想法，但大体是在服膺欧西身体观的情况下，吸收东方元素。东方，被拆解成一些元素，例如用色、用料、图案、襟扣、袖口、裙边等等。其实这些元素，脱离了中华服装观的整体思维，只是一堆零碎的符号。拼贴镶嵌之，固然可在欧西时尚中增添一抹风情，但那就像内地各处随意挪置拼组欧洲建筑语汇盖成的房子一般，不伦不类，常是要令人失笑的。

须知“服装的文明观”与“身体观的服装”，基本思路是不一样的。例如要体现人的骨架，衣服自然就会突显肩胸，有时甚至要垫肩来修饰体架不够挺拔之病，连女装也要垫肩。可是中式服装却是圆肩的，衣服由领口直接垂至腕上才接袖，不把接口拉到肩上，这样的上衣和宽长的下裳配合起来，才有“垂衣裳以治天下”的感觉，人显示为一种坐如钟、立如松的形相。这种感觉与形相，非自然之身体感，而是一种文化感。

可是目前许多人做中装或穿中装时，丧失了这种文化感，照着西装的剪裁与板型去做，接袖、垫肩、突胸、圆膀、全剪裁，跟西装根本没什么差别，只是加上对襟扣，或绣龙刺凤，印上大团花罢了。不仅儜俗难名，整个感觉就都是不对的，又像寿衣，又像员外，又像做错了的中山装。

服装文明观还有一个重点，在于服装是用以体现礼乐文明的，服装与礼文的关系至为紧密，而我们现在基本上就丧失了这个面向。社会不同阶层、不同流品、不同职务、不同场合，该穿什么、怎么穿，无人讲究，早已看不出服装与礼的关系了。国家主席跟出租车司机一样，都穿着西装。而礼是社会的稳定性因素，目前服装界则以流行、时尚、求新求变为主，关于礼的“服制”问题，当然也就少人问津了。

再者，中华文明，既是由服冕文章开端的，则后来发展起来的艺术或文明形式，诸如文字、书法、绘画，自然也就常汲源于衣服。舜说的“古人之象：日月星辰山龙华虫作绘、宗彝藻火粉米黼黻絺绣，以五采彰施于五色作服”，正是尔后中国艺术取象之源泉。可惜这部分，近人也很少关注了。

总之，“服装的文明观”与“身体观的服装”，这种种对比，还有许多文章可做。经由这种对比，相信也必能激发中国服装界许多新的创意，走出一个突破欧美服装观的新格局。谨提供这个历史的角度、比较文化的方法，以为参考。依我看，只有这样做才有前途。目前服装界之所谓新设计、创品牌，不过是欧美的山寨版而已。

中国友谊观的三种型态

一、友爱:《诗经》开启的典型

对友谊的重视，早见于《诗经》时代。《小雅·伐木》说:

伐木丁丁，鸟鸣嘤嘤。出自幽谷，迁于乔木。嘤其鸣矣，求其友声。

相彼鸟矣，犹求友声。矧伊人矣，不求友生? 神之听之，终和且平。

伐木许许，酾酒有藇。既有肥羜，以速诸父。宁适不来，微我弗顾?

于粲洒埽，陈馈八簋。既有肥牡，以速诸舅。宁适不来，微我有咎?

伐木于阪，酾酒有衍。笾豆有践，兄弟无远。民之失德，干糇以愆。

有酒湑我，无酒酤我。坎坎鼓我，蹲蹲舞我。迨我暇矣，饮此湑矣。

第一段说鸟雀都要嘤鸣求友，人当然不能无友。这是强调友朋交谊乃一种普遍伦理，人人都需要。后世形容人要交朋友，说是“嘤鸣以求友”，典故即出于此。第二段讲朋友相处，要共同饮宴；若我请客而他不来，代表我可能有过失，有不周到之处，因此朋友才不愿意来光顾。

这两点也都很重要。我国社会，迄今仍然以一道吃饭为最重要的交友方式。朋友聚会，多要饮宴，而若对方不肯赏光，主人也就明白这个朋友是交不成的了。故所谓朋友，其间有个“共食”之伦理。第三段即描写燕饮欢乐之状。

《诗经》中燕饮之诗，大抵都属于这种友朋欢宴之作。如《小雅·湛露》云:“湛湛露斯，匪阳不晞。厌厌夜饮，不醉无归”,《六月》:“吉甫燕喜，既多受祉。来归自镐，我行永久。饮御诸友，炰鳖脍鲤。侯谁在矣？张仲孝友”等都是。那些燕飨通用的乐歌，如《鱼丽》说:“鱼丽于罶，鲿鲨，君子有酒，旨且多”之类，亦都有友朋宴饮的气氛。据《诗序》及研究《诗经》的人说，它们可能是天子宴群臣之诗，也可能是诸侯饮宾客。但整体来看，说君说臣未必可靠，总之均属友朋欢宴。

为何天子宴诸臣、诸侯饮宾客，而都可属于友朋宴聚之性质呢？这就涉及了友朋伦理的性质。天子、诸侯、父、兄、甥、舅，这些社会身份与关系是特殊的，可是朋友却是通约的，它们都可以用“朋友”予以概括。饮宴时，彼此尤其是朋友的身份，而不再是君臣父子。因此,《伐木》所邀集来喝酒的“友生”，就包括了诸父诸舅:“既有肥牡，以速诸父”,“既有肥牡，以速诸舅”。诸父诸舅都是长辈，可是在喝酒时就也都是我们喝酒时的朋友。同理,《小雅·吉日》说天子去打猎，“儦儦俟俟，或群或友，悉率左右，以燕天子”，猎到野牛了以后，“殪彼大兕，以御宾客，且以酌醴”。打猎时，那些一同去，陪天子乐和的群公大臣，都是朋友。打着猎物后，一道饮酌者亦然。此即朋友伦理的通约性。

朋友伦理的另一种通约性，表现在它与兄弟、夫妇伦理的相互转换上。

《王风·葛藟》说："绵绵葛藟，在河之漘。终远兄弟，谓他人昆。谓他人昆，亦莫我闻。"这是流落在异乡者的感伤之歌。喊别人"大哥"，别人也不睬你。而喊别人大哥，正是交朋友的一种表示。在这样喊时，就代表了兄弟一伦与朋友一伦往往可以联类互通，故朋友辄类拟于兄弟来获取亲近感，或以类拟兄弟的方式来取得别人视你为朋友的位置。不但如此，《小雅·蓼萧》又云："既见君子，孔燕恺弟。宜兄宜弟，令德寿恺。"此诗，朱熹《诗集传》谓为天子燕诸侯之诗。若然，则显示天子视诸侯为兄弟。但此诗也不必非如此解不可。诗意只是说有位君子非常好，我见了他就非常高兴。孔燕，即甚乐也。非常高兴时，心中会涌现一种"恺弟"之情。恺悌是兄弟友爱时的一种感情。因此说我要对这位君子祝祷，认为他宜兄宜弟，希望他长寿快乐。

《诗经》中讲这种感情的篇章很多，直接用"岂弟"形容君子之德者也不少（如《青蝇》："岂弟君子，无信谗言"，《旱麓》："岂弟君子，干禄岂弟"，"岂弟君子，福禄攸降"，《泂酌》："岂弟君子，民之父母"，《卷阿》："岂弟君子，来歌来游"……）。大概具有恺悌之德的人，总会视人如兄弟，故人见了他也能兴发友爱之感，视之如兄弟。在这里，兄弟与朋友，不仅是虚拟的、模拟的关系，更是具有内在感情联类之性质的。

兄弟与朋友，有这样的关系，无怪乎诗人常将它们连并起来说了："沔彼流水，朝宗于海。鴥彼飞隼，载飞载止。嗟我兄弟，邦人诸友。莫肯念乱，谁无父母？"鸟要飞了，水要流了，大乱将起，我的兄弟呀，邦人朋友们，谁没有父母？但，还是赶快跑了吧！这里的"我兄弟"，指的就是"邦人诸友"。两者是二而一的。

而古时兄弟一伦，本来也就常与夫妇联类互通。直到现在，仍是如此。生时妻称其夫为“哥”，卒时妻挽其夫为“兄”，在我们社会中仍甚为常见。《诗经》则《周南·谷风》云：“谁谓荼苦，其甘如荠。宴尔新婚，如兄如弟。”说夫妻亲爱如兄弟。可见夫妻一伦与兄弟一伦联类互通，由来已久。

它跟朋友相通，那就更普遍了。《周南·关雎》云：“窈窕淑女，琴瑟友之。”凡结为夫妇，大抵均经过一个先友后婚的阶段，古人与今人并无大异。故夫妇伦理之基础正是朋友。《诗经》咏婚嫁者，也辄提到这个“友”字，如《邶风·匏有苦叶》：“士如归妻，迨冰未泮。招招舟子，人涉，卬否；人涉，卬否；卬须我友（卬，就是我。我等我朋友）。”

另外，许多诗篇，说是男女相悦的情诗固无不可，说是慕好君子，想与之为友，也无不可。像《小雅·隰桑》：“心乎爱矣，遐不谓矣。中心藏之，何日忘之”，《秦风·蒹葭》：“蒹葭苍苍，白露为霜，所谓伊人，在水一方”，《王风·君子阳阳》：“君子陶陶，左执翿，右招我由敖，其乐只且”，《邶风·北风》：“北风其喈，雨雪其霏，惠而好我，携手同归”，《召南·草虫》：“未见君子，忧心忡忡，亦既见止，亦既觏止”之类，都属于这些诗。

它们在解释上之所以模糊，即是由于夫妇之情与友朋之爱有其相通性。后世中国诗这个特色非常明显，且形成了一种讽喻性写法的传统，或解诗时的一种规则。如唐代李商隐那些《无题》诗，什么“春心莫共花争发，一寸相思一寸灰”，“来是空言去绝踪，画楼西畔桂堂东”，等等，许多笺注家都说那不是情诗，而是他写给友人令狐绹的。今人或许会不习惯这种解释，但古人做此解释的基础，正是着眼于友朋伦理与夫妇伦理的通类性质。

换言之，孝友的伦理观，并不起于孔子的提倡，而是由来已久的，《诗经》中歌颂孝友者已甚多。孝，不在本文范围，姑且勿论。其论友道者，以友为普遍伦理，认为人人均需交友；朋友亦须共食以示友好；而且朋友一伦可以涵括君臣亲戚，又可以跟兄弟、夫妻之情相通。凡此等等，都影响深远，中国人论友谊，至今也还不脱其藩篱。

二、同志：儒家的友朋伦理理想

但历史并不是毫无发展的,《诗经》所显示的友谊观，到了孔子时代，便有了若干新义。

例如《诗经》谈朋友交谊，多说宴饮，孔子就完全不曾论及。《诗经》里以朋友去通约各色人等诸种关系，“朋友”之义较泛，甚至跟我不好的人，也可以朋友称之。如《小雅·雨无正》说:“维曰于仕，孔棘且殆。云不可使，得罪于天子；亦云可使，怨及朋友”，就是说要不要出来做官是很棘手的事，不出来，会得罪天子；出来嘛，又将得罪在朝那些同在官位者，因他们会嫉能而生怨。这“朋友”一词，便泛指同辈人。犹如后代武侠小说中说“不敢请教这位朋友大名”，是用朋友一词；被仇家害了，也可说“多谢您这位朋友的照顾”。孔子说朋友，界定就较严，与《诗经》的用法并不相同。

以《论语》来看，孔子反而是以兄弟一伦作为人际通约关系的。《颜渊》载:“司马牛忧曰:‘人皆有兄弟，我独亡。’子夏曰:‘商闻之矣：生死有命，富贵在天。君子敬而无失、与人恭而有礼，四海之内皆兄弟也。君子何患乎无兄弟也。’”子夏之说，承自孔子。四海之内可以皆是兄弟。但四海之内，是否可以皆为吾友呢？依孔子之意，其实是不可以的。

《学而》:“有朋自远方来，不亦乐乎！”孔颖达《正义》解释道:“郑玄注《大司徒》云:‘同师曰朋，同志曰友。’然则同门者，同在师门以授学者也。朋即群党之谓，故子夏曰:‘吾离群而索居’，郑玄注云:‘群谓同门朋友也。’此言有朋自远方来者，即《学记》云‘三年视敬业乐群’也。同志谓同其心意所趣向也。”把朋友解释得极窄，非泛指，而只是指同门或同志。为什么从郑玄到孔颖达都要这么理解孔子所说的“朋友”一词呢？

因为孔子本来就重视朋友讲习，《易经》兑卦《象传下》曾说：“君子以朋友讲习。”把朋友讲习理解为同门或同志相切磋，并没什么不对。而且，孔子是强调择友的。《学而》云：“无友不如己者”，找朋友要找比自己强的。《公冶长》又推崇：“晏平仲善与人交，久而敬之。”所谓善与人交，孔《疏》解释道：“凡人轻交易绝，晏平仲则久而愈敬，所以为善。”怎么样才能不轻交易绝呢？曾子和子夏都说要交而有信（见《学而》）。孔子大概也是这个意思。

因此《公冶长》载：“颜渊季路侍，子曰：‘盍各言尔志！’子路曰：‘愿车马衣裘与朋友共，敝之而无憾’……子路曰：‘愿闻子之志。’子曰：‘老者安之，朋友信之，少者怀之。’”子路讲的，近于《诗经》所说，要把好吃好喝好用的东西都取出来，与朋友尽欢共享。孔子所重则不在此，而在于以信义相交。

此论交谊而强调择友与讲究信义二者，均非《诗经》所尝涉及。

所以，孔子才会说：“切切偲偲，怡怡如也，可谓士矣。朋友切切偲偲，兄弟怡怡。”（见《子路篇》）《疏》曰：“切切偲偲，朋友相切责之貌。朋友以道义切琢磨，故施于朋友也。怡怡，和顺之貌。兄弟天伦，当相友恭，故怡怡施于兄弟也。”对兄弟跟对朋友，要求并不相同。兄弟是感情上的，朋友是道义上的，故虽也讲“友于兄弟”（《为政》），但孝友之“友”有两义，一施之于兄弟，以友爱为主；一施之于朋友，以进德修业为主。

论朋友，如云“无友不如己者”“独学而无友，则孤陋而寡闻”；或教人择友：“友其士之仁者”（《卫灵公》），“益者三友，损者三友。友直、友谅、友多闻，益矣。友便辟、友善柔、友便佞，损矣”（《季氏》），都可以显示孔门论友甚严，以进德修业为主。故有朋自远方来而感到的快乐，并不是单纯感性的亲昵欢近之情，而是因朋友可以在德业与知识上增益我、令我完善之故。

《宪问篇》记载了一则故事：“原壤夷俟。子曰：‘幼而不逊弟、长而无述焉、老而不死，是为贼。’以杖叩其胫。”原壤应该是孔子的故交，也就是一般意义上的朋友。但因他箕踞，行为无礼，孔子切责之，不再认为他是自己的朋友了。这一方面表现朋友以道义切磋琢磨之义，一方面也可能是我国最早的绝交论，是《诗经》所没有的。后世“割席断义”一类绝交故事，均由此衍出。

孔子之后，孟子论交友，完全依循孔子。如说舜“使契为司徒，教以人伦：父子有亲、君臣有义、夫妇有别、长幼有序、朋友有信”（《滕文公上》），朋友有信，就是孔子的主张。孟子又说：“责善，朋友之道也。父子责善，贼恩之大者”（《离娄下》），说朋友应有责善之义，也就是孔子的意见。孔子以此区分兄弟伦理与朋友伦理，孟子则以此区分父子与朋友，但原理是一样的。父子、兄弟皆以恩情为主，不像朋友相交，须有责善之义。原因是父子、兄弟乃天伦，人无法自由选择自己的父兄，父兄无论好不好都只能承担，无法对之强作要求，朋友却是可以自己自由选择的。若责善而不从，则朋友道尽，便可交绝。

正因朋友须彼此责善，故交友就是善人与善人交的活动。《万章下》载：“孟子谓万章曰：‘一乡之善士，斯友一乡之善士。一国之善士，斯友一国之善士。天下之善士，斯友天下之善士。’以友天下之善士为未足，又尚论古人。颂其诗、读其书，不知其人可乎？是以论其世也。是尚友也。”尚友古人这个意思，孔子未及道，但此仍是孔子交友论所已蕴含之旨，孟子只是把它阐发出来罢了。孙奭《疏》说：“此盖欲教当时之尚友也，孔子云：‘无友不如己者’，与其诗云：‘高山仰止，景行行止’，亦其意欤？”讲得很好。

荀子论交友，也发挥孔子之意，强调师友摩习对人进德修业的重要性。如《修身》云：“见善，修然必以自存也；见不善，愀然必以自省也……故非我而当者，吾师也。是我而当者，吾友也。谄谀我者，吾贼也。故君子隆师而亲友，以致恶其贼。”又说：“治心养气之术……湿卑重迟贪利，则抗之以高志；庸众驽散，则劫之以师友。”孔子、孟子说朋友应切切责善，只是说朋友之道应该如此，是弱规定；荀子则将之转为强的积极作为，说应该用朋友来改善自己的不善之处。

另外，他与孟子不同的地方，在于孟子主性善，故论交友，主要是说善人与善人交，是善善相发式的。荀子则主性恶，言人须矫性为学，故亲近师友即是矫性为学的方法之一。强调要以师友来矫正自己才性之偏，是以善攻治不善的形态。

但无论是孟子式抑或荀子式，儒家这种朋友观之影响也极深远，后世儒者尤多谨守此义，即使解《诗经》也是如此。像《伐木》，《诗序》说是“燕朋友故旧”之诗，《疏》就说：“朋，是同门之称”。《关雎》“琴瑟友之”，郑《笺》亦云“同志曰友”。《既醉》说“朋友攸摄”，郑《笺》也说：“朋友，谓群臣同志好者也”。其实《诗经》本义并无“同门”或“同志”之意。但强调朋友须是同门或同志，乃汉儒较普遍的看法。影响所及，连字书亦复如是，如《说文解字》就说：“同志为友，从二又相交友也。”他们解《诗经》时亦以此义解之，殊无足怪。

三、对比：不同友朋伦理的观察

《诗经》和孔孟的交友观的不同，若与古希腊和亚里士多德的不同相比较，会更有意思。

罗斯《亚里士多德》曾说："亚里士多德的伦理学体系，主要是以自我为中心的。他告诉我们，人的目的与应达到的目的，是他自己的幸福。除了论友爱的那两卷以外，《尼各马克伦理学》其他各卷并没什么说法意味着人能且应对其他人怀有感情"[①]。这样的描述，要对比着古希腊的友爱观才能了解。

古希腊的友爱观，核心在于爱，故它是一种感情而非理性。其次，友爱是发生在人与人的关系中，而人与人之关系则以家庭关系为基本模式。家庭关系中，又可分为三种形式：夫妇、父母子女、兄弟；其感情分别为性爱、慈爱、兄弟爱。其他各种人际关系均可模拟于这三者：两性关系间为性爱、君王与臣民间为慈爱、伙伴间关系为兄弟爱，其感情与在家中的情况并无二致。第三，在爱的各种类型中，古希腊人以性爱为最主要；但性爱的最高类型，却非异性爱，而是成年男子对美少男的同性爱。

亚里士多德论友爱则甚为不同，他认为兄弟爱或伙伴爱才更接近友爱的一般性质，所以他要区分"爱"与"友爱"。其次，它论友爱也与论德性一样，是基于完善自我。亦即人类要通过与他另一个"分离自我"的合法性活动，才能达到幸福。因此，他的友爱观重点仍然不在"人能且应对他人怀有感情"，而在理性与德性。人对他人即使怀有感情，也是由于可以经由交友来获得德性的完善。

由这样的对比来看，古希腊原来的友爱观比较接近《诗经》的情况，它们主要是指人与人之间亲和爱乐的情感。后代论者有时也会强调这个部分。如《关雎》"琴瑟友之"，《疏》说："友者，亲之如友也"，《汉书·王莽传·注》："友，爱也"，都着重讲朋友间的情爱之感。《诗经》中那些"既见君子，孔燕岂弟""既见君子，我心则降"的语词，也表达了见到朋友时心中那种怡乐

① 王路译，商务印书馆，1997年，第253页。

亲密的感情。相对来看，孔子虽也说:“有朋自远方来，不亦乐乎！”但其喜乐之情并不是这种直接且单纯的感情，而是类如亚里士多德那样，是因朋友可在知性与德性上增益我，而让我产生知己之感的那种感情。不是所有客人来都会让人生发此种气类相投的朋辈之感，所谓朋友，是有特定义界的少数人。

相互的善意与感情，发生于一切人与人之间，抑或只发生于相似的人之间，是柏拉图《会饮篇》、《李思篇》就已提出来讨论的问题。亚里士多德赓续研究，认为同类者才具有相似性。两个好人在相互的善意和德行上相似，所以彼此期求于对方的，都是善的东西；他们也知道对方也对自己抱持着这样的善意。而且，因他们都有德行，故彼此总是本此善意在为对方做事，并以这种方式过着共同的生活。是以好人之间的友爱，例如某甲某乙一组、某丙某丁一组，或某戊某己一组，每一组也都是相似的。好人与坏人之间、坏人与坏人之间，则差异甚大。好人与坏人的差异大，可以不用解释了。两个坏人间的差异大，则是由于他们只是偶然性地具有与友爱相关的性质，如善意与共同生活。一旦得不到期求的好处或快乐，其友爱便不复存在。故依亚里士多德之见，只有善人与善人之间才有真正的友爱。这个看法，与孟子说“一乡之善士，斯友一乡之善士。一国之善士，斯友一国之善士。天下之善士，斯友天下之善士”云云，也颇类似。

当然，说《诗经》接近古希腊，或孔孟类似亚里士多德，只是由形态上说，友爱观的内涵，彼此差异甚远。希腊人重视性爱，且推崇同性爱;《诗经》中也重视夫妇男女之爱，夫妇男女之爱亦与朋友之爱有通类的关系。可是整个《诗经》时代，不会像希腊那样普遍以为爱恋少男比爱着少女更高尚。在《诗经》时代，兄弟爱或朋友爱，也比性爱更具一般人际关系的通约性质。在社会上，只有夫妇男女自比为兄弟、朋友，不会有两个兄弟或朋友自比为夫妇。

亚里士多德和孔孟论友谊，也很不同。亚里士多德强调友爱的亲密性，即朋友密切交往中产生的相互熟悉感和愉悦之情。孔孟在论交友时，除了“有朋自远方来，不亦乐乎”那一句以外，都显示朋友间相处常是有距离的。孟子说友一乡、一国、天下，乃至古代人，也表明了人与人交友，时间空间的距离一点儿也不重要。后世中国人说“千载之下，莫逆于心”，即指此而言。

但这种“莫逆”不是亚里士多德所说的亲密感。他讲的亲密感与“共同生活”是相关联的。对古希腊人来说，做朋友即须在城邦共同生活中相互结伴。亚里士多德也认为两人若仅是相互崇敬、相互欣赏赞美，而不能一起生活，就只是“善意”，并非“友爱”。《尼各马可伦理学》中甚至说道：“没有什么比寻求共同生活更是友爱的标志了。”

孔孟之说，恰好与之相反。朋友责善，切切偲偲，本无兄弟之爱般的怡乐亲密之感；时地睽隔，更可无共同生活之义。因此，朋友之间，是冷的。后来庄子说：“君子之交淡若水，小人之交甘若醴。君子淡以亲，小人甘以绝”（《山水篇》），《中庸》说：“君子淡而不厌”，也都强调真正好朋友的交谊宜淡。孔子称赞“晏平仲善与人交，久而敬之”，即是这类说法的源头。

四、互补：两种友朋伦理的递兴

《诗经》和孔子所代表的，是我国友谊观的两型。《诗经》讲的，是朴素的友谊，人与人相邻近、相亲习、相欢乐，感性生命因彼此相需求而获得充盈怡畅之感。友人，相对于陌生人，更不是敌人，乃是在生命中可相互慰藉者。孔子所说，则着重于择友，是在《诗经》所说的朋友上进一层，不认同泛泛交友，而希望借交益友来增益自己，砥砺以求善。前者广交，后者慎交。

广交者，以交友为普遍伦理，所谓："相彼鸟矣，犹求友声，矧伊人矣，不求友生？"不只是人遵守着这样的伦理，动物也是如此。推此义，便有以下这类强调交友，以交友为一切伦理之基础的言论：

一、夫阴阳交，万物成。君臣交，邦国治。士庶交，德行光。同忧乐、共富贵，而友道备矣。《易》曰："上下交而其志同。"由是观之，交乃人伦之本务，王道之大义，非特士友之志也。(《初学记》十八引《魏文帝集·交友论》)

二、交之为道，起自羲皇。造化之初，君臣始立，而有人伦上下之叙，象天地交泰，以左右于民也。唐虞三代，莫不因之。故交全情亲，则国安治强。交败情乖，则国危治弱。立交者欲其亲也，是故百姓不亲。禹作司徒，疏者能睦。廉颇相如，忍忿以崇厚。陈平周勃，感陆生而相亲。所以安赵于强敌，定汉于始几。此交接之大义，帝王之极务。闻之于《易》曰："交乃人伦之本务，王道之大义也。"(《御览》四百六引周昭《新论·立友》)

三、夫交接者，人道之本始，纪纲之大要。名由之成，事由之立。(《御览》四百六引刘钦《新议》)

四、交之于人也，由唇齿之相济。(同上)

五、才非交不用，名非交不发，身非交不立。(同上)

这批汉魏间的言论，都强调交友为人伦之本。曹丕说阴阳要相交才能生成万物，人与人也要相交才行。交，在此便有存有论的意涵，也是整个伦理学的基础，因此他们一说交就谈到："交接者，人道之本始""交之为道，起自羲皇"，又皆举《易》以为说。整个《易经》正是以交接、交感为构成原理的。交通、交接、交流、交会、交感，所有人都需要交："才非交不用，名非交不发，身非交不立”，一切事功也都得透过交才能达成。

这是广交这一型论点最极致的发挥。而出现这种论调的背景则是汉末的人文环境。

汉代前期本来是讲究慎交的，看前文所引汉儒经注经解就可知道。但后汉儒生交游渐盛，善与人交，遂渐成士德之一。形成这种风气的原因很复杂。一方面是讲慎交的结果，出现了弊端。人不是普遍交友，而是选择性地交。“择交”固然如孔子所说，以同门、同志为主，重在讲习责善。但人情趋利，损友相结，更是常见之事，遂致人只找对自己有利或跟自己同类的人（如智与智、富与富、贵与贵）相交。士君子睹此风气，伤其凉薄，乃提倡广交友以敦厚风俗。朱穆《崇厚论》即为此中代表，他说：

> 务进者趋前而不顾后，荣贵者矜己而不待人。智不接愚，富不振贫。贞士孤而不恤，贤者扼而不存。故田蚡以尊显致安国之金，淳于以贵势引方进之言。夫以韩翟之操，为汉之名宰，然犹不能振一贫贤、荐一孤士，又况其下者乎？……先进者既往而不反，后来者复习俗而追之。是以虚华盛而忠信微，刻薄稠而纯笃稀。斯盖《谷风》有弃予之叹，《伐木》有鸟鸣之悲矣。

本文引诗《谷风》、《伐木》，正显示了他企图重提《诗经》的广交说，以改善当时“智不接愚，富不赈贫，不荐贫贤，不振孤士”的风气。依他的看法，若人人都能尊重别人、都能相交接，风俗就淳厚了。这是矫世之弊而发的言论。

另一方面，汉末知识分子之间，也出现了余英时先生所说的“士的群体自觉”，彼此声气互通，颇有士类之感。而且乡举里选，需讲求人物品题。一个人交游广阔，才有可能众皆称善。友朋口碑，至为重要。张升《友论》所说："嘘枯则冬荣，吹生则夏落"（《文选·魏都赋》注引），指的就是这个时期。

影响所及，不只士人相交，强调交，侠客亦然。刘劭云："游侠之徒，晞风拟类，贵交尚信，轻命重气，义激毫毛，节成感慨"（《御览》四七三引），即谓此也。这时便有一个新的流行词汇叫做"交游"。人皆以交游广阔为务，高吟着："携友生以游观，尽宾主之所求"（曹植《感节赋》）。

物极者必反。在盛行广交的年代，又有许多人不满了。谓其末流之弊，至于"当今年少，不复以学问为本，专更交游为业"（董昭《陈末流之弊疏》）。而且"交游者，俦党结于家，威权倾其国，或以利厚而比，或以名高相求，同则誉广，异则毁深。朝有两端之议，家有不协之论。至令父子不同好，兄弟异交友。破和穆之道，长争讼之源"（阮武《正论》）。

因为广交游，对于学者来说是逐末而不务本的，会形成"其在京师，不务经学，竞于人事，争于货贿。太学之中，不闻谈论之声；纵横之下，不睹讲说之士"（尚敏《陈兴广学校疏》）的结果，故当时又称此为"交游浮华"，谓其徒骛声华。何况，广交的结果，依然不是荐贫士、振孤贤的淳风厚俗。彼此交结，其实唯利是图，所以仲长统批评当时天下有三俗，其一就是"交游趋富贵之门"（《意林》引）。那些富贵之门，交结了一大批趋附在他们左右的人，自然就形成一种势力。这种势力，对国家来说，当然会影响到国家权力。阮武所论，即指此言。就算不是在有富贵权势者身边依附成党，士君子交游，以气类相感召，也同样会形成政府以外的势力，对主政者来说，"朝有两端之议"，一样是不能忍受的。

这时，党锢就出现了。那位说友朋品题可以嘘枯冬荣、吹生夏落的张升，就曾遭党锢之祸。牢修《上书兴党狱》时说，李膺等人"养太学游士，交结诸郡生徒，更相驱驰，共为部党，诽讪朝廷，疑乱风俗，不可长”（《后汉书·党锢传序》），所持见解，实与阮武相似。

党锢，当然是政治镇压，但当时社会思想中也确实存在着对广交的不满。这种不满，形成了一种社会意见，择交慎交之说当然就又崛起了：

一、或曰：“子绝存问，不见客，亦不答也，何故？”曰：“古者进退趋业，无私游之交，相见以公朝，享会礼纪，否则朋徒受习而已。”曰：“人将疾子，如何？”曰：“宁受疾。”曰：“受疾可乎？”曰：“世之务交游也久矣，不敦于业，不忌于君，犯礼以追之，背公以从之。其愈者，则孺子之爱也。其甚者，则求蔽过窃誉，以赡其私。”（朱穆《绝交论》）

二、夫世人所谓掩恶扬善者，君子之大义；保明同好者，朋友之至交。斯言之作，盖闾阎之日谈，所以救爱憎之相谤，崇居厚之大分耳。非笃正之至理，折中之公议也。世士不断其数而系其言，故善恶不分，以覆过为弘；朋友忽义，以雷同为美。善恶不分，乱实由之。朋友雷同，败必从焉。谈论者以当实为清，不以过难为贵，相知者以等分为交，不以雷同为固。（蔡邕《至公论》）

三、凡人之结交，诚宜盛不忘衰，达不弃穷，不疑惑于谗构，不信爱于流言，经长历远，久而逾固。而人多初隆而后薄，始密而终疏。斯何故也？皆由交情不发于神气，道数乖而不同。权以一时之术，取仓卒之利。有贪其财而交，有慕其势而交，有爱其色而交，三者既衰，疏薄由生。（钟会《四本论》，《御览》四百六引）

第一则说要息交绝游。因为一般人之交游只是“孺子之爱”，甚且借友朋“蔽过窃誉，以赡其私”。也就是形成朋党，党同伐异，以巩固私利。

第二则说一般人都认为朋友相交就该彼此掩饰恶行，相互称扬；但那其实是不对的，朋友间不应该善恶不分，相与雷同。蔡邕在此，指出朋友有责善之义，不以雷同为固；又说相知者应以等分为交，不跟人特别亲昵。都是遥契孔门的讲法。

第三则，钟会也是发挥孔子“晏平仲善与人交，久而敬之”之义，说一般人交友均是贪财、慕势、爱色，故三者衰而疏薄生，君子则“交情发于神气”，盛衰不弃，不疑不惑。

由汉代交友论的变迁来看，《诗经》型和孔子型是迭相起伏、相与补充的。广交太滥，则节之以慎；慎交之蔽，涉于孤凉，则广其交友之门。汉魏以后，各个朝代，情况大抵也都是如此。二型互用，而与社会之具体状况相生发。

五、气义：游侠交友形成的传统

但中国社会上的友谊观并不止上述两型，还有第三型，那就是汉代出现的侠客交友论。

司马迁《史记·游侠列传》说：“今游侠，其行虽不轨于正义，然其言必信、其行必果，已诺必诚，不爱其躯，赴士之厄困。”侠士言必信、行必果，是孔子所说的交友以信；但其“不爱其躯”，就非孔子所曾道及了。

所谓不爱其躯是什么意思呢？司马迁用郭解为例，说他“少时阴贼，慨不快意，身所杀者甚众。以躯借交报仇，藏命作奸，剽攻不休，及铸钱掘冢，故不可胜数”，而当时“少年慕其行，亦辄为报仇”。这就是为了朋友而不爱其躯，可以把身体借给朋友去报仇。

报仇本是儒家之说，所谓“春秋大九世之仇”。但儒家讲复仇，以血亲之仇为主，父母之仇为先、兄弟次之。不曾讲要为朋友报仇。汉代这些侠客报仇，则均以朋友为限，不曾谈到过报父母兄弟之仇（后世武侠文学才受儒家影响，出现报血亲之仇的叙述，但时代迟至唐代以后）。也就是说，报仇已成为朋友伦理之一环。

侠客之仇，性质通常也不同于血亲之仇。血亲之仇，大抵真是仇。侠客之仇，可能只是一时眦睚之怨。鲍照《结客少年场》说："骢马金络头，锦带佩吴钩。失意酒杯间，白刃起相仇。"喝酒时，一时言语冲突或杯酒失欢，大概就算是有仇了，非报这个"你看不起我"或"你凭什么瞄我"的仇不可。司马迁也称这种报仇叫做"报仇怨"，后人有时也径称为"报怨"，如张华《博陵王宫侠曲》云："雄儿任气侠，声盖少年场。借交行报怨，杀人租市旁。"报怨似乎比报仇更贴切。

借交报怨，就是游侠们在争地盘、抢生意，乃至饮酒作乐时，跟人家结下了梁子，而又当场觉得没有占得便宜，需要找朋友来讨回颜面时，做朋友的即应义不容辞，把身躯性命"借"给朋友去报仇。也就是替他去卖命的意思。

此中，侠客结仇，本是意气。报仇，同样也是意气。意气感激，便把性命卖给了朋友，固然是非理性的，但其间亦能显一种豪气，一种热情，所以司马迁说它虽不轨于正义，然仍能为人所钦慕。如鲍照《代雉朝飞》所云："握君手，执杯酒，意气相倾死何有？"是有美感的。

而借交报仇，虽说是意气所激，但为什么人竟愿意为另一人出头甚或卖命呢？侠客交友伦理，在此又引进了"知己"的观念。说因某人为我之知己，或以知己待我，故我可以"士为知己者死"。鲍照《壮士行》说："沙鸿嗥天末，横剑别妻子……山河不足重，重在遇知己"，就是说侠客替人去报仇，仗剑行千里，原因只为"重在遇知己"，亦即感知己之恩是以为之报仇。去报仇，正是为了报人以知己待我之恩。

如此报恩与报仇相扣结，形成士为知己者死的意象，同样是令人感动且有美感的。只不过，侠客的知己，涵意跟伯牙钟子期、管仲鲍叔牙之类知己不同。

他们所谓的知己，可能只是“相逢意气为君饮，系马高楼垂柳边”（王维《少年行》）时喝得痛快的陌生人。大家“三杯吐然诺，五岳倒为轻。眼花耳热后，意气素霓生”（李白《侠客行》）。这时，侠客掣出剑来，“一朝把示君，谁有不平事？”若有不平，我即为你出头，“重义轻生一剑知，自虹贯日报仇归”（沈彬《结客少年场》）。

此处，“义”非正义，只是答应友人便须做到的信义。此信义生于意气感荡之间，其实没什么道德理性可说，正如《水浒传》二十九回李卓吾批：“磨剑问不平，士为知己死。武松打蒋门神一则，纯是意气用事。”对于侠客们这样意气用事，你若还要追究其是非，李益就会劝你说：“少年但饮莫相问，此中报仇亦报恩。”（《轻薄篇》）

侠客的友道观情况大抵如此。它是《诗经》和孔子两型的综合变貌。《诗经》强调求友，以交友为普遍伦理，侠客也要广交游，把“四海之内皆兄弟”移来作为他们行动的准则，刘劭说他们“贵交”，就是指这方面。

《诗经》以共食为朋友的行为伦理，侠客在此尤其表现特出。他们“百里报仇夜出城，平明还在倡楼醉”（张籍《少年行》），“君不见，淮南少年游侠客，白日球猎夜拥郑”（李白《少年游》），“淮阴少年不相下，酒酣半笑倚市门”（李益《轻薄篇》），“盘案互交错，坐席咸喧哗”“冠冕皆倾斜，酣饮终日夜”（张华《轻薄篇》）……报仇报恩都起于杯酒酬酢之间。共食，而且食得愉快，就可以是知己，是肝胆相照的朋友。不肯来共食，“宁适不来，微我弗顾”，那可不是我有错，而是瞧不起我，彼此的梁子就此结下了。也许当场就“白刃起相仇”，也许日后再找朋友来报仇。

再者，朋友也是一切人伦中最重要的。游侠本无君臣一伦，又离父母兄弟，也不重视夫妻，拔剑出门，千里独行，只为了朋友。因此广交论者所说：“交之于人也，犹唇齿之相济”“才非交不用，名非交不发，身非交不立”“交接者，人道之本始，纪纲之大要，名由之成，事由之立”等等，也只有在侠客圈中才表现得最鲜明。

侠客们常说：在家靠父母，出外靠朋友。在其领域中，君臣父子兄弟夫妇诸伦有亏，都是可以原谅的或可商量的，但若是伤了朋友之义，却再也不能立足。像梁山泊水寨中，孙二娘伤了多少人性命，开黑店做人肉包子；“一丈青”扈三娘，不能为父兄报仇，都无碍其梁山英雄。梁山早期领袖王伦却只因不能容众，有亏友道，就会被杀。而领导这个侠义团体的，更是武功本领低微的宋江。只因宋江外号“及时雨”，以广交游、讲气义著称。这就是侠客伦理的特色所在。

侠客的交友论，也吸收了孔子所强调的择交，重视求知己。其报仇观显然也由儒家的报仇观转出。它把这些观念跟广交贵交结合起来，才形成这么一套侠客的交友论。

但是，侠客的人格状态跟《诗经》所述或孔门中人相去甚远。《诗经》虽说广交，其交友态度中仍有个“君子”的向往。对于别人不肯来惠顾我的筵席，也是反省式的：难道我有什么过失吗？侠客可不然。他们是浪迹江湖的游子，不是君子。交友善恶不忌。若碰到别人不愿与我交友，更不会反省自己是否有过失，而是恚怨对方敬酒不吃吃罚酒。倘或对方与我意气相投，酒喝得很愉快，那么，彼此就是“哥儿们”，可以为之两肋插刀。这种择交标准，跟孔门之教差异极大。朋友之间，同是非、共利害，更是蔡邕所谓的“雷同”，会形成帮派，亦即朋党群体。这些，均是孔、孟、荀所不会赞成的。故而吾人可以说这是《诗经》与孔子两型之外的综合变种。但它在中国社会里的影响，可绝不逊于前述两型呢！

六、讨论：伦理学里的人生面向

在现实人生里，以上各型其实都不会单独存在，总是混合交错发生的。在《诗经》时代，应该也不会只有一种状态，孔子所说的友朋责难以劝善，必然亦曾存在。同理，孔子时一样有着《诗经》所描述的交友现象。但以上分成三种型态的分析，不是就历史社会状况说，而是依友谊观念的进展及其理念类型说的。

这三种类型，若依伦理学的目的论观点来看，《诗经》所表现的，大抵近于快乐观。亦即以交朋友的目的，是在“合欢”。所以看见朋友，心里就高兴，“既见君子，孔燕岂弟”；朋友相见，欢然饮宴，“吉尔宴喜”。友朋交谊之价值感，正在于乐。孔子说：“有朋自远方来，不亦乐乎！”讲的也就是这个乐。

伦理学上主张快乐论最著名的，是公元前三世纪希腊的昔勒尼学派阿里斯提卜。他认为人行为的目的就应该是得到快乐，避免痛苦。而其所谓快乐，指当下的享受，不是精神的宁静、持久的幸福感，乃类似吃喝娱宴时那种快活。他不像伊壁鸠鲁那般主张灵魂的快乐，所以也不节制醉酒狂欢之类愉悦。《诗经》所描述的友谊状态，较近于此。

孔子及其后学所强调的友谊观，则近于伦理学中以善为目的的理论。这一路思想，不认为感官或理性的快乐可以作为伦理行为的目的，而认为应以德性、知识、自我保存或社会保存为目的。孔子说交友应交“益友”，让直友、谅友、多闻之友帮助我，达成德性与知识上的善，便类似这种立场。

但是，这派思路又可分为两系，一种为利己的，一是利他的。孔子说“无友不如己者”“益者三友”时，看来好像是以利己为目的。可是孔子又说朋友间是要责善的。彼此责善，则是期以共善，是利己也是利他。

但这是以善为利。侠客伦理所追求的利却不是善，他们“剽攻不休、铸钱、掘冢”，往往是抢地盘、争生意、杀人作奸。善是谈不上的。意气相倾之际，固然甚乐，但侠交友并不以此为目的。其目的是在危难之顷、用人之时，朋友能出死力来救助。故其目的在于利。交友以共谋攻剽、铸钱、掘冢、作奸犯科之利，同时也为了得到在危难时有人能来救助自己之利。

不过，侠之所以为侠，不仅如此。因为交友虽然是为了自己在困厄时能获帮助，但若朋友有了需要，自己却须牺牲一切利益甚或生命去帮助他。这时，交友的目的便不是利，而是以成全朋友交情为其最高善。侠客称此为“友朋之义”。为了成全这种朋友义气，侠客们可以舍身忘死，完全放弃乃至悖反人的自利性格。他们如此做的目的，可能是跟朋友一同去铸钱掘冢，可能是一道去作奸犯科，或代朋友出头去送死，这些也都称不上是善。但侠客根本不会理会这些，因为交友借躯报仇本身就是最高的善，也是最高的目的。

换言之，《诗经》的友谊观，由伦理学的目的论来看，可概括为为了乐。孔门友谊观，可说是为了善。侠客的友谊观，则是为了朋友。就友朋这一伦理关系来说，侠客的友谊观也最纯粹。

但无论哪一型，友朋相交，“孺子之爱”仍然是它共同的基础。看见朋友，自然心中兴起一种恺悌友爱之情，充满了悦乐。所以《诗经》所表现的友谊观最为基本。

为什么人见了朋友，会产生这种友爱感情呢？休谟在《人性论》中解释道：“心灵本身不足以自寻娱乐，而自然要寻求可以产生生动感觉，并刺激起精神的外界对象。在这个对象出现时，心灵就好像从梦中觉醒。那时血液流入一个新的高潮，心情激发。整个人的精神焕发，这是他在孤独和平静的时候所做不到的。因此，同伴是自然令人非常愉快的，因为他呈现出一切对象中最生动的一个对象，即是与我们自己相似的一个有理性、有思想的存在者……与陌生人相处，尚且可以活跃我们的思想，因而使我们暂时感到愉快。与亲友和相识者作伴，当然特别令人愉快，因为在这里它有较大程度的这种活跃思想的效果，和更为持久的影响。”（第二卷，第四节：论对亲友的爱）[①]

意思是说：人本身是活在与他人的关系中，若抽掉这些关系，人即无以自存。故所谓爱，乃是对这种关系的感情。最简单的爱是暂时相遇的陌生人，其次是相识者。这些人与我们并无固定之关系，但暂时相值，偶尔在生命中形成触动，这种暂时且不稳定的关系，依然能产生爱和好感，何况亲戚朋友！亲戚朋友跟我们有特定的联系，所以彼此有爱，也彼此要求着爱的权利。

休谟这种由人性上推论人需要友谊的讲法，不乏回响。查尔斯·霍顿·库利（Charles Horton Cooley）《人类本性与社会秩序》即认为“爱”这种感情，基本上起于人本能的交流欲（sociability）。交流欲最简单的形式，表现在儿童身上。天真，且无道德感地流露出对于交友的需要和快乐。这也就是朱穆所说的“孺子之爱也”。

人都会有这种交流欲，原因是：“一个完全与他人相区别并且能经得起验证的自我观念，是根本不存在的。如果这个‘自我’包括整个心灵，那么，它当然也包括我们所想的所有人和我们思想中的整个社会……我们若不想到他人，就不可能想到‘我’，‘我’的观念，是在交流和联系中发展起来的。”（第三章：社会

① 关文运译，商务印书馆，1980年。

交往以及对他人的观念）[①] 人是在与他人的联系和交流中，经验到并完成自我，故交友时之爱与乐，很难说是利己或爱他，两者滚动在一块儿。

也有人用合群本能（The gregarious instinct）来解释。如麦孤独（McDougall,William）《社会心理学导论》说自我意识及自我感情，起于与他人之竞争中；为了加强竞争力，则又须与他人结伴以增强争斗力（第十一、十二章）。[②] 此即因好斗所本能而出现的合群本能。

这个“群”，是选择过的，称为“团体选择”（group-selection）行为。中文词汇中称此为“朋党”。朋党会党同伐异，所以孔子说朋应与党分开，君子应“群而不党”“和而不同”。可是一般人不都是君子，来自本能的斗群性格，确实可以看见许多党同伐异现象。后世政治斗争时，指某一批人结为朋党，也是贬辞，会因此而形成党争或党锢之祸。

由这个角度看所谓人性本能，显然与前述由爱与交流那个角度看南辕北辙。聚群结伴、呼朋引友以斗争，也是孔子所不许的。但是，侠客交友不正是如此吗？在好斗本能中，侠客还不乏格斗冲动（The combative impulse），飞鹰、走狗、赌博、打猎之外，随时会拔剑格斗一番。

另外，休谟说人活在与他人的关系中，爱即生于这个“关系”。社会心理学界论社会关系近于此一观点，但并不以爱来解说关系，而是以交换。

社会交换论强调人际传播发生于彼此的交换，罗洛夫（Michael E.Roloff）《社会交换论》劈头就说：“人们称之为友谊的东西，不过是利益的相互调和、善行的相互报偿。不过是利己心

① 包凡一等译，桂冠出版社，1993年。

② 俞国良等译，浙江教育出版社，1997。

期待能从中有所得益的交易形式。”（第一章）[1]

亦即：人是在能发展自我利益的情况下，与某些人发生某些传播行为。可是要如何与他人传播呢？这就需拿东西去换；爱与金钱是其中两类最主要的不同资源。人先懂得爱，在童稚的家庭亲密关系中，人已擅于爱的交换。长大以后，也会逐渐与家庭以外的人以爱相交往。再后来才会懂得使用金钱，有时也用金钱买交情。

席尔斯（David O.Sears）等人的《社会心理学》则认为交换的酬赏（reward）有六类：爱、金钱、地位、知识、物质、服务。（第九章）[2]

在社会上，交朋友，确实常存在着交换酬赏的状况。但就友谊观来说，中国并未有人正面主张友谊本于交换。就是要说交换，在各类酬赏中，金钱、地位、物质这些具体性（Concreteness）的报偿均受贬抑，非具体或象征酬赏如爱、知识、服务才较被认可。因此社会交换论用在诠释中国的友谊观上，适用度颇有局限。

何况，该理论本身即有一些弱点。例如，若友谊发生于利己的交换形式中，那么，为什么人只跟某些人交换而不与另一些人交换？交朋友总是有选择的。选择，可能是在各类酬赏中去选择，但也可能出现完全不利于己的选择。像侠客所说的报仇与报恩，就是如此。交友借躯报仇，对自己有什么好处？侠士捐躯可不像烈士殉名，并无好名声可供酬赏；所报恩的对象若早已死亡，更是无人感激他的付出。但轻身全义，却为侠行之典范。此即非社会交换论所能措思了。

同理，父母之见子女、行空谷而闻足音，其色然而喜、爱生

① 王江龙译，上海译文出版社，1997。

② 黄安邦译，台湾五南出版公司，1986。

于心者，亦非有或不期望有酬赏交换以为报偿也。有时，找朋友来喝喝酒，并非希冀能获得爱的报酬，饮宴时生命舒畅之感，本身就令人快慰了。

诸如此类，证诸《诗经》或《论语》，即可见社会交换论立说尚隘，中国友谊观之内涵，宜有更多的分析。要了解中国社会，友谊观也是个关键。

儒道佛传统文化对后现代心理学的影响

一、空山不见人

后现代，是个令人畏惧的名词，因为难以理解。

难以理解，既是歧义太甚，人言言殊；亦因它本身就是个过去完全没料想到的状况。

例如历史上常因经济上分配不均，形成社会不公，激生了各种争取公平的社会运动；因为把性压抑着、遮蔽着，仿佛是见不得人的事，所以又才有各种突破禁忌、争取性解放的运动。可是波德里亚《论诱惑》一书却论证道：饮食与男女之事，之所以能成为欲望，是因它缺少。匮乏，形成了诱惑，也造成了垄断，并因垄断而出现禁忌，禁止所有人都想拥有。而如今却是在性解放之姿态中，把性事变成其生产操作工业，泛滥到社会任何一个角落（比方你一打开计算机，画面立刻会露出无数女体、胸乳特写、春药广告、AV 女优、性丑闻、绯闻与性新闻等等）。在无边界、无量数的诱惑中，诱惑其实消失了。因为性不是太少而是太多，没有匮乏、没有禁忌、没有边界。可是这种性普及是假的，只是一种拟真（simulation）状态。它并不是现实，但替代了现实，是一种没有性爱的性。以致在泛滥的性意象中，真正的性爱业已死亡。

依其分析，由文艺复兴到工业革命之古典时期，是仿造（counterfeit）的模式，人模仿自然，造出东西来；工业时代是生产的模式，人重组物质与秩序，造出自然所没有的东西。现在，则是受代码支配的拟真模式，人不再与外部世界直接发生关系，而是活在通过信息代码构造出来令人误以为真的世界。

波德里亚只是后现代思想家之一，其余论者多矣，但大抵均如他一般，描述我们正处在一个历史的新时期。这个时期，与工业社会之生存方式乃至社会内部之逻辑均已异趣。而此种差异，往往又是工业社会自己造成的，生产出原先料想不到的异化之物：新怪胎。

新怪胎之特征是无咖啡因的咖啡、无酒精的啤酒、没有了性爱的性解放。整体言之，则是经由启蒙运动、人文主义、理性化思潮、科学发展、妇女解放、黑奴解放、无产阶级解放、民族解放等一系列努力、极力摆脱宗教，想建立人类新社会的现代社会，如今才发现业已走到没有了人的境地。

二、渐闻人语响

这个后现代的趋势，收摄到心理学领域看，亦十分明显。

心理学于19世纪开端，即高举科学大旗，该学科一般也都开设在大学的理学院而非人文学院，研究方法主要是调查与实验。

经过近两世纪的经营，当然成果甚丰，但批评也一直不断。最近一本畅销书《当哲学家遇上心理医生》还特辟一章："哲学家眼中的心理学家"，批评这个研究传统，说其实验是不可靠的。

原因一是实验本身就是高度人为的构想，以控制变量，所以其情境在某种意义上是虚构的，只发生在实验室中，不能真正显现人的平常生活行事的方式。

其次，许多旨在揭露普遍人性的研究，实际上只是以美国中产阶级白人大学生为实验或调查对象的，并不能代表大多数人。

第三，即使以上问题获得了解答，心理研究也往往无法确定“有联系”和“有因果关系”的区别。例如抑郁倾向和反思、自责常有关联，这是调查可以确定的；但到底是反思造成了抑郁还是抑郁引起反思与自责？反思本身就会造成抑郁，还是某些类型的反思才会？反思与自责又何者才是抑郁的主因？几乎所有指出事件与环境、信仰或性格之间关联性及幸福感的研究，都像这样，无法明确判读联系关系的偶然性。

第四，研究一般性和个别性之间很难通约。例如同性恋和抑郁、自杀的关联性可能较一般人高；但究竟是同性恋较易抑郁、自杀呢，还是社会的不宽容致使其如此，未易确定。而且就算同性恋者确实在数据上较一般人更易抑郁乃至自杀，个别的同性恋者却未必抑郁、想自杀。故这样的研究，对个人来说并无意义，也无解释力。

第五，哲学家批评心理学家规避价值问题，强调哲学总是要详细盘问它。

另一章“心理医生眼中的哲学”则指出：过去心理学往往把人类生活中的难题当成了需要治疗的病。这已是一种错位。另一个错位，则是把“分析”当成了“治疗”。这两种错位，据作者看，趋势仍在扩大中，美国心理学会《精神疾病诊断与统计手册》(DSM)第五版似乎即是如此[①]。

这些批评，很可以抽样说明科学的心理学在其科学方法上面临的责难。因为上述质疑，除了讨论其价值观那一点之外，可说

---

① 详见Julian Baggini与Antonia Maearo合著，裘白莲译，中信出版社，2013。

都是针对其方法的。

科学的心理学，若在科学方法上都不还能令人信服，其在人文作用上究竟有何效能，自然就更易受人质疑了。

早在20世纪70年代，人本主义心理学便已批评心理学研究中的科学主义倾向，反对行为主义的机械还原论和精神分析的生物还原论，认为这个学科已因采取自然主义及实验方法而成为物理学的模拟版。所以应将实证方法和现象学方法结合起来，开始研究人的价值与意义、人的本性与潜能、人的自由与选择等问题，以避免心理学走向非人化。

这些主张虽然和后现代主义不完全相同，但在抨击科学主义的危害、重视人生的意义与价值、兼容科学主义与人本主义等方面却不谋而合。

沙特所提倡的“存在心理分析学”也有异曲同工之处。他认为：人的本质既不存在于伊底帕斯情结，如弗洛伊德所主张；也不存在于自卑情结，如艾德勒所主张，而存在于人类存在的自由中。因人有此自由，可以自由选择，所以才形塑了现在的我。因而人不应让潜意识的力量决定他的未来，成为它的傀儡。不仅如此，沙特还根本否认有潜意识心灵，他关怀的也不是心理治疗中的个人，而是整个人类的存在问题。反对启蒙运动以来只从“理性人”的角度来讨论人，强调要注意人的整体存在。

后现代心理学，就是要在这一些反省与批评的基础上，继续向前走。

三、返景入深林

（一）

之所以要继续往前走，是因人本主义心理学或存在主义心理分析都仍不脱科学理性主义之气味。

人本主义心理学虽反对心理学研究中的非人化倾向，但强调学习过程中学习者自主、自立、运用其理性能力，以及研究时采取实证方法，追求科学和理性的目标，仍充满着后现代论者所批评的现代性特征。

沙特的问题是另一种，威廉·白瑞德曾经在《非理性的人》评述道：

> 照沙特的说法，爱情，尤其是性爱，所以变成不断的紧张乃至冲突，正是施爱者希望占有受爱者，然而受爱者的自由（这是他或她的人性本质）是无法占领的；于是，施爱者便很可能把受爱者贬低为对象，以便占有他。爱情永远是在性的虐待狂和被虐狂之间摆动，备受威胁；虐待狂的时候，我把对方当作一块肉罢了，可以随心所欲鞭打、玩弄；被虐狂的时候，我志愿做一个对象，目的在诱陷对方，破坏他的自由。沙特揭露出这两种倾向的交互作用两个人相爱的时候永远有紧张的压力存在。然而，我们读完它力量万钧的所有分析以后，难免要疑心：他极端的辩证会不会使爱情的可能性完全消失？因为爱情在我们日常生活中有时的确会发生（不顾沙特的相反意见）。可见这一切其实只是由于沙特成了他自己哲学的牺牲品：由于他在他的哲学里面，找不到一块主体（对自存有）和客体（即自存有）真正碰头的地方……[①]

可见沙特仍陷在笛卡尔主客对立的模式中，未能真正认识到“人”和“人与人”的关系。因此，后现代心理学注定是要由此继续往前走的。

---

① 彭镜禧译，志文出版社，1979。

（二）

发展迄今，论者概括后现代心理学之特征，大抵有以下几项：

1. 反对机械论和实证主义，提倡经验论和相对主义。

对大量微观的、控制条件下得到的实验数据感到厌烦。认为把客观性、实验性这些实证原理运用到心理学的研究中，本身就是荒谬的。所谓主观与客观、主体与客体、精神与物质的区分只是种简单的二分法。他们倡导相对论，主张采用自我参照的现实性来代替客观的现实性。主张心理学研究不是在探讨客观现实的本身，而是寻求一种达到良好目的的主客观共建，其本身便是一种相互作用和协调的过程。后现代主义心理学还引用新物理学派的观点来否定因果律。它认为世界的秩序并不是完全建立在因果律之上的。由于人们观察的方式往往会不同程度地影响到观察的结果，因此，提出有必要重新考虑因果决定的普遍性、客观性和预测性。

2. 轻视低级心理的研究，重视高级心理，强调应与伦理学、艺术、社会学接轨。

后现代主义心理学家认为近一个世纪以来，对人的低级心理过程已有了大量实验，这些在动物身上也可以看到的反射、感觉等情况，说明不了人与人之间的差异以及社会文化的发展。他们认为心理学应研究人的思维、创造性、人际关系、共存意识等高级心理。心理学应尽快与伦理学、艺术学、社会学、教育学接轨，使心理学能成为用于解决复杂的社会问题，指导人的发展的活生生的科学，与人类日常生活的情景有更为密切的联系。

3. 反对还原论、简约论和拟畜性，提倡整体论和从文化历史的角度来研究人的心理。

后现代主义心理学对动物实验的结果表示怀疑，认为这类简约性、拟畜性的研究不宜用来推测人的心理。甚至认为借用自然科学的方法，运用实证、归纳、推理来探讨心理的普遍规律是徒劳的，割裂了人与社会文化的关系。

这些特征中，可申论者甚多，但仅就超个人心理学一项来说，我们就可发现其中颇有与东方宗教思想资源结合之处。

过去，人本主义心理学是主张自我实现的，强调人的潜能、人的尊严和生存价值。但这一理论只被一些努力的成功者所接受和欣赏。因为实际上人总是生活在充满矛盾和相互制约的社会，尤其是到了后现代，要真正保持人的尊严、发挥自身的潜能谈何容易？因此，后现代心理学家主张减轻人们的心理压力，提倡“超个人主义”，即把自己淡化，回归到大众与平凡之中，或以宗教性的怡然来消除自我奋斗的“焦虑和恐惧”。

这些超个人心理学家说，心理学英文名称 Psychology 中的 Psyche 即是希腊文中“灵魂”的意思，所以 Psychology 本来就不单指心理，而有打开心向灵魂转化的方向敞开的意思。超个人心理学代表人肯·威尔伯（Ken Wilber）有个有趣的比喻：弗洛伊德遇到佛陀。他说“弗洛伊德提出潜意识，开启西方心理学的深刻发现。如今则要把西方心理学与东西方神秘主义的静修传统结合起来，成为较为全面的心理学”。超个人心理学从70 年代萌芽发展，将宗教、哲学所关注的人生终极议题放入心理学中，企图以现代心理学的概念重述东西方两大文明的心灵操练传统。

之所以出现这种学问，还有大环境因素。随着全球化之进展，大量亚洲移民涌进欧美，中国佛教、日本禅宗、印度教等各教派纷纷在西方社会传布他们的宗教概念与修行方式，冲击着原本以西方文化与认知为范畴的心理学界，开始有学者提出整合东方心灵与西方心理学的理论架构，以西方认知为主题的心理学乃开始产生质变。

而在这方面，又有趣地衔接着或发展着过去心理学未竟之业。

（三）

因为心理学虽是纯现代西方产物，但它汲取东方智慧却已历时甚久。这其中，一部分原因在于整个欧洲思想界的动态。当现代人对其现代处境感到不安而产生反省时，其思想资源大约有几种，一是回到希伯来文明和古希腊，探问人是什么，价值与意义又何在；二是重新梳理现代人已割裂的基督教渊源，像 17 世纪的巴斯噶（Pascal，1623—1662）甚至就被追封为存在主义者；三是由早期反抗工业社会、批评理性与古典主义的浪漫主义思潮去找灵感；四是去瞧瞧西方文化中的特例，俄国思想，如杜斯妥也夫斯基、托尔斯泰，可对现代人有什么启发；五则翘首东方，寻求远方的和声。东方智慧，即是在这种情境中被带入欧洲思想史的。

这其中，最早进入欧洲思想家视域与思维的是佛教（欧洲人看儒家，十八九世纪多半只视为道德格言，很少由哲学的角度去看，与佛教不同）。像刚刚提到的存在主义者沙特，白瑞德就认为："在西方思想里，从来没有人像沙特那样对自我充满了否定。只有到东方，找到佛教中龙树讲的'无我'，才能看到类似点。因为沙特处理下的自我，与佛教里的自我一样，是个泡沫，而泡沫的中心是空空如也的。"这样讲沙特，很像早年王国维先生论叔本华，都是用佛教义理来诠释，说明彼此之相似性或相关性。

存在主义哲学家中与道家相似且确实相关的，则是海德格。这也已有无数学者论证过了。

再把范围缩小到心理学领域看，吸收佛道也非稀罕之事，最著名的例证便是荣格。

荣格与佛教之关系，在西方有斯比格勒曼和美雪《佛教与荣格心理学》[1] 之类研究。在中文世界也不乏刘耀中《荣格》[2]、李以洪《建造灵魂的庙宇》[3] 等专著探讨，可说是个热门话题。但荣格之所以复杂，在于他不只对佛教有兴趣，他是对整个东方思想都有接触和吸收的，因此印度教、佛教之汉传藏传、炼金术、道教，他什么都弄。到底哪一部分影响最大，研究者颇多争议，有人认为是禅宗，有人认为是藏密，也有人主张是道教。另有不少人觉得他驳杂不纯，把不同宗派的东西混揉而说。更有些人则批评他毕竟是西方人，有东方主义倾向，因而他的模拟往往曲解了佛教真义。

但无论如何，荣格整个心理学与佛教关系深密是无疑的，其心理结构论得益于佛教之唯识学，其心理转变理论得益于佛教之冥思修行观。在心理学界，它也提供了一个非常好的案例，示范了心理学可以由佛教思想中获得养分。

道教的情况也是如此，《荣格著作集》中第十二卷《心理学与炼丹术》、第十三卷《炼丹术研究》、第十四卷《神秘契合》收的都是他受道教启发而做的文章。不过，他主要涉及的只是道教内丹学。这在道教整体学问中仅是很小的一部分。可是这一部分，他所涉及者又很有限。因道教内丹学由钟离权、吕洞宾开创以后，发展成东、西、南、北、中五大系统，荣格所依据的，仅是一本可能是清朝人托名为吕洞宾作的《太乙金华宗旨》、一本清朝伍柳派的《慧命经》。所以他在道教资源中取径之窄，和他在佛教园囿中采撷之宽，恰成一有趣之对比。

荣格之后，受道家道教影响的心理学家，著名者首推前面提到的人本主义大师马斯洛。晚期马斯洛在加州接触过不少的东方

① 坦佩·新猎鹰报业出版社，1994。

② 台湾东大公司，1995。

③ 东方出版社，1996。

学者，如禅学家亚林·瓦茨（Alen Watts），语义学家海亚卡瓦能及艾萨伦培训中心的主持人墨菲等。他们可能影响过马斯洛对道家的兴趣。

马斯洛在晚年，谈到心理学的发展时提出“我们需要某种‘大于我们的东西’作为我们敬畏和献身的对象”。这所谓的“神”或“精神”，不是西方宗教的神明，他的新定义也许是孟子在《尽心下》所说的“大而化之之谓圣，圣而不可知之之谓神”的神。他似乎没有读过孔孟之书，但他却常引用老庄。在《科学心理学》多次提及“道家心态”之外，更在第十章专门讨论了“道家的客观性”（The Taoistic Objectivity）及“道家型的科学家和教育家”。

虽是科学心理学家，一直强调客观性，然而，他对这种亚里斯多德型的哲学客观性和牛顿型的科学客观性，都不完全满意，因此他创造了一个新词，叫“道家型的客观性”（The Taoistic Objectivity）。

在其遗著《人性的远征》，他又引用了“道家”凡30次，且说：“有机体都有一种更大的倾向，来选择自己的健康、自己的成长、自己生物性的成就，较我们在上个世纪所理解的要进步得很多。一般而言，这是反权威和反控制的表现。对我个人而言，教我回归至道家型的观点，不但用于当前的环境学和生态学的研究，教我们学会不侵扰、不控制；而且要在教育我们的下一代时，让孩子们自己学会成长，学会自我实现。这意味着，要更多讲究自动自发，而更少要求预测预估和外在的控制。”[①] 此外他还说：

道家型的意思是问而不告。意思是说，不侵扰、不控制。

---

① 见《人性的远征》，英文版，第14页。

它所强调的，与其说是控制性的操作，不如说是不干涉性的观察。与其说它是生动而有力的，不如说它是被动而感受的。如果你要了解鸭子，你就去问问它，而不要去告诉它。对小孩子也是如此，你不要先入为主地替他们想好什么你认为对他们好的东西，而是代之他们对你说什么是对他们好的东西。

道家型的容受力。道家型也好，容受力也好，都有不同的意义。它们的意义都很重要，但又很难捉摸，要用语言来表达更其不易。道家的心灵极其细微，人们曾一再用创造性的方式描述过。大家都能同意，在创造的启发性之中，某种程度的容受力，或者说不干扰，或者说“让它去”，都可称为描述性的特征，而在理论上讲，都是有其必要的。我们目前的问题是，这种容受力以及“让它发生”如何切入此时此刻与物相忘之境。

道家型的聆听。要知道是非，就必须仔细聆听，以道家的心态聆听自己内在的声音，只有凭此聆听，才能塑造自己、导引自己、指挥自己。优良的心理治疗师必须用同样的方式来辅导自己的病患，引导他们聆听内心的声音，要他们用自己脆弱的本性，依据斯宾诺莎的原理——真正的自由在于接受而且热爱不可避免的现实。

道家型的助手和教师和时下的一般助手和教师、讲师和工程师都有所不同。与其说他们是干扰性的，不如说他们是接受性的。

道家型的客观性是一种超越的客观性，它超越了纯粹的自我，也超越了不成熟的缺乏客观。

以上这些言论，不需我再多做什么阐述了，其受道家影响，至为明显。

马斯洛之外，另一位人本心理学大将罗杰斯，乃是著名的

“以当事人为中心”心理治疗的创始人。而他即多次引用老子《道德经》。在《存在之路》中说：“我最喜欢的，并总结了我很多更为深刻的信念的是老子的另一段话：‘我无为而民自化，我好静而民自正，我无事而民自富，我无欲而民自朴。’”

海灵格的家庭系统排列疗法与道家的关系也很密切。伯特·海灵格（Bert Hellinger）曾是天主教神父，在非洲祖鲁族地区生活了20年，之后接受精神分析、完形疗法、原始疗法交流分析等训练。他的“家庭系统排列”在处理个案时，让代表各自进入在家庭系统的位置，代表在这过程中常常能够体验到当事人的感觉。该方法就是创造出一个氛围和环境，让“道”来起作用。海灵格说他的方法主要是受了道家的影响。家庭系统排列体现的是“道的力量，是中国老子的智慧”。

与道家有关的还有日本的森田疗法。这是由日本慈惠医科大学森田正马于1920年创立的。强调“顺其自然，为所当为”，要病人对症状和随之而来的各种烦恼与不安，接受，不抵抗、不回避。在接受症状烦恼的同时，发挥“生的欲望”的作用，积极行动，带着症状、烦恼去生活，去做自己应该做的事情。“照健康人那样做，便成为健康人。”

又，玻琳的《心理学之道》，论道家的“共时性”（也常被称道）。其说源于荣格。荣格曾说“共时性是了解东方神秘主义的一把钥匙，它为我们开启了东方宝库的大门”。延续荣格的说法，玻琳说：“共时性为东西方搭了桥，为哲学与心理学搭了桥，也为人的右脑和左脑搭了桥，共时性就是心理学之道，它结合了个体与全体。”

另外，沈娥的《雌雄论》（2000年）则专论了“在道内的动力契合”。她用的，其实最主要就是中国的阴阳理论。

近年积极推广道家心理学的，还有华裔学者李绍昆等。我这里就不多做介绍了。

四、复照青苔上

相对于欧美，国内心理学界研究一般并不太关注儒道佛传统思想，心理学的西方科学属性十分强烈。只有“中国心理学史”专业才对它有较多关注。但基本上仍是科学主义取向的，即以古代心理学思想是否符合科学主义精神为标准，来对它进行评价与取舍。对心理学的基本观点（形神观、心物观、天人论等），以及知虑、情欲、志意、智能、性习等属于理论与基础心理思想方面都是如此。以对形神观的探索为例，凡是肯定形体产生精神、心理的所谓唯物主义观点，就认为是科学的，予以肯定；而对形神合一、神明为主、形谢神不灭的所谓唯心主义观点则认为是非科学的，要予以批判否定。

这其中当然也累积了一些成果，如以燕国材教授为代表的教育心理思想史研究，以朱永新教授为代表的管理心理思想史、犯罪心理思想史的研究，以王米渠教授为代表的医学心理思想史研究，以刘伟林教授为代表的文艺心理思想史研究，以及刘文英教授对睡梦心理思想史的研究，汪凤炎博士关于养生心理思想史的研究等。另外，以潘菽、高觉敷为代表的资料整理，也出了四卷本共150万字的《中国心理学史资料选编》。这些，应该说都是在科学年代爬梳传统思想的遗迹，如今应用或借鉴之价值还不太大。

又，由于学科划分之故，内地的中国心理学史研究，与主流科学心理学分骑别辔，交流并不多，与临床心理治疗关系也不甚大，对西方人本主义以降之心理学理论发展似乎也较少关注，这是较可惜的事。将来的发展，可能应各方携手，利用中国心理学史界对古典文献的熟稔，施之以后现代观点之解读，或许会有令人惊喜之成绩。

不过，近年因受到西方后现代心理学发展的导引，传统文化与心理学的结合愈趋紧密。可是最积极的似乎还不是学界，而是宗教界。

2013 年 11 月 14 日，第五届戒幢论坛刚在苏州西园寺举行。论坛共四天，有国内佛教界与心理学界二百多位法师、专家、学者参加，主题是“佛法与心理治疗”。论文有“《坛经》与心理学治疗”、“荣格分析心理学与佛教”、“代际创伤的传递与转化”、“慈悲喜舍与感应转化”、“无我——佛教心理学情绪转化的着力点”等等。

道家方面也颇有一些动作，例如第三届中国应用心理学自主创新论坛就于 2012 年 11 月 3 日在浙江天台山桐柏宫举行。主题是“心理学与道家”。中国应用心理学自主创新论坛是由华夏全人心理学研究院发起并且主办的，已于 2010 年 10 月在北京举办了第一届，2011 年在桂林举办了第二届。本届主要探讨两大问题：1. 心理学如何从道家汲取养料。2. 探索人类身心灵大健康的整合。

也有些学者，如中南大学吕锡琛教授主持完成了国家社会科学基金项目“道家哲学与西方心理咨询、心理治疗学的互动研究”，著有《人同此心——道学与西方心理治疗学的互动研究》。申荷永对精神分析与道家的研究、许金声对全人心理学与道家的研究，也很引起关注。许氏“全人心理学 · 通心工作坊”，更主张道法自然须要通心，学习通心，是修道的直通路。在操作层面，通心通过“黄金三要件”来实现：1. 清晰自己；2. 换位体验；3. 有效行动。据说此类道家认知疗法已在全国 20 余个省市推广和运用了，势头真是可观。

这些佛教道教界对心理学之钻研，大抵延续 20 世纪的业绩，由支流渐渐变成大宗，值得期待。不过，目前生硬搭载的现象仍然十分普遍，有些更只是藉心理学这个名目在弘法，旨不在探索人类心理问题，而是用心理学术语及话头来宣教，真正的学术成果还很薄弱。

虽然如此，我们还是可以说现在已经是个“复照青苔上”的时代了。过去曾被视如苔藓、垃圾的传统思想，现在又重新得到了关注。而且这个趋势还不只因国内国学热的缘故，它有世界性的背景，且与后现代心理学整体动向相关联。

而这一部分也是很容易做出成绩来的。后现代，要超越现代，并不太困难。因为过去荣格、马斯洛等人对佛教道教其实都只一知半解，对儒家则几乎毫无所知。故我们若要超越之、深化之，一点都不困难。

如荣格对道教，只晓得一点点内丹学；谈道教内丹，又性学与命学混而不别，于宗派之分亦无所悉，这些均是大忌。他依据伍柳仙宗（又称仙佛合宗）一系之《慧命经》，固然有助于解释他混杂佛道的讲法，却非道门通义，实须检别。

至于他所说的共时性（synchronicity），主要灵感来自《易经》。指的是因果规律之外，宇宙间可能还存在的另一种规律：许多性质悬殊、时空远隔的事件同时发生，而且可以给人带来某种讯息。这并不只是巧合，更是有意义的符合（meaningful coincidence）。所以，他认为这就像占星学或心理感应一般，在同一时空底层，意义可相符应，两者同时生起。占卜者心理之疑的这一心理事件，与着草或龟甲纹路这一物理事件，两者之间便有这种符应关系。

荣格本人相信占卜，但并未注意到《易经》本身就曾以“感应”来解释过这种现象了。而且《易经》所说之感应符应还不只荣格所言这一层次，乃是由人之心深入到物，再遍及宇宙整体的，《易》曰：“无有幽深远近，遂知来物”，即指此也。儒家讲心，如朱熹《中庸章句》说：“阖天地万物，本吾一体。吾之心正，则天地之心亦正矣。吾之气顺，则天地之气顺矣。”心可超越个体，弥纶宇宙。气也一样可以上下与天地同流。这种系统内每一局部都可包含整个系统的全信息论立场，便是荣格之说仍可延伸发展的空间，如此也才能接上中国哲学之主脉。

放在后现代心理学的脉络里看，此说也显示了个人治心养气与社会整体秩序之安定是极有关系的，古时重视国君与士君子之修养，认为社会可产生与之相应的祥瑞或灾异。后现代心理学比过去更重视超个人的社会性，认为人不仅仅是一个本我的驱力产物，更是社会物；也比过去更重视多信息源的综合性研究。因此以上这些儒家心气与政治社会、心气与宇宙全息系统的观点，吾人都应再予深入研究才好。

儒家思想在以下这两方面也还有可呼应后现代主义心理学之处，提请各位注意：

1. 社会性。后现代心理学关心后现代社会中被商品化的人性，认为在一个商品化和信息化社会中生活的人，其时空观、价值观、历史的深度感都会产生变化。长期支配人们的过去、现在、将来三段时空观常会动摇；人们为了摆脱记忆的烦恼和历史的负荷而有意地忘却过去、淡漠未来；人们仅仅关注现在；无中心、多中心、反权威、叙述化、零散化、无深度概念可能是这一时代的特征和发展的趋势。要批判它并试图治疗它，可引入儒家重视历史性与社会性的庞大思想资源。

2. 注重语言研究。现代心理学注重语言研究，认为一切文化悠久的国家，原都存在着不同层次的语言，如贵族语言、平民语言、书面语言和口语等。但社会的大工业化生产，尤其是彻底的商品化，使语言向大众化、程序化的方向发展，不同语种的差异性在缩小，同构型在增加。尤其是计算机语言的出现，使当代语言更具有程序性、逻辑性、外壳特征，但缺乏思想性、深刻性。这是一种语言的贬值。所以有必要恢复语言的思想性、深刻性和内在的神圣性。这是语言心理学应解决的问题。后现代主义心理学不仅强调语言的形式和认知过程，更强调语言的内容和深层次的变化以及这种变化对人性发展的影响。而这种语言观与儒家思想可相配合，更是不言而喻的。

寺庙组织管理的变动

一、传统寺庙组织

传统佛教寺院，在印度有两种，一名“僧伽蓝摩”，略称伽蓝，通常是国王或大富长者所施舍，以供僧侣居住。另一种唤做“阿兰若”，简称兰若，原义指空闲处。常在村外隙地造小屋以居，为清修之所在，故亦有不建房屋，只止息于树下者。其中伽蓝又称为“贫陀婆那”，义为丛林，谓众僧聚集如林也。

中国佛寺制度，早期难以稽考，唐百丈怀海禅师创立丛林制以后，论佛寺组织与管理者皆推源于百丈。其后宋宗颐《禅苑清规》、元道泰《禅林类聚》、一咸《禅林备用清规》、德辉《敕修百丈清规》等，踵事增华，丛林制度乃粲然大备。后来更有仪润《百丈丛林清规证义记》等，规定日益详密。东西两序，住持以下四十八单执事之制度，广泛通用于各寺院间，其目如下：

列执次序

东序：都监、监院、副寺、库师、监收、庄主、磨头、寮元、殿主、钟头、鼓头、夜巡。

西序：典座、帖案、饭头、菜头、水头、火头、茶头、行堂、门头、园头、圊头、照客。

序执位次

东序：维那、悦众、祖侍、烧香、纪录、衣钵、汤药、侍者、清众、请客、行者、香灯。

西序：座元、首座、西堂、后堂、堂主、书记、藏主、僧值、知藏、知客、参头、司水。

列执主管财政收支、库房、伙食、茶水、钟鼓巡逻、清理打扫等。序执主管烧香、上殿、藏经、来往文书、对外联系、招待客人、医药等。分东西两序，则通常是以东序为生活事务之处理，西序为修行学养等事，但此类区分后世渐不明显，故西序中亦有典座饭头之类职事[①]。

道教与佛教极为不同。正一道士本不出家，故亦无所谓宫庙组织。宫观道士，则各道派之间亦无统一之宫观组织。例如净明道有“净明院”的架构，略见于其《太上净明院补奏职局太玄都省须知》（道藏，发字号下）《灵宝净明院行遗式》（毁字号下）《灵宝净明天枢都司法院须知法文》（此字下）等，其他道派则不采其组织。正一道早期设二十四治，治中署职之情况，陈国符《南北朝天师道考长编》设治与署职两章稽论虽详，实与后世道教无甚关联。现今道教组织，大约仿自佛教，称为观、庙、宫、坛、祠、阁、洞等等，而实仅两类，一为十方丛林，一为子孙庙，其制盖略仿佛教而变化之[②]。

---

① 详张运华《中国传统佛教仪轨》，立绪出版社，1998。

② 见石井昌子《教团仕组道士生活》，收入阪出祥伸编《道教大事典》，日本新人物往来社，1994。

二、新时代的变化

但以这些传统寺院组织形态，来谈现今台湾的寺庙，却是不相应的。原因在于台湾之寺庙大多属于民俗宗教性质，神佛不分者占了大多数；专祀某一主神者通常也只有祭祀圈的组织关系，例如神明会或分炉关系，而缺乏寺庙内部的组织建制。在佛教方面，丛林制度在台湾本极罕见，早期台湾的佛教，大约只是斋教，真正具有代表性的纯正禅宗丛林，一般认为始于 1908（明治四十一）年的基隆月眉山灵泉寺[①]。日据时期，日本佛教传入台湾，但其组织体系其实也未在台湾生根。故台湾佛教，若论法脉，早期两大寺，基隆灵泉寺及台北县观音山凌云禅寺均出自鼓山涌泉寺，但丛林制度均不能完全依循旧制，大规模建立佛教传统寺院丛林，毕竟仍是政府迁台以后的事。但格于主客观条件，与传统制度终未能尽似。道教部分，则台湾根本没有宫观道士，因此也无宫庙制度可言。

何况，一个团体的组织，是依其功能来规划的，功能不同，组织自然也就有了变化。早期台湾寺庙，是历史性的因素，使其无缘建立丛林那样的组织制度；现在，却是自觉地在创建一些新的组织及管理模式。所以与传统丛林制越来越不相同了。寺院所处的时代与环境，又与古代不同，组织管理体制遂不能不有些调整。底下略做说明，先谈后者。

---

① 见江灿腾《追慕近代台湾本土佛教的两大奠基者：善意法师与本圆法师》，收入《台湾佛教文化的新动向》，东大图书公司，1993。

三、社团与社福化

我在《宫庙现代化的发展方向》中曾经谈及：

传统社会中，宫庙之主持者，即为灵媒或主祭者。其他士绅官僚，则为护持者，协助宫庙之发展。现代化以后，宫庙组织遭到变更。依据“监督寺庙条例”，宫庙须由信徒组织管理委员会来管理，因此庙祝只是人所委托者，而非神的代理人，宫庙不属于灵媒与主祭者。换言之，现代意义的“专业经理人”观念已存在其中。故宫庙所有权与经营权往往分离。但因这与传统的惯例不合，以致引起不少纠纷。目前许多宫庙采取混合的含混制，例如向政府登记为管委员会制，实际上仍为庙公拥有庙产及管理权的办法。许多庙宇则把管理组织与祭祀组织分开来。管理组织管理庙务，祭祀组织则推动庙宇的各种祭典活动，每年以掷筊的方式卜出“炉主”，炉主代表村庄所有人来主持祭典。如此处理，固然也很方便，但神人关系显然也较从前更复杂，引起的争论也很多。佛道教界多主张废除或修改“监督寺庙条例”，就是这个道理。

另外，依政府的人民团体组织办法，人民团体只有社团法人和财团法人两类。宫庙究竟属于私产还是私法人呢？若属于私法人，则它又与社团、财团不同，地位其实甚为暧昧。这也是传统宫庙与现代社会组织形态不同的地方。以致宫庙往往还须另设财团法人来行使其功能。

寺院的问题与宫庙类似。政府对寺院的管理制度变了，导致寺院不得不相应地做些调整。目前仍在调整过渡期，所以问题甚多，但调整是势在必行的。原因很简单：连政府也不一样了。

早期国家王权对宗教进行直接管理，因此，以唐宋为例，欲出家者须待朝廷规定度僧的日子到了，经过朝廷的甄别或考试，得到朝廷的许可，方能获得度牒，并到朝廷指定的隶属寺院去，才取得僧人的资格，可以剃度为僧。然后再往政府允许传戒的寺院受比丘戒，戒师通常也由朝廷指定。元明以后，政府这套管理措施虽然废弛，但僧籍只属于子孙寺院，丛林寺不开僧籍，政府更不直接管理，只订立《监督寺庙条例》。此可视为国家权力逐步放松控制的过程（寺院在逐渐获得其管理自主之权以后，管理之形态当然也会从《敕修百丈清规》的架构中解放出来，由一体化迈向多元化。详后文）。

可是，对寺院已不再直接管理的现代政府，也是个具有现代性的政府，对于宗教团体不再有“方外”的观念，只视为一般社会人民团体[①]。导致寺院宗教团体亦不得不朝社团法人或财团法人转型。如佛光山，虽为台湾第一大佛教丛林，保存传统丛林制度最为完备，其内部也不能不兼采社团法人及财团法人之组织。在《我们的报告：佛光山做了什么？》所列的“佛光核心组织表”中显示：

① 早期政府对佛教的管理，其实是透过台湾佛教协会，企图把整个佛教界收纳在一个社团组织下。

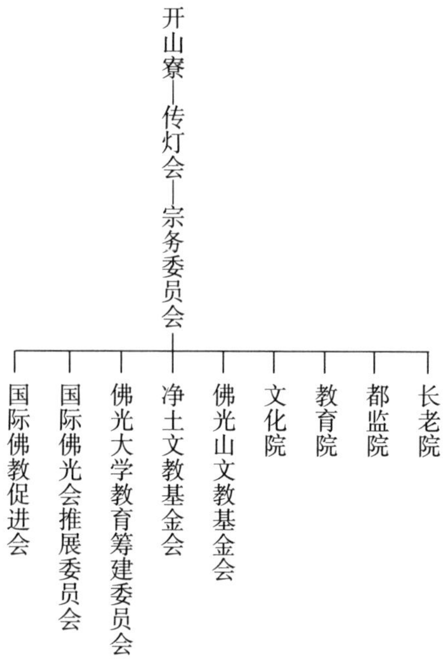

长老院、都监院，可说是传统的变化；教育院、文化院则已是新的组织，代表佛光山基于“人间佛教”之特殊功能及目标而设的单位。其他两基金会及国际佛光会、国际佛教促进会更都是新兴的组织型式。这可视为传统丛林与现代组织并行制。而慈济功德会，则根本与古寺院制度无关，甚至也不是寺院，只是一社团法人。

其次，政府对宗教团体之功能，也界定在社会性上，课宗教寺院以社会责任，故《监督寺庙条例》第十条明订：“寺庙应按其财产情况兴办公益慈善事业”，第十一条更说：违反第十条者，主管官署可革除其住持之职。整个《监督条例》完全没有对寺庙在宗教事务上应尽何种义务与责任之规定，反而规范寺庙必须兴办公益慈善事业，仿佛宗教并非公益事务，且迹近以社会工作团体及慈善团体来看待寺庙了[1]。

政府对寺庙的看法与制度，当然会影响到寺院的作为。据蔡汉贤《现行寺庙管理法规适用情况调查研究》统计，寺庙活动可略分为一般活动与慈善福利活动。一般活动中与社区民众有关者有祭典、普度和丧祭三项，共占 69.17%，而纯宗教性的活动（即少数参与者），只占有 30.83%。换言之，即使是寺庙一般性的活动，也以服务社区民众生活为主。而在福利服务部分。略如下表：

分配项目	N（次数）	百分比 %
济贫	258	38.07
修桥铺路	54	8.11
施棺木	22	3.30
造凉亭	12	1.80
著书宣化	24	3.60
供养病人	25	3.75
其他	271	40.6
合计	666	100

可见寺庙服务工作仍以慈善性质的济贫、修桥补路为主。寺庙信徒对寺庙提供服务的期待，大抵也是如此。如果我们再配合政府对寺庙从事公益慈善事业所做的奖励纪录来看，就会发现寺庙经营方向受社会期待及政府政策的导引确实是非常巨大的。

① 《监督寺庙条例》本身即显示政府对寺庙的宗教性质是忽视与不理解的。因此第一条说："凡有僧道主持者，不论名称为何，均称寺庙"，第二条又说："由政府管理、地方公共团体管理、私人建立管理者，不适用本条例"。既非政府管理，又非地方公共团体管理，更不是私人建立管理，不知"寺庙"究为何人所建立管理？僧道主持之社团与财团建筑也都是寺庙？

分配项目	N（次数）	百分比 %
救济	1079	50.54
康乐	597	27.96
医疗	357	16.72
其他	102	4.78
合计	2135	100

四、社会性的新慈善团体

许多研究宗教团体之社会福利工作者，都批评前述公益慈善事业只是一些“庞大、琐碎、凌乱、无计划和从事传统救助的倾向”。但事实上，济贫、施棺、救灾、修桥补路等所谓传统项目，均非寺庙传统功能。传统寺庙是以宗教事务为主的。它们是所谓“方外”，仅具有特殊情况下的救援者性格，例如收容孤苦无依者、在有风火水虫灾害时临时救助、在人们手头不便时提供资银等。因此20世纪20年代成立于北京的救世新教，在其教纲中虽揭明该教拟推展各项社会福利计划，却非常清楚地说明：“这类事本系国家行政所管辖的问题，原非本教的设教初衷。唯遇特殊事故时，本诸增进公益的大前提，本教特与群众协力济助国家事业，以便竭尽仁民爱物的义务。”

换言之，宗教是主，社福是从，本极明确。可是，在现代政府对宗教的管理形态上，却有导引宗教成为社福团体的倾向。许多寺庙（教团）因应情势，遂也因此而转型为社福团体，专门收集旧衣的佛济功德会、积极从事救贫济困及医疗服务的慈济功德会，允为其中之典型。

慈济功德会，在非营利事业经营管理及行销的意义上看，极堪注意：一、它代表了寺院的社福社工团体化形态。其寺院

（即静思精舍）极小，组织极为单纯，功德会却极庞大，主要也以功德会展开活动。晓云法师办华梵大学，也是这种形态。宗教只作为一种精神上的支持与主导，其组织形态就完全是一个社团或学校。

二、这种类型团体的出现，也显示了非营利事业的发展与政府政策、法规、管理方式关系密切。过去对非营利事业的研究，大抵视之为“政府”与“企业”之外的第三部门，故甚少探讨政府与非营利事业之间的互动状况；对非营利事业的蓬勃化，受彼得·杜拉克的影响，也常从“小政府、大社会”的方向去解释，认为是政府之功能正在减缩，社会多元化之后，多元组织兴起的征象之一[①]，而忽略了非营利组织的目标方向，乃至组织本身，其实都深受政府力量的运作。上文的分析，可以让我们看清楚一些状况。

三、救济，虽是一般寺庙最常进行的福利工作，但因传统寺庙之重心并不在此，所以既不曾组织化地去做，也不必集中气力，视为发展目标地做。为了符合社会期待，寺庙每年都会做做慈善救济工作。以往最常见的是冬令救济，发些白米给贫穷户。救济工作大致是每年筹募到多少钱就做多少事，做完即告完毕。也有的寺庙团体发动为某一特种灾区募捐救灾。如此而已，可是当寺院转化为社会慈善福利团体时，其做法便迥异于此了。作为社会慈善福利团体，它不再建寺院、盖殿宇、塑佛像、做法事、打禅七佛七、办戒会、进行宗教性弘法工作，而径以慈善救助为其业务内容与工作目标，认为“做慈善就是修行”。

---

① 彼得·杜拉克甚至称非营利事业与企业是“两股反文化势力”，详其《新现实》，黄志典译，长河，1991。第六、七、十三各章。余佩琍译《非营利机构的经营之道》，远流，1994，仍维持此一观点。

四、目标不同，募款与组织当然也就不一样。传统寺院募款以添油香、点灯钱、托钵化缘、做经忏佛事、办法会为主[①]。慈济功德会不采此类方式，而是建立组织化的劝募委员会，广召会员，据称现今已有三百万以上的会员。针对不同的慈善事项，例如骨髓捐赠、角膜移植、儿童复健……，也规划有不同的募款形式，单独劝募。前者属于行销学上说的"大量行销"，功德会行销慈善救济这个产品，以图吸引所有有能力负担的消费者（而且每个月消费者所须负担的经费非常少）。后者属于"目标行销"，它将整个市场区分为不同的部分，取其中一两个部分作为目标市场，据以发展产品及行销组合，以适应各区隔市场的需求。Philip Kotler 等《非营利事业的策略性行销》一书中曾谈到非营利组织之所以由大众行销逐渐转而发展为目标行销，是因为："1. 机构易于发掘行销机会：在区隔市场内，现有产品如不能满足市场需求，机构很容易发现出来。2. 销售者可以调整他们的产品，以配合市场需求。他们可以访问目标市场的人士，以了解他们的需求。3. 销售者可以调整他们的价格、配销管道，以及促销组合。他们不奢望满足所有的顾客（即所谓霰弹枪方式），而是针对目标市场分别实施行销方案（即所谓来福枪方式）一。但是由于采用理想的"目标市场"，是件相当艰巨的任务，必须有一套程序来配合。此程序共分两个阶段。第一是概念化及研究阶段，目的是在找出行销者所希望的目标群众。这一阶段又称为市场区隔，市场区隔需要（1）找出区隔所采用的基础，（2）剖析各区隔市场，（3）发展出衡量区隔市场吸引力的办法。第二阶段是目标市场的建立。选择一个或多个区隔市场以定位，厘定每一市场行销

① 详吴永猛《台湾寺庙募款与现代社会的互动关系》，收入《当代台湾的社会与宗教》，佛光出版社，1996。

组合策略[1]。而慈济功德会目前不论是建立形象，以广泛吸引大众行销对象，或寻找目标市场、建立行销组合系统，都表现得非常出色。以致其募款能力不但远胜于一般寺院，也让其他社会慈善福利团体倍感压力。

五、在组织管理方面，传统寺院是出家众群居共财团体，故其职事均为处理其本身之生活事务而设。在这些寺院中虽然也不乏义工，但人数既少，又未正式纳入组织职事，所担任的也都是无足轻重的杂役或临时事务。寺院与一般信众或功德主之间的关系，也很松散。

中国佛教的传统，在家信徒与教区之寺院，没有明确的权利与义务的关系，入教也是一种自由心证的方式，组织性不强。戒律虽很多，但均是针对修行上而非组织行政上的。慈济功德会却完全相反，除少数出家众、少数职工之外，仰赖大量志愿工作者之参与。丁仁杰《现代社会中佛教组织的制度化及其有关问题之探讨》认为："就慈济功德会而论，虽然其负责总企画与管理的总管理中心，在结构上的发展已相当完备（见《慈济年鉴》一九九二年三四页），可是其真正的实力，还是蕴含在广大的志工群中（如委员、幕后委员、慈诚队等等），而其真正的组织文化，也表现在他们日常的互动之中。"很能说明它的特色。对于志工的运用与管理，是现今非营利事业管理学上一大重点。非营利事业必须依靠许多志工，但志工之间、志工与职工之间的摩擦也往往成为管理上的难题，据丁仁杰的研究，慈济功德会在这方面处理得不坏：

目前，慈济功德会的内部没有明显的冲突，并且在实际运

① Philip Kotler and Alan R.Andreasen《非营利事业的策略性行销》，张在山译，第四章《市场区隔与顾客目标》，授学出版社，1991。

作上，仍维持着相当高的效率。在结构上，主要是在于几种组织的安排：

1. 内部不同背景的各种社会力之间，采取各团体独立来达成分工任务的方式，也就是说各次级团体，像委员、慈诚队、教师联谊会等等，有各自的组织和相当的独立性，因此可以避免因不同的社会行动者之间社会心理歧异及动机不同所造成的种种困扰或冲突。

2. 靠着妇女和中小企业商人及中大企业主之间，彼此原就很深的人际网络，加强了内部横的联络，促进了团体的强度，也减低了一些原本可能会造成的摩擦。

3. 专业人才在证严法师为主所构成的精神象征的带领下，被赋予相当的信任，能够完全发挥他们的企划管理及医疗方面的专才。而有着证严法师做主，志工群也愿意与专业人士做必要的合作和协调。

换言之，一方面某种组织的设计低减了内部成员间矛盾的表面化，一方面成员间某种非正式的网络也缓和了冲突的发生。而更主要的是，有着证严法师担当制度化工作名义上的领导角色，大家也愿意接受来自组织管理阶层的各项安排[①]。

五、非社会性的新功能组织

在顺应时代趋势、政府政策、社会期待，将寺院转向社团化社福化的同时，当然还有另外一种不同的类型。例如不社团化，也不做社会福利慈善工作，而致力于建立新的佛教寺院组织，从

① 丁仁杰文，收入 182 页注所引书中。

事佛教内部人才培育的香光尼寺教团，即为一例。

香光寺原名玉山岩金兰寺，是神佛混合性质的地方联庄公庙。1974 年地方人士聘心志法师担任住持后，改名香光寺，并逐步将土地所有权购回，兴建新的佛殿（名佛陀教育殿堂），代表了该寺逐渐寺院化的努力。其次，则是建立比丘尼僧团、设立香光尼众佛学院、确立其寺院组织，并以办尼众教育为其事业目标。因此该寺不建纳骨塔，亦无功德堂可放置牌位，也不办进香活动，与一般寺院进行明确的市场区隔。

它所办的尼众教育，吸收之对象也与一般寺院不同，以高学历女青年为主。根据 1992 年台湾地区宗教团体调查报告显示：佛教神职人员，国（初）中以下程度者占 63.03%，专科及大学以上者占 21.06%。在佛教整体素质乃以国中程度以下为主的背景下，香光尼僧团以平均年龄三十一岁，80%是大专以上教育程度的成员组成，可说是台湾尼僧团中学历程度最高、水准也最整齐的尼僧团。

这样的尼寺，因其事业目标与传统寺院不同，人员也不一样，所以虽然在建寺过程中极力回归所谓“正信佛教”体制，但其组织必定要与传统寺院不同，不可能再采用百丈清规之格局与架构。故香光寺在方向上虽力求回归传统，组织管理却是有意识地进行现代管理模式重建。该尼僧团甚至在明迦法师成为香光寺现代住持之前，派遣其赴美国攻读企管硕士，以便将现代企业中的管理理念导入组织的运作中，建立各种制度为尼僧团运作的依凭。例如（1）山行者制度：是对欲出家加入尼僧团的人员所做的考核制度，目的是选择真正适合出家，又符合尼僧团理念的优秀人才，以确保新团员的素质。（2）培养制度：为尼僧团培养人才的制度。分为五年佛学院的基础僧伽教育，以及执事僧的进修、培训教育。（3）福利制度：在食衣住行医育各方面，建立“给予福利”的制度，使尼僧团的成员能安住其中，落实生归常住死归塔。未来并要规划执事僧退休制度、年老安养修学制度等。此外，尼僧团亦有“职务责任划分表”“僧团法规标准法”“僧团法规委员组织法”“给假办法”“方丈产生办法”“进修办法”等，务使整个尼僧团的组织运作保持秩序与规律。目前其组织架构如下：

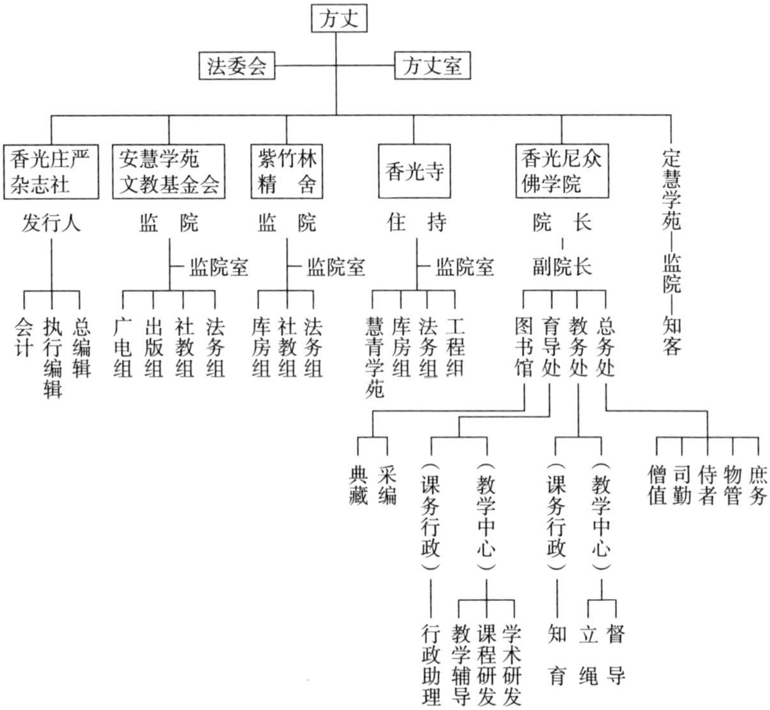

由这份组织表上，我们可以发现它已完全现代组织化了。传统丛林制度之遗迹甚少留存，完全是依现代管理学“功能组织”的方式来设计其内部组织，而整个组织又是为了达成教育的功能。据知该寺曾邀请专家带领举行WORKSHOP，拟定中长计划（起自1991年）为：

	僧伽教育	推广教育	硬体设备
短程	1. 充实图书馆设备	1. 建立研读班，完成学制	1. 紫竹林精舍完工
	2. 举办僧伽研习营，对外招募学员		2. 佛教尼僧伽学院购地
	3. 毕业学僧到国外进修		
中程	1. 建立完善的僧伽体制	1. 成立学生社团从事社会工作	1. 安慧学院扩建施工
	2. 图书馆自动化管理	2. 空中布教、施行	2. 佛教尼僧伽学石规划
	3. 充实外文佛学图书资料	3. 视听教材收集制作	
长程	1. 佛教尼僧伽学院第一届对外招生	1. 成立谘商辅导中心	1. 安慧学院完工
	2. 佛教尼僧伽学院完工		2. 建立国际佛学资讯中心
远程	1. 国际佛教尼僧伽学院成立	1. 研读班进阶教育模式建立	

可见该寺经营理念及目标设定非常特殊，集中在教育上。虽然如此以寺院办学，无相关营利事业、无恒产、无土地，也无法展开大规模募款，更少有志工参与，使得该寺经费较为拮据，但从经营与行销的角度看，却能自创品牌、区隔市场，其管理方式及经营策略均有独到之处。前文曾经谈到台湾寺院有依其新功能，自觉地创建新组织及管理模式者，这便是一个例子[①]。

① 丁敏《社会变迁中的新兴尼僧团》，收入 162 页注所引书。

这种类型所引起的竞争关系也较不明显，不像慈济功德会的慈善事业，所面对的机构竞争、服务方式竞争、同类竞争都非常激烈。许多社福机构与团体批评慈济瓜分了大部分社会资源，许多人也指责其救援对象与方式（例如说不应带钱去内地之类）。相对来看，香光寺的教育事业就单纯多了。

江西道教的风采

一

江西自古巫风就盛，舞傩以驱鬼逐疫，是直到现在都还极为流行的，风气盛于他省。据近年发现的《金沙余氏傩神辨记》说秦汉间吴芮将军已“祖周公之制，付傩以靖妖氛”，可见由来已久。

但我要特别提醒读者，一般人看道教，或许觉得它与巫觋类似，学界也不少号称研究道教的朋友老是把巫视为道教的源头或一部分，但实际上道与巫是两回事。道教之兴起及发展，恰是以消灭巫为重点之一的。东汉顺帝期间，豫章太守栾巴，《后汉书》说他“素有道术，能役鬼神，乃悉毁坏房祀，剪理奸巫。于是妖异自消。百姓始颇为惧，终皆安之”，就是明证。葛洪《神仙传》也记载了他过宫廷湖以符斩杀妖巫的故事。所谓房祀，就是民间祭拜的鬼神，巫即迎神降鬼、助人祈禳的一类人。而栾巴这种道术之士，正好是要治理巫鬼的。后世天师道等各派道士之所以被政府重用，除奸巫、堕淫祀，便是他们主要的职责；而栾巴之类道术士，即是他们的前辈。

可是栾巴还不是最早的。江西道教渊源可以上溯至黄帝时的乐官伶伦，据说他曾隐居西山洪崖，李商隐《碧城诗》:“不逢萧史休回首，莫见洪崖又拍肩”，即指这位洪崖仙人。其次是驾鹤成仙的周灵王太子晋，亦曾憩于西山鸾岗。到周威烈王时，楚人匡俗在南障山隐居飞升，留下茅庐。该山遂被人称为庐山，又称匡庐，李白诗:“匡庐读书处，头白好归来”，即用此典。秦始皇、汉武帝都登过庐山，望气求仙，故庐山又有神仙庐之称。秦隐士华子期则居丹霞山，汉昭帝时仙人浮丘公及弟子亦在该山修道。东汉桓帝时因有麻姑成仙的故事，该山又称麻姑山。峡江的玉笥山，则据说是因汉武帝曾于该地受西王母白玉笥上清宝箓图而得名。再就是西汉末年的九江人梅福。他本是经生，治《尚书》《谷梁传》，因上书成帝数王莽之罪而不见纳，挂冠隐居豫章城南青云谱。诸如此类，虽真伪杂糅，半属史实半属传说，但亦可令人想见江西道风早在秦汉以前就很盛了。这些“仙人”，以修真、隐居为主，与巫觋降神祈福、诈哄民众的作风也显然不同。

汉代，江西修道之风更昌。除人数众多之外，有几个特点。

一是颇有女仙传说。如上文提到的麻姑，葛洪《神仙传》说她十八九已得道，能掷米成珠，自言曾三次见到东海变成桑田。又传说三月三日西王母寿诞，麻姑在绛珠河畔以灵芝酿酒，遂传下“沧海桑田”、“麻姑献寿”等成语。又，赣南金精山另有张丽英成仙故事，说她是西汉初樵夫之女，得道飞升，传下《金精十八章》，竟是绝好的乐府诗:“石鼓石鼓，悲哉下土。自我未觏，生民实苦。哀哀世事，悠悠我意。不可敌兮王威，不可夺兮余志！有鸾有凤，自歌自舞。为何不去？蒙垢实多。凌云烁汉，远绝尘罗。世人之子，于我其何！暂来会期，远往即乖。父兮母兮，毋伤我怀！”这位女仙，现在知名度不高，但宋真宗曾封金精山为第三十五福地，徽宗则封张氏为灵泉普应真人，足见当年颇有影响。

另一特点是修道往往有家族性，与其他地方隐居求仙者常常“弃妻子入山”不同。如武功山就因武姓夫妇在此修道而得名。在葛仙山、阁皂山等处修炼的葛玄，也是家族式的修道者，后裔就有前文所说过的葛洪。上饶的灵山亦复如此。东汉延熹年间河南人胡昭携家南渡，在此隐居采药炼丹，济世活人。侄儿胡超，据说炼就出世法，有回生丹药，成仙后不知所踪。至西晋泰始元年，忽下降治好太子奇疾，又再腾空而去。帝遂封为真人，以灵山拥笔峰为道士仙峰。

家族式修道人的代表，是张道陵家族。他本是江苏丰邑人，云游天下，到过安徽、河南各处，据说曾由淮入鄱阳，溯江至贵溪，炼九天神丹，丹成而龙虎现，故将该地称为龙虎山。然后入蜀降妖伏魔，其子张衡、其孙张鲁逐渐建立了一个天师道政权。等到该政权被曹操灭了以后，张鲁之子张盛又回到江西定居，一直传到现在，与山东孔家并称海内两大世家。

还一个特点是群峰分峙，并无统一之格局，自秦汉就已如此，直到现在。

二

晋代天师道在江南的发展另有脉络，不尽出于张鲁一系，道人于吉、杜子恭均与张道陵张鲁无关。杜子恭弟子孙泰、孙泰之侄孙恩、或世奉五斗米道的王羲之家族亦然。倒是王羲之与王凝之都担任过江州刺史，可能对江西之道风有些影响。另外就是陆修静，他在庐山建简寂观，整饬道教科仪斋法，辑比道书，影响无与伦比。现今道教文献总汇《道藏》的基本规模和框架，即奠定于此。

王羲之、王凝之、陆修静的主要活动区，均在江西北部庐山九江一带。南昌一带影响最著的是许逊、吴猛。这两人，或曰许逊是师、吴猛是徒，或说相反。事迹，吴以治病为主，许逊则有斩蛟治水之功，并于东晋孝武帝宁康二年于洪州西山举家拔宅飞升，时人为建玉隆万寿宫，且开始推广许真君信仰。晋代在江西建有道观五十二所，祀许真君的就有十三处，可见其盛。

活跃于江西中北部的则是东汉末年到魏晋间的葛玄。他来往于南昌、萍乡、修水、铅山、少华山等处，据说是采药炼丹，而最终在阁皂山得道。葛玄与其从孙葛洪都以炼丹著称，属于丹鼎一脉，可是后来阁皂山被视为灵宝派的祖庭，葛玄被推尊为灵宝始祖，称为太极仙翁，其实是与葛玄另一从孙葛巢甫有关的。

古灵宝经，于东汉末已出世，葛玄是重要的传承者。但大肆增演、制作，使灵宝风教大行，却是葛巢甫之功。陆修静曾批评他造作灵宝经："或删破上清，或博采余经，或造立序说，或回换篇目，裨益章句，作其符图，或以充旧典，或别置盟戒。文字僻左，音韵不属，辞趣烦猥，意味讥鄙。"十分不以为然。但因其修炼方法主要是科仪斋醮，士庶便从，有礼仪化倾向，不像上清派存神静思，偏于内养，也不像丹鼎派需花许多钱去筑炉购药，易于推广。同时，此派与治病、养生、成仙等"自了汉"的态度不同，是讲究"普度一切天人"的，这种济度思想颇切合一般人想替亡父母亲人祈福超度的心理，故于东晋末、刘宋初信奉者日多，其斋戒仪轨也逐渐成为后来各派效法的对象。

江西中东部则以天师道为主。张盛于晋永嘉年间返回龙虎山登坛传箓，建正一观，被推尊为第四代天师。子孙相继，皆有道法。例如第六代张椒，晋安帝累次征召他去做官，都不奉诏。第八代张迥，北魏道武帝亦曾派人找他去平城问道。

不过，张道陵先在江西修道，后来进入四川，张盛由此方迁返江西祖居地，均只是张家自己的说法，或晚出文献所载，与其他史料未必尽能吻合。张家南下龙虎山的时间，也有在汉末、在西晋末，乃至在隋唐的不同考证，近年还有人依考古发现，主张张盛并未南下，其实是卒于洛阳。当然，这些考证都不动摇张氏家族已于晋宋间在江西龙虎山附近逐渐发展的事实。只不过，当时由北方铩羽而南的张氏家族才刚于此立稳脚步，影响尚不显著罢了。晋宋南北朝时期，北方天师道的代表人物是寇谦之，南方的代表人物是陆修静，张家还谈不上。

但陆修静对后来江西道教在全国的地位及影响力，乃至对龙虎山地位之确立均有极大帮助。其一是改造了张道陵以来的天师道五斗米道道法，吸收灵宝，建立了较完善的斋醮仪轨，分九等斋十二法，扩大了天师道的道法内容，也促使后世天师道与灵宝法一直有较亲和的关系。

其次是整理道经，区分为三洞四辅十二类的体系。其《三洞经书目录》不但是道教史上第一部目录专著，为后世《道藏》之基础。而且道教正如我在上文所介绍，本来不是一个统一的制度化宗教，山头林立，各山各有修道人，或炼丹或养气或求仙或帮人治病，群峰分峙，道法各异，也不相统属。陆修静才把各派不同的经典，用一个三洞四辅的松散框架整合起来。虽松散，但有整体性，各种不同的修道法门才开始被整合成“一个”道教；虽整合，而又松散，所以道教内部仍可保存各道其道的差别，分流并进，既独立又融合，故是极伟大的贡献。

由于陆修静本人属于天师道，因此这种整合又是在天师道基础上做的，所以也就形成天师道是整个道教基源的这种地位。“道教”的最高神虽被确认为“三清”，即上清道的元始天尊、灵宝道的灵宝天尊和天师道的太上老君。但太上老君，也就是老子，老子且为整个道教的始祖，这个认识却渐成为所有道教徒之共识。

三

隋唐以后，道教成为国教，江西道务在这种形势下自然也比从前更为兴旺。隋唐五代新建了58所宫观，遍及34个县。

唐代道士司马承祯曾作《天地宫府图》，列出神仙所居住十大洞天、三十六小洞天及七十二福地。江西占总数十分之一，是全国区域中最多的。这反映了江西在全国道教发展中被认为是最适合神仙栖真之地，因此也是修道人麇集之所。三十六小洞天中，江西占五个：庐山、西山、贵溪鬼谷山、峡江玉笥山、南城麻姑山。七十二福地中，江西有十三处，包括龙虎山、阁皂山、金精山、灵山。

最盛的，仍是庐山。陆修静建的简寂观依然雄峙山中，就是僧人也常往游处。

但在这类传统道院之外，新特点为皇家修建的宫观。如玄宗时宰相李林甫之女李腾空、蔡侍郎之女蔡寻真都在此学道。羽化后，皇帝诏以其住所为寻真观、昭德观。开元十九年，玄宗又因梦到九天使者，诏于庐山建庙。此庙规模宏大，历南唐北宋而不衰，宋徽宗时改称太平宫，全盛时期道士近万人。唐中宗时则建有白鹤观在五老峰上。

全国各地栖真求道者也常来庐山修炼，最著名的就是李白，曾多次上庐山。他被流放夜郎以后，还返回庐山寻找李腾空，赠诗说："若恋幽居好，相邀弄紫霞。"李白好友、大道士吴筠也于安史乱后隐于庐山，山中道友李渤则是上清茅山道世系《真系》一书的作者。上清派第十五代宗师黄洞元亦于建中贞元期间隐居庐山炼气，德宗赐号洞真先生。据文宗武宗朝大政治家李德裕《望匡庐赋》自注说："余受法于茅山，元师（陆修静）则传法祖师也”，可知这时南京茅山一派已自认法脉传自庐山了。茅山本属上清法，陆修静本是天师道，但此时颇有融会现象，故李渤、黄洞元这类人才会跑到庐山来幽栖。

庐山还吸引着一批炼丹之士。名人很多，白居易贬居江州时就结识了郭、韦、萧、王诸炼师及王仙翁等，所谓：“白石先生小有洞，黄芽姹女大还丹”，即指此事。修内丹法的钟离权、吕洞宾、谭峭等也常往来山中。

庐山之外，传统神仙洞府、修真胜地而得以持续发扬者，还有麻姑山、玉笥山、阁皂山、灵山等。

麻姑山本因麻姑而得名。在玄宗时，有邓思瓘以此为中心，宣扬天蓬神咒和北帝伏魔剑法，创立了一个结合上清与天师道符箓及服气静思的北帝派。这是在后来湖北武当山崇祀北方真武大帝之前的北帝信仰，很得玄宗赏识，曾诏其入京，并命巡游江南诸郡，麻姑山因而声名大噪。

麻姑本身的魅力也不衰，刘禹锡、白居易、颜真卿都对麻姑信仰有推波助澜之功。颜真卿所写《麻姑仙坛记》更是书法史上的绝品，是颜氏书法代表作，练字的人没有人不学这个碑的。颜氏另有《华姑仙坛碑》，记载了麻姑山附近一位女道士黎琼仙的事迹，这位道姑即属北帝派。他还有一篇《南岳魏夫人仙坛碑》则讲上清祖师魏华存，这位祖师婆婆据说也是在该地剑解成仙的。

阁皂山自葛玄以来即为道教名山。但葛玄炼丹庵改建之灵仙馆，隋时已焚毁，唐代乃重建，置阁皂观，到南唐时又改名太平观，道风不衰。

玉笥山，玄宗时，“遣使建河金箓醮，祝禧其间，而玉笥之名闻于天下”（光绪《江西通志》卷一二二），道观有几十个，大抵以灵宝法为主，道风一直到元代还很盛，元揭希斯《玉笥山万寿承天寺宫碑记》说：“天下称大名山在大江之西者三，曰匡庐、曰合皂、曰玉笥”，足以想见其声望。

灵山在上饶境内，西晋太康年间，乡人就在石人峰下建胡征君祠祀胡昭。唐贞元六年刘太真、李德腾奉旨去该祠祈雨。大雨滂沱中刘太真竟立化于祠中，李遂与乡人修葺胡祠，塑刘之像共祀。不料庙建好后，李与乡民同往祭祀，却也立化于庙中，乡人乃又塑李之像一并崇拜，声名远播。

与这类传统名山而获得新发扬之情况不同的，是一些新兴道场。

如唐初，张道陵十四代孙张惠感与其徒由高安的崇元观到奉新浮云山修炼，建浮云观。武则天曾诏张惠感入京为国师。玄宗开元二十五年又迎其徒孙智谅进京，赐“浮云”匾额一方，成为新崛起的道场。这类唐代才兴起的教团很多，但未必可以久长，多是兴旺一阵，就渐归沉寂，竞争不过老牌道场。

较成功的例子，是新崛而善于依托改造旧招牌的。代表性例子有二,一是龙虎山，一是西山。

前已说过，龙虎山天师道在南北朝期间仍属于韬光养晦期，声望不彰，要到唐代才兴旺起来。当时江西道风既盛，张道陵后裔到江西发展的情况并不罕见，像奉新的张惠感就是，但龙虎山终于胜过浮云山，在于他们造出了或至少是强调了龙虎山本是张道陵炼丹之地，确立了祖师宗坛的地位。再则建构了天师世家的谱系传承体系，宣称乃天师血胤、一脉相承。三又采取了传箓的方式，确立自己在道教中不可动摇的地位。

天宝七年，玄宗准许他们在京师置坛传箓，并设立授箓院。其后肃宗、武宗、懿宗、僖宗也都对龙虎山优礼有加，僖宗还册封张陵为三天扶教辅国大法师。可见政府有意扶植天师正一道作为辅国之器，所以除封赠名号之外，还拨款兴修天师官府、赐官田以食养道众。

当时各派虽都传经授箓，但无论哪一派，传授的最初阶段，都由天师道的正一法箓、经戒传起。也就是说，皈依均由天师道，继而再逐步修炼灵宝上清之法。这使得天师道看起来只是基础，可实际上它却是道教各派之“共法”，对尔后天师道总理或代表道教起着不可忽视的作用。

西山道团的发展方式又与龙虎山不同。西山的许逊吴猛崇拜在六朝时已十分兴盛了，可考的靖庐祠庙就有几十处，唐代胡慧超、施肩吾在此基础上，又将它发展到一个新境界。

胡慧超在武周时期曾入京，奉诏驱除狐妖，赐号洞真先生，并替武则天炼药。玄宗又召见他，他返归西山时，玄宗还作《送胡天师》诗两首，以话离情。以这种政界关系，胡慧超想如龙虎山这般取得政策依托，自无问题，但他选择的是对信仰及道法本身的改善。

早期许逊吴猛不过是善人传说，也就是一个为地方做了好事的善人，地方上把他当神仙来供奉而已。胡则系统地整理了相关传说，写出《洪州西山十二真君内传》等，把地方信仰提升了。其次，修复西山游帷观，与南昌市内的铁柱宫，成为许逊崇拜的中心，整合了原有各地许逊祠庐。再者，他赋予许逊信仰新的内涵，说许逊是十二真君中孝道之师，教奉教的人遵行孝道，影响深远。不仅有唐宪宗时的文献《孝道吴许二真君传》说当时“回乡民众聚会于观，设黄箓大斋，邀请道流三日三夜升坛进表，上达玄元，作礼焚香，克意存请，荐亡祸福”；而且到南宋，还形成为“忠孝净明道”。胡慧超便是这个道派的前导。

施肩吾于太和中入西山访道，自称遇许逊传授了他内丹诀，后又遇吕洞宾传了他金液还丹大道。许逊在传说中是结庐炼丹的，有炼丹的遗迹，其侄钟离嘉更以炼丹著名。但他们所炼，乃是六朝流行的金丹，是铅汞等化学反应而成的。施肩吾所云金液还丹等，却是用自身体内的阴阳水火来炼养，在身体内部结丹，不须采用外在的鼎炉与药物，故称为内丹。

这是个全新的观念与修炼方法，他假托是在西山遇到吕洞宾而得，著《钟吕传道集》以阐明其理趣，又作《西山群仙全真记》以相配合。他本是个文士，诗文俱妙，这个新道法经他传播后，影响深巨，宋元以降内丹诸派，遂都奉吕洞宾为祖师，但也许更该纪念的人是他。

四

宋代亦以道教为国教，而且各路主要宫观均由官员兼管或提领，称为“祠禄”，因此道教与朝廷的联结比唐代更紧密更直接。

江西这种由朝廷直接派员提举的大宫观便有五所：信州龙虎山、建昌军仙都观、江州太平观、洪州玉隆观、临江军玉笥山。此类宫观也因如此，均规模益侈，香火趋旺。

太平观即原先唐代的九天使者庙，北宋太平兴国年间改为太平观，宣和中升格为宫，道士常三四千人。

玉隆观即南北朝唐代之游帷观，祀许逊。唐宋八大家之一的曾巩曾修建它，王安石曾作记，均为一时掌故。政和年间，也升格为宫，称玉隆万寿宫。

仙都观在麻姑山，咸平二年，宋真宗赐御书百余轴给麻姑庙，改名为仙都观。麻姑的封号也从清真夫人而为妙寂真人，而真寂冲应元君一路上升，曾巩亦曾为之作记。

玉笥山承天宫本名玉梁观，大中祥符元年改为承天观，宣和元年升格为宫。

龙虎山上清宫，在唐代名真仙观，宋大中祥符中改为上清观。当时真宗封张正随为真静先生，并准他在山中设授箓院，免除田租，且从此以后，凡后继者均可获得“先生”的赐号。形成名号、官位及土地租赁权一并付予龙虎山的情况，并承认天师的世系传承，故道教学界一般会认为江西龙虎山“张天师”这个体系是这个时候才确立的。徽宗朝，上清观改为上清宫以后规模愈大，崇宁年间赐拨的土地就有一万三千多亩。

徽宗时升观为宫的还有阁皂山崇真观。此观夙为灵宝宗坛，熙宁间有学道之士 500 人，为屋 1500 间。因真宗曾赐书 120 卷，故山中另有御书阁，还有传箓台。长江以南，传箓台仅有金陵茅山、龙虎山及阁皂山。后世称此三者为“三山符箓”，被视为最正宗的符箓传承体系。而其由来则与朝廷赋予他们的权力有关。

南宋时江西道教宫观分布及其势力范围大抵仍与北宋相似。如太平宫，陆游在乾道五年去参观时仍觉其气象宏壮，建一钟楼费三万缗，钟重二万四千余斤，规模与玉隆宫差不多。玉笥山，周必大于乾道九年去玩时也觉得:“江湖宫观无有盛于此者。”

诸山之兴隆，事实上反映着朝廷对道教之利用与控制。因为人不再像过去那样可以随便入山修道了，每年准许多少人入道是政府决定的，须取得政府颁给的度牒才行。北宋治平四年开始出售度牒，其后每逢政府缺钱时就发卖。宫观的权威也由政府维持。如一位龙虎山的道士，是当时天师的叔父，因擅自刻印、制作符箓，就被追逮系狱。

这是宋代江西道教第一大特点。但事情不可只看一面，宋代江西道教之另一特点，恰好就是与民间习俗开始适度结合。

例如道教某些教派是不见尸、不临丧、不与祭的，修养生气，忌讳碰触死秽；可是灵宝道相反，长于协助丧家超荐亡魂。许逊信仰提倡孝道，也荐亡祭祖，它们的做法本来也只是上章拜表、斋醮经诵而已，可是 1985 年抚州临川境内出土了一尊手抱罗盘的道士俑以及地券。地券是孝子替亡人购买坟地后封入墓中的。这份地券及手把罗盘的道士俑，就生动地说明了当时道士已习惯替丧家看风水了。

道士本来不看风水，道教也反对风水之说，但江西情况特殊。唐末杨筠松入江西，开启了相地的传统。使宋朝以后江西就成为全国风水学的渊薮，后世凡看山形、水文、风候、方位的，全都出自江西。而南宋时这种风水堪舆之学亦不被视为迷信或巫俗，反而是“儒业”之一端，属于读书人的职业。故吴澄说：“儒之家，家以地理书自负，人人以地理术自售。”《吴文正集》卷一《地理真诠序》）在这种风气下，道士替人看风水、刊地券也就不足为奇，反可显示其贴近民众生活习俗了。另外，像每年祖师诞辰上观焚香或放灯，渐渐也演成民俗游艺活动。这在江西亦十分突出，至今流风遗韵胜于他省，而开端多在宋朝。

此外，谈宋代江西道教，不能不注意一些新发展。

宋代江西有两个新道派出现，并形成了全国性影响。一就是上文谈过的忠孝净明道。它由西山许逊信仰逐渐演变而来，本是地方神祀信仰，后经胡慧超提炼完善成孝道伦理之信仰体系，又分化出了内丹学说。南宋以后，该信仰结合符箓醮斋，正式形成忠孝净明道。净明指得日月光明，柳存仁先生疑此系羼杂摩尼教义使然，但即使有此因缘，色彩也不浓厚，主要是忠孝伦理与灵宝符箓。此派在明清遍传江西，成为江西人的代表信仰，犹如山西人之拜关公，并以江西为中心向全国辐射，不可小觑。

另一个新道派乃神霄派。核心人物是王文卿，南丰人，徽宗时与林灵素同被宠信，南宋后回居江西传道弘法。其法称五雷法，可以运雷祈雨及降妖击怪，有著述数十种。同时而稍晚的第三十代天师张继先，也被认为是神霄雷法的开创者，原因是王文卿本出天师道一脉，雷法亦须以符箓咒印催动，故两派多有交汇。这一道法后来传播广远，也影响到内丹南宗陈楠与白玉蟾，尔后被尊为道教护法神的萨守坚、王灵官亦都属于神霄派。

五

元代江西道教之特点：一是内丹南派与北派全真教合流，形成了全国性的全真教系统；二是龙虎山教权之确立；三是净明道的完善；四是雷法的扩展。

内丹，上文已说过，本出于西山信仰之钟吕传说，后来在北宋间分化为南北两系，一是北方全真教，王重阳所创；一是南方张伯端《悟真篇》所开。由于南宗主内修，无固定宫观，故影响远不及北宗，直到五祖白玉蟾以武夷山为基地弘法才渐昌。白玉蟾常来往于闽赣之间，入元以后其道裔金志扬、余希圣、陈致虚均在江西传教。陈尤重要，著作甚多，并兼习北派丹法，有融合倾向。故至元顺帝时南北丹派终于合并，形成统一的全真教。此后江西庐山、抚州一带乃渐有全真道观，虽然数量和声势上不及符箓系统，却也不宜忽视。像近年被列入《世界文化遗产名录》的三清山，就是明代全真道士住持的。

符箓系统中，茅山上清道、阁皂山灵宝道与龙虎山天师正一道本是并称的，在北宋时，茅山之势力还在龙虎山之上。但该派主要传播地在江浙，江西甚少；且与阁皂一样，到南宋已渐衰。阁皂衰弱尤甚，入元即归并入正一，不再单独传承，因此三山符箓，正一独大。

忽必烈时，令三十六代天师张宗演赴京，许其主领江南道派，可自出度牒度人为道士，以致天师“位望侪于亲臣，资用侔于封君，前代所未尝有”（吴澄《仙岩元禧观记》）。张天师的称号，由先生而真人、而大真人、而教主，江南教务统归其管辖。官位列到一品，职权至三十九代张嗣成时甚至扩大到全国道教事务之行政管理。同时，本来南北各派各有各的科仪斋醮方式，三十七代以后也获得政府支持，命天下行其醮典，也就是让大家都遵用正一派的醮仪。

龙虎山正一道教权如此空前高涨，与由龙虎山分化出来的另一教派——玄教关系密不可分。玄教系张留孙所创，他是张宗演的弟子，随师入京后即留在北方，深获元帝信任，所获赐号及品级，超越大部分元代的天师。职权方面也与天师相埒。天师任江南诸路道教都提点，玄教任江北主管，以致龙虎山正一道势力尚局限于南方，玄教却可以遍布全国。宫观之多、分布之广，均非正一所能及。就是龙虎山也有玄教的道观，且声势不在大上清正一宫之下。

玄教第二代宗师吴全节也是雄才高道，历英宗、泰定帝、文宗、明宗、顺帝五朝，均为全国道教主脑人物，会通儒道，影响极大。他们玄教与正一分进合击，相互协助，才能奠定这种地位。不过，玄教本出正一，教义上并无新创，作用主要在政治方面，元代垮台之后遂便销声匿迹，仍并入正一。宫观仅存，如北京东岳庙这样的，可谓难得一见了。

净明道是南宋西山道士何真公创的。但一度显赫，随即消沉。元至正二十年，鄱阳人刘玉重振旗号，兼收正一、上清符箓之法，形成了自己的特点。又结合理学思想，说净是不染于物；明是不触物；忠是忠于心君；孝是以事亲之孝上格于天，获天心印可，仙道即是人道，把净明信仰大大提升了层次。其后黄元吉，徐慧、赵宜真也都是很有学问的道士，故深受士大夫信从，影响越来越大。

雷法，在王文卿之后，传法于江西者有谭悟真等。谭传周立礼、萧雨轩。周是元代大文豪虞集的姻亲，传法于子。萧则传胡道玄，胡游化于闽浙各地，对雷法之推广很有贡献。另外还有一派雷法，称为天心正法，是北宋时临川人饶洞天所创，而实出于正一。入元以后，又分化出西蜀与东南两派，可见扩展颇为迅速。

六

明代江西道教主要表现，在于龙虎山教权的起伏和西山信仰的发展。

明太祖起兵，虽是白莲教的基础，却也颇得力于道教的襄助。朱元璋身边不少江西道士就是明证。其中最有名是周颠，朱曾亲撰《周颠仙传》记其事。铁冠道人张中也是江西人。因而他即位后对江西道教，尤其是龙虎山正一道扶持有加。成祖开始崇拜真武，大建武当山宫观，亦并未夺减龙虎山的权威。因为武当山就是派四十四代天师张宇清去赐图并选拔道士任住持的，又曾命四十三代天师张宇初两次去武当山寻访张三丰。到世宗嘉靖帝时，尤为迷信道家方术，宠信江西分宜人严嵩与铁柱宫道士蓝田玉，对正一之看重亦在全真之上。因此当时天下道教虽形成了北全真、南正一的格局，但总领天下道教事务之权却在正一这一方。张天师也成为天下道教的教主。

张天师家族这时也确实出了几位人才。如张宇初就博通三教，结合儒家心性论，强调道法重在“虚心静虑，守之以一”，又说“心即是太极”、“万化本诸心”，又能整顿道门纪律，对于本属符箓拜醮的正一道来说，不啻提升一大层次。他奉成祖命，将历代道书综合整理，编成《道藏》，未成而卒。其弟张宇清等等嗣修，直到英宗正统年间才完成。道书的整理编辑，始于陆修静，唐宋都继续编过，但均不传，今传就只有明代这一部《正统道藏》。后来万历间，又由五十代天师张国祥续补。整体规模有5305卷，续编180卷，是道教文献的总汇，也是中华文化之宝库。此举可说是张家了不起的贡献。

不过世宗以后，帝王对道教的崇奉渐渐降温，龙虎山正一道之教权遂有下降之趋势。

阁皂山也依然没有起色，反倒是西山道教颇为兴旺。前文提及的净明道赵宜真，是该教五祖，集雷法、内丹、符箓之学，强调内炼功夫，不重外在仪式。弟子刘渊然曾被仁宗赐给领天下道教事的权力，地位与正一天师相等。张宇初的雷法就是他所传。明太祖对西山许逊信仰也很看重，即位后过南昌首先便去铁柱宫降御香，并由重臣宋濂作《镇蛟灵柱颂》。此后不断降香、敕修，成为全国许逊万寿宫的祖庭。

相较之下，西山万寿宫在明代前期远不如南昌万寿宫（铁柱宫）受朝廷青睐。但在后期却也由地方人士重建扩修，显示许逊信仰在民间强大的活力。

这个活力也标示着元明江西道教因政府扶持而昌盛的命运，将逐渐转化，要由民间取得新生了。

七

清代继明之后，西山许逊信仰愈形强化。一方面是地方官仍祀铁柱宫，每年春秋两祭均在该处进行；一方面是西山万寿宫进一步与民间结合，该山忠孝乡东西两社社祭在此举行，各种民俗活动亦与之结合。到嘉庆时，许逊竟成为整个江西的“福神”，成了各地各阶层的普遍崇拜。

福神崇拜有许多方式，一是组织去西山进香朝拜的“朝仙会”。每自然村成立一个香会，大村还可能有好几个香会，负责收集奉钱，组织朝拜事宜。也有盔袍会，因许逊是斩蛟的武士，所以朝山的人会携带盔袍上山祭拜。另外就是广建庙宇，称为万寿宫、真君庙或福主庙，遍及村乡。依各地方志考察，明末至清前期，此类庙宇就有 346 所以上，广及全境。

许逊信仰，除一般保境安民、获佑平安的意义之外，还有维护社会经济秩序之作用。例如放赈救灾，平衡物价。另外，就是成为商人之会馆。商人出外贸易，士人出外读书科考，凡省内移民或省外移民，大抵都同时会伴随着兴建万寿宫的行动。像云南、贵州、四川，就有 122 个县市建有 218 座万寿宫，所以万寿宫既是同乡会，也是移民祠庙，更是精神支柱。迄今南昌铁柱万寿宫虽毁，西山万寿宫也已无此功能，但海外移民，凡江西人所在之处均仍保留了这种习俗。像台北市的江西同乡会就依然建成万寿宫。

相对地，龙虎山正一道之发展又不同。正一道在元明朝都具有衙门性质，职在管理道教事务，亦即由国家委托它进行行业内部之自治。管理什么呢？一是道教徒之不合律、不守规矩事；一是地方巫俗淫祠。

这是符合正一道原本之身份及性质的。本文一开头就说，道教与巫觋不同，颇以消灭巫俗为目标，正一尤其如此。它名正一，就是标榜自己才是清约之正教，真正唯一，非一般之“邪伪教”。如外神附身、祭拜鬼神、培胎练形、房中术等一般巫俗术士所行者，它都反对。现在获得国家赋予之权力了，自然更要戮力于此。近年新发现之天师府照票提到：“本府钦奉敕命，掌理天下道教，毋以不法邪巫假冒名色，混淆正教。”可见其职务正是以此为重点。通过它的检核，发给照票，“凡无票之人，即系奸巫。如敢仍前演邪，煽惑人心，祸害地方。许尔等呈秉省司，诸法究惩”。

由于天师府有此功能，故朝廷也给予相对优礼。雍正时天师爵至一品，朝廷赐金修建太上清宫及天师府第。

但乾隆以后，天师由一品降至三品。此后地位渐趋下降，宫观亦未进行大规模扩修。民国以后，丧失了对道教事物的管理权，处况日艰。乡人觊觎其产业，借口打倒迷信，要求分割田宅，六十三代天师因此一度避居上海。各地道士虽仍以能获得天师府授箓作为正统身份之象征，但事实上各派、各山、各宫庙各自为政，谁能拥有更多的香火、更多信众、更多产业，谁就更有发言权了。

八

以上是由人文地理的角度讲述江西道教发展史。诸山势力之消长，大抵可见。

目前的情况，当然与从前大不相同。庐山、玉笥山、金精山、华盖山等均几乎没有道教存在了。南昌万寿宫亦毁，近年重建，已非旧观。青云谱居然变成了所谓的“八大山人纪念馆”。洪崖亦少遗迹，许逊净明道之相关道院仅存西山一所，其教团也几乎不存。就是各地万寿宫也都不再具有过去的意义与作用。阁皂山大万寿崇真宫正准备修建中，2011 年刚刚奠基，现存紫阳书院、老山门及宋代鸣水桥而已。灵山仅剩葛仙庙残迹、石人殿。麻姑山仅有简单重建的仙都观。铅山的葛仙山，尚存玉虚观及娘娘庙，诸如此类，不必阐述。

这些名山，大多归属旅游单位，多无教团。少数宫观拨付道士或招募道士主理法务，规模也都甚小。仅有龙虎山尚存教团，略备科仪；阁皂山也在恢复灵宝法坛，聊可供人想象旧时景象。

不过，情况也不全然悲观。道教原本兴起于民间，后虽常与政府合作，列入官方祀典，甚或成为国教，其根本毕竟仍在民间。江西乃道教起源之地，其渊源土壤纵使经几十年破坏，但略得将养生息，便不难再度培育出根芽来。

我于 2011 年 8 月，随艾绍强、刘华、常绍民诸君考察了三清山、灵山、葛仙山、龙虎山、麻姑山、阁皂山等处，益发印证了我这一看法。

如三清山，本名少华山，山上的道教宫观及相关石刻、建筑、原本就由当地王氏家族创建，然后聘请全真道士来住持。目前改名三清山，辟为景区，申请成为世界自然遗产。整个景区的动线及规划，并未发扬其道教文化资源，而且形成隔阻，不利信众进行宗教活动。可是至今民众自发的朝拜活动不衰，香火依然鼎盛。

葛仙山，在三清山、灵山、龙虎山之间，地理形胜远逊，又无任何旅游开发，未必便于游览。但香客络绎，往往夜中即至，拂晓已至山巅玉虚观葛仙殿诵礼了。可见四乡乡民对此仍有虔诚之心，故有此自发性朝拜活动。

灵山石人殿更有意思。该地每年九月初一到初十举行庙会，每天香客竟然可达五万人，每年进香游客也有数十万人。而那其实是个很小的山间小乡小宫殿，来往的也不是一般意义的游客，而是香客，大抵也就是农工底层民氓。其信仰之深入人心，可见一斑。

凡此等等，均值得细细观察体会。也许江西道教另一波高潮，会由此生发吧？我偶因采风，略述风采，仅供读者参考焉。

儒学与儒教，文庙与武庙

台湾宜兰县的孔庙，在台湾非常特殊。一般一县仅一孔庙或未予设立，宜兰则有两座。孔庙祭典又与两座武庙有密切的关系，也是罕见的。这两座武庙，一是宜兰市的碧霞宫，祀岳武穆王；一是礁溪乡的协天庙，祀关圣帝君。

全台湾祀岳王的，共七座庙宇，但每年岳王诞辰及春秋二祭，行三献释奠大礼、跳佾舞的，却只有碧霞宫一处。该宫对此非常自豪，因其祭仪系由仰山书院山长传授，故与孔庙祭典关系密切。在该宫总共 99 页的《简介》中，介绍其祭典祭仪就多达 72 页。而且说台湾光复后宜兰县祭孔或其他庙宇要举行三献祭，也都会请该宫派员指导或赴其地演礼。

协天庙就是受碧霞宫辅助而形成佾舞祭典的庙宇。该庙早期仅请道士法师公祭，以庙会方式办理。1959 年举行释奠礼，邀碧霞宫派员指导，发展迄今。有春秋二祭，由县长主祭，仪式模仿文庙。

本文即以这两座庙宇为例，一方面介绍其与儒家、孔庙、儒教的关系；一方面借此讨论儒家的宗教性组织、社会性组织在推动儒家思想教化上的作用；另一方面则也据以检讨明清以降，儒学朝儒教形式发展的趋向，希望能为儒学与孔庙研究打开一个新面向。

一、宜兰碧霞宫的例子

我要谈的第一个例子是宜兰县的县定古迹碧霞宫。

据2003年1月26日该宫管理委员会印制的《简介》说该宫：(1)又名岳武穆王庙，清光绪廿一年(1895)日人据台之初，兰民因不满异族统治，矢志还我河山。(2)在进士杨士芳及陈祖畴乡绅倡议下，筹建三年，于公元1899年仲秋落成。祈奉民族英雄岳武穆王。为掩蔽日人耳目，取“碧血丹心望晓霞”之意，定名为碧霞宫，盼望早日复见光明。(3)本宫采取志愿的门生制度，敬拜岳武穆王为恩主，学习祂忠孝节义的情操，讲求的是奉献精神以报答社会国家。(4)每位门生入堂之前，都需经过严格的品德审核，俟朔望日扶鸾禀告，依神谕分派予“鸾”：扶鸾问乩；(5)“讲”：宣讲善书；“经”以宗教科仪课予诵经礼忏法会。(6)或由全体门生与社会善士捐款，或举办赈济等不同方面的修为，祈求风调雨顺、庇佑国泰民安。

本则简介，我把它分成六段，分别作些解释，以帮助大家了解这所非常特别的寺庙。第一段说该宫兴建是为了拜岳飞，以谋光复。这是传统的见解，庙方尤其如此主张。但因林确堂在《台湾日日新报》明治卅一年(1898)九月廿一日的《还辕在即》一文中曾提到：

> ……吾人去年五月赴任当地时，曾参拜过全岛独一无二的庙宇，即位于宜兰西门街的岳武穆王庙，庙的左右有连栋叫做两廊，左边是劝善局，而右边是先贤的灵堂，本庙俗称碧霞宫……

> 这个神庙是领台不久，于明治廿八年十二月，由当时的西乡厅长（南洲翁之遗子菊次郎）和守备队长江村中佐提案而奖励促成的……
>
> 岁次丁酉，明治卅年五、六月间本地连日豪雨。当时上季的稻作正在弄花结实，却面临泡水的危机，万民顿时陷入苦境。西乡厅长眼见此状，亲身斋戒，拜神乞天放晴。是神民显灵呢？还是乞求者的诚心打动天？连日来的豪雨果然停而放晴，五谷终于有了丰饶的收获。为了答谢神恩，十一月正式建庙完成。第二年，明治卅一年，儿玉总督也动用预备金拨下四千圆，而官位从五位的判官木村笃氏新迎捐献的红色大香炉，更被视为宝物而被珍藏。其他如庙内匾额之一也写上明治某年月日等，具有别的庙宇所看不到的日式风格。

因此王见川在《宜兰文献》第23期中提出翻案，认为此宫并非基于民族大义而建，乃是在日本官方协助支持下兴建的。后来林静怡根据碧霞宫所提供的资料，写出辨正文章《再探宜兰道教寺庙碧霞宫建庙源起》，以再确认该庙创建时的民族气节形象。王见川又作《关于碧霞宫——兼答林静怡之质疑》回应。二文同刊于《宜兰文献》27期，1997年5月。

考碧霞宫《简介》说该宫建于光绪廿一年（1895），另外该宫于明治廿九年（1896）作所鸾书《治世金针》卷一已载："本年春（1896），堂兄祖畴邀请同志，重兴此举，履蒙神圣示事，括及幽隐，于是咸请设堂。蒙马天将奏准，旨下令恩主武穆王下尘济世，自四月望后开堂，而问症求事者踵若相接……天运丙申菊月吉旦，鸾下沐恩校正陈惟馨盥水敬拜。"可见该宫至少已于1896年创建，倡建者有陈祖畴、陈惟馨等人。林确堂文中说该宫是在前一年（1895）由日人提案兴建，时间固然较早，但岳飞信仰非常特别，以驱逐异邦为特色，日人初据有台湾，有什么理由提议并奖励台湾人建立岳王庙呢？何况无论是《台湾日日新报》所载，或林确堂的《本岛人の信仰心善用る美绩》(《台法月报》，一〇卷四号）都是同一个人的陈述，未必足以据为典要。反倒是说碧霞宫源于割台之际的民族意识，有较多不同来源的材料可印证，因此我认为仍以庙方说法较为可信。

《简介》第二段说该宫为进士杨士芳及陈祖畴乡绅倡议筹建。这两人都是台湾鸾堂的重要人物。陈祖畴家中设有坎兴鸾堂。同是宜兰的士绅杨士芳，则为清同治年间的进士，钦点浙江省即用知县，光绪间任仰山书院山长，热衷于宣讲劝善及鸾堂活动。光绪廿一年，他与贡生黄友璋、李绍宗等人共组“劝善局”，专门宣讲圣谕，教化百姓，后担任碧霞宫“总理堂讲事”一职，并曾捐钱助印唤醒堂著作的鸾书《渡世慈帆》。其诗中有“亲友邀吾行善事，前愆可补免生愁”之句。另在北港（石碇）福善堂的鸾书《醒世新编》中谈到:“台疆各鸾堂，皆吕翁大发婆心，启人觉路。乙酉秋下凡，设玉清。偶逢姑苏施济堂、彭达新临艋，登玉清请示飞鸾。吕翁谕该蚁上兰邦，唤醒迷途，得遇杨士芳为堂主，先设集鸾堂。”可见于光绪十一年左右，就有了以杨士芳为堂主的鸾堂——集鸾堂。

为什么这几位鸾堂的主事者会倡议兴建碧霞宫呢？道理非常简单，碧霞宫就是一种鸾堂。《简介》第四段说碧霞宫“朔望日扶鸾禀告，依神谕分派予鸾，扶鸾问乩”，就是这个道理。

扶乩扶鸾是古老的方术，魏晋即已非常盛行。但鸾堂的出现及流行，是很晚的事。清中叶时，大陆各地均有鸾堂出现，至道光庚子年（1840），由于“救劫论”的宗教思想出现，使得鸾堂蓬勃发展，鸾书大量问世，形成一个全国性的宗教热潮。这股热潮持续不断，以致梁启超已有“乩坛盈城”称之。在这些鸾堂圣神所降的鸾文中，大概都是说：为了消解清末的大劫，唯一的办法只有透过行善来挽回天心。此一论述，随鸾堂运动的开展而深入人心，也使得传统上以慈善救济为主要工作的善堂纷纷与鸾堂相结合，鸾堂的宗教势力遂越来越大。许多民间教派也接受了这种方术，用来作为人神沟通的宗教仪式。诸如道院、世界红卍字会、一贯道，以及台湾的慈惠堂以及各庙宇神坛等都是。

台湾鸾堂也就在这一波热潮中兴盛起来。依宋光宇的研究，鸾堂可分为几个系统：杨明机所服务的鸾堂自成一个系统，可称为“北派”，包括头围唤醒堂、淡水行忠堂、三芝智成堂、台北觉修宫等。而“中派”以草屯惠德宫为起源，先分出鸾友杂志社（后来成立武庙明正堂）和圣贤堂等等；台南、高雄地区鸾堂系统不甚清楚，而澎湖的鸾堂则自成一个系统。王见川认为台湾的鸾堂至少可分成三个系统：一是由宜兰唤醒堂分香而出的新竹宣化堂、淡水行忠堂系统，二是新竹复善堂系统，三是澎湖一新社系统。王志宇则发现台中地区的鸾堂也自成系统，包括有清末至今的彰化三兴堂系统和台中圣贤堂系统。总之，是数量繁多，系统复杂的。

宜兰地区除了杨士芳的集鸾堂和陈祖畴的坎兴鸾堂之外，著名的还有新民堂、鉴民堂、未信斋等。

这些鸾堂，又跟书院书房关系密切。例如，新民堂是李望洋、蒋国荣等人于光绪十六年（1890）创立。李望洋于同治十年中举人，分发至甘肃省任知县职，光绪十七年带官回职，兼任宜兰厅仰山书院山长。“醒世堂”创建时间不详，但最晚自光绪十六年（1890）四月即在扶鸾济世。该堂创始者有柯锡畴、胡鸿洲、蓝瞻淇等。杨士芳、李望洋等人皆曾到堂请训。“鉴民堂”创立于光绪十四、十五年。该堂是陈氏家族所创，原先附设于家族的书房“登瀛馆”中（又称登瀛书院、登瀛堂书院）。登瀛书院原是陈抡元及其兄陈添寿于光绪三、四年间所筹设。该书院曾经延聘张镜光等知名学者为师，分科文武，教授诸生。这个由家族书房所发展出的鸾堂总共扶鸾著作出三本鸾书，分别是光绪十六年（1890）的《化兰全书》（又称《兰书善录》）；光绪十七年（1891）的《奇梦新篇》；明治卅八年（1905）的《龙凤图全集》。其中《化兰全书》是现今所见台湾最早的鸾书，杨士芳曾参与校正。

杨士芳与李望洋显然是关键人物。两人先后中举，联名共同倡修文庙，捐修仰山书院、五夫子祠，晚年主讲于仰山书院，可说是一典型的儒士，但又都热衷鸾堂。李望洋倡建"新民堂"，还充任该堂鸾生，其职务是"校正兼总理"。按当时《大清律例》，扶鸾活动仍属非法活动，李望洋虽无官职在籍，但到底还曾任官，却公然从事非法活动。甚而当时的知宜兰县事萧赞廷还无所避讳地为新民堂著作的鸾书《警世盘铭》写序，可见当时扶鸾之盛了。

为什么这些儒生那么热衷于扶鸾事业呢？道理仍然很简单，因为鸾堂本来就是儒教。

早在明治四十四年（1911），由日本"临时台湾旧惯调查会"所编写的《台湾私法》一书中，就将"儒教"列为各宗教之首，并定义云："儒教是孔子及孟子所祖述的古代圣王教义，内容包括宗教、道德、政治，三者浑然融合成为一大体系。"儒教所遵奉的经典包括《诗经》、《书经》、《易经》、《春秋》、《礼记》、《周礼》、《仪礼》；儒教最重要的人物是天子，他不仅是政治的中心，也是道德与宗教的中心。天子一方面以治国安民为奉事神明的要道，一方面以祭祀神祇及教导道德为统率国民的要义。其后不少人均用过这个定义去观察台湾社会，如昭和初年（1925）增田福太郎在访问过宜兰勉民堂、木栅指南宫后，在其著作《台湾本岛人の宗教》一书中，即反对丸井圭治郎对鸾堂的分类，而认为鸾堂乃盛行于儒流好学之士的结社，并径称之为"儒教"。

确实，清末及日据时期鸾堂的主事者与鸾书所呈现的价值观、宗教性格，均与民间教派不同。他们非但不是小传统，反而是地方的精英分子、士绅文人借“神道设教”以教化俗民的方式。因此大部分学者都倾向将鸾堂视为“儒教”，亦即儒家思想借宗教方式表达的一种型态。

要如此看，才能了解彼时孔庙、书院、汉文书房、鸾堂往往彼此相关，而绅士文人儒生也往往与鸾生身份互通的现象。

像宜兰进士杨士芳就与唤醒堂关系密切，曾替该堂所著鸾书《渡世慈航》写序，自称“鸾下”，又捐钱助印该书；也在明治三十五年（1902）三月担任宜兰孔圣庙主祭。当时参与祭孔活动者还有庄赞勋、李吉西、陈祖畴、庄及锋等，他们均频繁出入鸾堂。

以上是解释《简介》的第四段：鸾。可是，除了鸾之外，还有“讲”与“经”，这就是第五段。

讲是指宣讲。清代的宣讲制度始于顺治九年（1652）钦颁的《六谕卧碑文》（孝顺父母、恭敬长上、和睦乡里、教训子弟、各安生理、勿作非为），分行八旗及直隶各省。十六年议准设立乡约，通令各省地方官员及父老子弟实行讲宣。康熙九年又颁布《圣谕》十六条，廿五年议准上谕十六条，令直省督府转行提、镇等官，晓谕各该营武将兵丁，并颁发土司各方，通行讲读。雍正二年再钦定《圣谕广训》十六章，刊刻颁行府州县乡村，使生童诵读，每月朔望时刻，由地方官聚集公所，逐条宣讲大意。台湾的宣讲则始于康熙六十年朱一贵事件之后。但这种官式宣讲，到清末已徒具形式，日渐没落。儒生乃转用此一制度形式，将它变成讲自己要讲的东西。

他们所讲，大体仍是劝善，但把劝善与行善结合起来，于是讲堂同时也就成了善社，也称为善堂。其宣讲的内容除了圣谕之外，更加上大量具有因果报应故事的善书，期以故事性、趣味性、通俗性的内容来吸引群众听讲。陈志豪曾说道：

今我诸同人鼓舞，“同善社”开堂宣讲，论说前因，劝迷途之返首；陈明果报，使孽恶之回头。说尽前朝圣训，不外五常八则之修。演说历代善书，何异五风十行之戒。欲止人心，以息邪说，端弊俗而挽颓风。弊俗不能自端，赖宣讲以端之；颓风不易于挽，惟宣讲可挽之。潜移默化，百昧无非，一明同向善心，十听岂无一得？设使听者能于百言之中，采择其一言；百人之内，实行者一人，互相劝戒，家喻户晓，则风俗之进步，虽僻斤乡隅，亦可成邹鲁之风。（《宣讲要旨》，《台湾日日新报》大正15年11月8日）

讲善的宗旨，大抵如此。碧霞宫本身也设有一个劝善局。该局创立于明治廿八年农历四月廿四日，由宜兰进士杨士芳等人主持，在每月朔望之日，选择适当地点，如城隍庙、天后宫等地定期宣讲，董事有庄赞勋、吕子香、游登三、蔡振芳，讲生有李克联、游栋梁、江大川、张耿光、黄如金、吕桂芬等人。讲生除了每月十六、廿九二日休讲外，无论有无听众，皆须风雨无阻到场宣讲；宣讲完毕，讲生还要在日志上记明自己的姓名及讲题，以供神明鉴赏。该处宣讲台正面置岳武穆王的神位，讲堂两侧则挂上“宣明贤传圣经声声入耳”与“讲劝善男信女个个欢心”的对联，后面则张贴有清圣祖的圣谕十六条。

当时宜兰头围庄另有一个宣讲坛。为卢廷翰所倡设，由他聘请名望缙绅，各处开台，宣讲善书。明治卅八年，卢氏过世后，宣讲为之中挫，后经卢氏族人卢陈定整顿，重兴宣讲。并邀请碧霞宫劝善局宣讲生吕桂芳、张镜光、黄如金、陈登第、游联甲、江大川等人助讲，于大正十一年四月十五日奉行。卢氏特请鼓乐六十阵、诗意装忠孝节义十二阁，并恭请太上感应牌位置杨旺店内开讲，听众有一千二百余人，成为当时一大盛事。可见劝善社之间，彼此也是声气相通，互相支持的。

劝善社所讲的内容，除了传统伦理道德外，也会针对时弊。例如水灾、恶疫、鼠疫流行，便教人重视公共卫生，宣讲卫生纲领、卫生学要目。人民嗜食鸦片，便劝善禁烟。经济不景气，物价腾贵，便劝人节约消费等等。据说功效宏大，故南樵《说宣讲坛设置》一文云：

> 将各处所设善坛，依处而请当局者，每夜派该厅卫生课职员，以及防疫卫生中最老手者，有高木友之；亦或将医学校，有心得于卫生上之卒业生等，分配各坛，说明卫生宗旨。外则将卫生上之书，虽有百种，先就卫生纲领、卫生学要目、卫生学讲本、卫生新书等，一一细详讲明。在上果有婆心，而在下谅能振动也，闻之若得了解。后则深知百斯笃之害无穷，总能自行清洁，严防其菌之发生。倘个个如是，比之警官监督，一一周到。（明治四十年五月十三日《台湾日日新报》）

以上是"讲"。"经"则是指儒道佛经典，以及各种善书，其中最特别的便是扶鸾所得的鸾书。鸾书均是在扶乩时人神合作中形成的，其形式往往包括圣训以及功过格。目前所知台湾最早出现的鸾书是于光绪十六年（1890），由宜兰鉴民堂所著作的《兰书善录》（又名《化兰全书》）。碧霞宫也有不少鸾书，于1896年所出的《治世金针》中，功过格所涵盖的对象包括有四民类（士、农、工、商，官史类）、官宰、训导、募客、书役，道士、僧人、卜士、堪舆师、星相家、医家、媒人、产婆，以及婢奴类等，大抵已含括了社会各阶层。其功过的论断是以能否恪尽职务、谨守身份本位为考虑。诸如农夫宝惜五谷种子、爱养耕牛，一百二十功；但若耕种失时、轻弃五谷，则一日三过。又商贾正直公平，斗秤尺寸一样，不欺童叟，一日三功；若尺寸不公，欺童骗叟，则一次二过。其他惩恶劝善事项也有具体的功过可资算计。

碧霞宫即据这些善书鸾经教化民众，并举行诵经礼忏法会，扶乩请神活动。

好了，现在要回头来解释第三段“本官采取志愿门生制度，拜岳武穆王为恩主”。

恩主宫信仰是随清末鸾堂运动而形成的，奉关圣帝君、孚佑真君、司命真君为三恩主。以关圣帝君为奉旨飞鸾宣化汇造善录校正事，司命真君为奉旨开堂济世汇造善录校正事，孚佑真君为奉旨纯理鸾务兼造善录校正事。后来又出现五恩主。即豁落灵官王天君及岳武穆王，职司导化兼办。在台湾，明治三十四（1901）年三芝智成堂、昭和十一（1936）年斗六南感化堂都已在其鸾书中列明了他们是五恩主信仰，但碧霞宫显然更早，而且以岳飞为主神，情形非常特殊。过去曾有不少鸾书（尤其是信仰五恩主的杨明机系统）认为碧霞宫源于新民堂。其实新民堂的主神是雷部李恩主，与碧霞宫并不相同。

我在 2003 年 4 月 15 日去碧霞宫作田野调查时，庙方表示，该庙第一代董事长陈祖畴是亲自去杭州岳王庙分香迎回神像，奉为开基主神，且为全台独一专祀岳王的庙宇。之前曾于 1897 年在坎兴街建碧霞宫鸾堂，祀奉岳王，并扶鸾造出《治世金针正一妙法敦伦经》。其信徒不像一般寺庙称为信徒，而是叫做“门生”，亦即自认为是学习岳王忠义精神的门人云云。我则认为奉祀岳王系宗教感应，门生制度则仍与其为孔孟之学的学生有关。

碧霞宫的创建者本来就都是儒生，他们与主神的关系也像老师与弟子门生。该宫长期由廪生吕桂芬、秀才张镜光及张黄曾、方坤邕、林向荣等在庙隅开班讲授四书五经。迄今学子参加联考也仍习惯去碧霞宫参拜，以求金榜题名。在在显示碧霞宫虽祀奉岳王，但与杭州等地岳庙仍不相同，其儒家之背景与性格，与台湾其他地方的恩主公信仰也不一样。

因此，该宫固然也强调有捐款赈济等传统寺庙功能，但更突出者，却在日据时代所具有的汉文化保存意义。

日本在台，一方面普及日语，一方面进行同化教育。原有的府、县儒学等官学全遭废绝，书院亦多荒废，或转以其他形式存在；唯许多培养学生基础汉学知识的书房仍然遍存于乡镇各地。起初其数量与学生人数比日本公学校还多，形成日本同化教育的最大障碍。总督府遂采渐进的方式，逐步以法令约束，进而改变书房教授的学科与教材，最终则禁绝之。1898 年《公学校规则》规定，汉文只在读书、习字、作文等课程中教授，教材有《三字经》、《孝经》、《四书》等，并延聘一些书房教师及学者担任教席。1903 年修改公学校规则，汉文独立为一科，上课时数五小时，教学时必须用日语解释。1921 年总督府公布《书房义塾教科书管理法》，规定各书房教科书的采用需经各厅长的批准。1922 年公布《新台湾教育令》，汉文被改为选修科，此时许多公学校趁机废除汉文科，许多书房皆遭取缔或禁止。1937 年中日战争爆发，公学校正式废除汉文科，书房教育全遭废绝。在这个大时代背景下，碧霞宫的宣讲活动和汉文教习、四书研读，意义自可想见。

碧霞宫还有一个特别之处，那就是它的祭祀。它像孔庙祭典一般，采用佾舞。唯武佾依唐代武佾舞制，配合整套三献礼。由杨士芳传授，再经徐桂台、方坤邕、张茂坤、林登莲等相继修订整理，形成现在的仪制。遗留下来的三献礼规范及专用神器、记录等尚有一百多项，台湾光复后，各地祭祀或其他寺庙要举行三献礼，也常至碧霞宫洽请指导。每年岳王诞辰时举行祭典，亦为宜兰一盛会。

综合以上说明，我们可以发现，碧霞宫的社会功能非常明显，团结民族感情、伸张忠孝精神、宣讲善德、鼓励善行、提倡儒学、发扬传统道德、教化民众、救赈济灾以及传承中华文化等等都是。其“门生”现今喜以“岳家军”自称，亦令人印象深刻。

二、礁溪协天庙的例子

其次，我要谈谈我们学校所在地宜兰礁溪乡的协天庙。

这座庙宇号称“敕建”，据说建于清嘉庆九年（1804）。漳州平和县附凤社后居民林应狮率族人奉关帝神像入垦淇武兰及桂竹林，并集资建庙奉祀关圣帝君。初仅为茅草小屋三间，至咸丰七年（1857）改建为土墙瓦顶，并增建东西两侧护廊。同治六年（1869）台湾总兵刘明灯巡视噶玛兰，奉祷有验，乃表请敕建。

既称敕建，性质即为国家宗教。清朝素信关公，因此拜关公是国家祀典之一部分；而清末鸾堂运动，又使关公的地位提高了。目前协天庙也奉其他诸恩主，可见它曾在清代国家祀典，即武庙的基础上吸收了恩主信仰。我于 2003 年 4 月 21 日去庙里做田野调查时，庙方告诉我台北行天宫即是由该庙分香去的，并出示相关渊源资料。此即显见协天庙已吸收了恩主公信仰。

大正四年（1915），台南斋教徒余清芳等扶乩，编出《关圣帝君桃园明圣真经》，鼓吹忠义思想。时因中国革命甫获成功，余清芳等人受到鼓舞，遂想运用宗教结合台人驱逐日人。不幸事机外泄，日警通缉余清芳等人。余等逃至台南县玉井，抢夺当地警察派出所武器，并将日人全部杀死。事发后，日人派兵将当地村庄住民烧杀一空，并追捕余清芳等千余人到案，史称“西来庵事件”。事件后，日人对台湾原有宗教即加意防范，且计划以佛教来取代民间信仰。全面调查各地主要庙宇奉祀之神祇、创建由来、信徒、庙产等资料，并发行政命令，规定庙宇的创立、废止、合并均须经政府许可。据当时统计，全台湾共有寺庙宗祠等约 11391 座，内含庙宇 3312 座；斋堂 172 座；宗祠 120 座；小祠（无人住持者）11391 座；其中有关帝 132 座，在庙宇中排名第六。其中被毁者有：新竹州 10 座，台中州 2 座，台南州 35 座，高雄州 10 座，总共 57 座，占全省关帝庙总数的百分之四十一强。

可是这波浩劫对协天庙似乎并无影响，据该庙所编《礁溪协天庙沿革》载：

> 至民国三年，甲寅夏季，重修庙宇，添购各项祭坛设备，并置石狮于庙前。同年有日据时代之宜兰厅警察课金子课长，因感关圣帝君佑助安抚山胞之神恩，乃破例请森林机关奉献樟木，雕塑关平大太子、周仓大将军金身神像陪祀。民国十四年乙丑，又建戏台一座。

则协天庙在日人整顿传统寺庙的行动中未受影响，是与日人特别施惠有关的。施惠之故，即是认为该庙对“安抚山胞”颇具作用。协天庙亦因这种特殊的社会功能方能倖存。

因协天庙是由林氏家族迎铜陵关圣帝君来宜兰开基，故最初并无僧侣住持香火，至民国六年才聘宜兰性圆法师为首位住持。据该庙《庙志》说：“性圆师本名游阿水，俗称阿水师，幼年丧父，侍母极为孝敬，孝行早为邻里称颂，长大后即于台北观音山凌云禅寺出家，受正式佛学教育，并前往福建鼓山进修，学成后返回宜兰，在头城九股山吉祥寺担任弘法工作，为人信服。协天庙管理人林祖陈礼聘他出任住持，即希望以性圆师的孝行感召信众，造化民心，兼任鼓励信徒拥护神庙，进而振兴协天庙。”这显示也是着眼于其社会功能的。

性圆法师住持 48 年，1965 年圆寂。他本身是受过正式佛教教育的禅师，却主持关帝庙，看来似乎很奇怪，但是这其中有个因缘，使一名禅师可顺理成章地主持关帝庙。因为关羽显圣故事本来就是佛教徒传播出来的。

最早记载这件事的，是唐德宗贞元十八年董侹《重修玉泉关庙祀》，曰："陈光大中，智顗禅师者至自天台，宴坐乔木之下，夜分忽与神遇，云：'愿舍此地为僧房。请师出山，以观其用。'"（《全唐文》卷六六四）其后南宋天台宗沙门志盘据南宋景迁《宗源录》、宗鉴《释门正统》等也都说，"天台宗智顗法师在当阳玉泉山建精舍，见二人威仪如王，长者美髯而丰厚，少者冠帽而秀发，自通姓名，乃关羽、关平父子，请于近山建寺。智顗从之。寺成，并为关羽授五戒。"因此我们可以说关羽显圣的故事是由佛教徒传播出来的，关羽也成了佛教徒。后来佛教以关公为伽蓝护法神，其因缘即起于此。

不过，以当时的政治环境看，我疑心庙方聘一位禅师来主持庙宇，既是看重性圆法师的孝行，也可能有意利用佛教与关公的这层渊源。因为上文已说过，日本人正在整顿寺庙，而整顿寺庙的原则，是废弃神仙圣王帝君等信仰，改为佛教。不但祀神须改为纯正佛教的，皇民化运动时，台湾土产的道士、法师、乩童，更被禁止从事原有宗教活动，如欲为人办理法事，亦须改宗佛教，接受训练，并被袈裟。协天庙请一位禅师来做住持，或许与此情势有关，自附于佛教，以避避风头。

光复以后，形势丕变，该庙不但扶鸾活动继续，而且关圣帝君还降坛命鸾生林阿保赴外地宣扬关帝盛德。性圆禅师也很支持，提供了经费，新雕二神像予林阿保带去台北基隆宣化。当时台湾民间敬事关帝的人很多，但庙宇已少，林阿保先到台北市建昌街138号，创立志心堂，后又渡柯金生至台北青潭创建明圣宫。如此，关帝所到之处，处处开坛，处处"济世"，解决信徒各种困难，因而获得百姓的敬重。这些坛堂，后来逐渐发展，建立庙宇，并与协天庙维持着良好的关系，协天庙历年祭典，都迎神回来参拜、进香。其最著名者，有台北县青潭明圣宫、台北志心堂、台北德显堂、台北明圣堂、台北圣天堂、九份明华堂等。奠定了协天庙在本省关公信仰中的特殊地位。1997 年协天庙举行护国祈安五朝福醮大典，全省三百多家关帝庙会聚于礁溪，即可以看出协天庙的气势。该庙管理委员会主任委员吴朝煌，目前还担任“中华道教关圣帝君弘道会”会长（此为全台关庙组织）。协天庙之所以能以一区区小地方礁溪的庙宇而建立龙头般的地位，我认为是它抓住了光复后恢复传统信仰的契机，且善于利用鸾堂恩主公信仰的老基础，有效扩展所致。

可是您注意到吴主任委员自称为“道教”了吗？ 1997 年它所办的五朝福醮不但邀请了江西省嗣汉天师府张天师第六十五代孙张继禹率团数十人来台，还举办了道教正宗“消灾解厄延寿植福大法会”。据协天庙表示：“预定成为全台道庙建醮仪式和规模最完善的一次，以作为示范观摩之用”（1985 年 12 月 15 日，《中国时报》），似乎该庙又为了因应两岸开放交流的新形势，而巧妙地把庙的性质挪向道教方面。

由国家祀典，而鸾堂恩主公信仰，而安抚山胞，而为佛教，而又为鸾堂恩主公信仰，而渐成“正宗道教”，协天庙的庙性，几经改变。而其所以如此转变之故，则是为了适应不同的时代与社会需求，事实上也就是发挥其不同之社会功能。协天庙正是由于它善于“因机”，所以才能越来越兴旺。

但是，对此我们也须有另一些认识。第一，像协天庙这样的庙宇，其实不能只从它属于什么教来观察，因为不论它属什么教，它存在的基础，并不在那些教，而是在它所拥有的信仰圈。

所谓信仰圈，就是某个区域范围内的信徒，以一尊神为信仰的中心所成的自愿性宗教组织。在台湾有许多与协天庙同样以村庄为单位的宗教组合。因为在同样的地方，有相同的自然条件，以及相似的时空环境之制约，故村民较有命运共同体的心态，也较有相同祭拜的组织与活动。

协天庙的信仰圈，是以八大庄为基础。此八庄在目前行政区划上皆属宜兰县礁溪乡，分别为：大忠村、大义村、二龙村、白鹅村、德阳村、三民村、林美村、六结村。协天庙即以此八大庄为核心向外发展，宜兰县之外，基隆、台北县市，部分信徒已成该庙定期信徒，每当该庙重大庆典时皆会来该庙进香。协天庙的管理委员会，委员则由最基层的信徒大会选出。

协天庙的信徒大会，起初是采用“招会份”的方式，也就是由八大村庄的头人出面邀请村民参加。每一邻再由信徒推选信徒代表一人，信徒的资格可以世袭。这种招会分的宗教组织，因平时即有亲戚、朋友等社群网络联系，所以结构十分稳固。信徒代表大会再选出 25 位管理委员，委员再互选出主任委员、副主任委员。委员会三个月开一次会。庙辖境内各乡民代表、村长、著名公益人士，若未选上委员，也会成为该庙的顾问、监察人等，因此整个庙跟礁溪乡的人际网络可说是非常绵密地交织在一起。

这才是协天庙发展的基础。从这个地方看，协天庙也几乎可说是礁溪乡的一个缩影。除了宗教活动之外，协天庙尚须推动礁溪的整体发展或担任礁溪的文化中心。以 1985 年所办的庆成护国祈安建醮大典为例，宗教活动外还有基层文化建设，文物展览、特产展示、艺文展示、花灯展示、关圣帝君杯球赛（篮球、手球、桌球、排球），故事演讲、妇女土风舞联谊、抛绣球活动、春联义卖、金婚伉俪、幼儿韵律、摄影比赛等，洋洋洒洒。而 1997 年名义上是“全省农地利用综合规划成果示范观摩嘉年华暨礁溪乡金枣节文化系列活动”，包括农产品展售、花车游行、五峰旗茗茶品茗、温泉米食文化、金枣观光采果、金枣加工研习、温泉花艺走廊、温泉农业造景、温泉农业馆展，乃至农特产经营班、展售班等，其实也就是协天庙的建醮活动之一部分。另一部分叫做“文化礁溪”。内容有跑马路古道行、礁溪四大名家邀请展、芭蕾飨宴、林清介的电影世界、锣鼓喧天戏歌仔、丝竹歌乐传礁溪、打出少年一片天、创意大会画庙会、民俗踩街乐连连、千手竞艳土风舞、亲子同乐百家欢、金婚金喜好姻缘、民俗之夜、礁溪之夜等等。整个建醮活动花费六千万，吸引卅万人到礁溪。它在发展礁溪文化、活络该地经济方面的作用，不可言喻。

这还不稀奇，在协天庙举行的五朝建醮期间，醮事须“封山禁水”。包括温泉区旅社、饭店以及八大庄信徒都必须茹素，特种行业更不得营业。因为所谓封山禁水，就是山上禁猎、水中禁捕鱼，不得杀生。由于礁溪乡辖内有温泉区，区内有上百家饭店、旅社，届时前来旅游的旅客不一定接受素食，也影响了自助餐等餐厅生意，因此要全面实施全面斋素，并要求妓户等特种行业暂歇营业，实在并不容易。可是各机关、团体、社团、餐厅、旅馆、浴池、娼家、摊贩业者均禁止杀生并吃斋素，娱乐场所暂停营业，共襄盛举办理协天庙建醮大典。军公教单位更是全面配合。

而为迎接建醮盛会，礁溪乡更举办全乡大扫除，全乡大动员清扫。又展开全乡各家户、街道与醮坛绿美花化活动，计植栽一串红等花木九千株。这些花木苗在移栽于花盆后，摆放于德阳、大忠、大义、六结、二龙、三民、林美、白鹅等八村重要街道与住户门前，及协天庙“五福建醮”活动所设置十大醮坛，其中之中山、中正两要道，采花草吊篮式，将全乡点缀得绿意盎然。这样的情况，充分地显示了庙与乡早已是命运的共同体的关系。寺庙的社会功能发挥至此，亦足赞叹矣！

另一个值得注意之处，则是协天庙的恩主公信仰性质及鸾堂色彩，并不因为它改称佛教寺庙或道教寺庙而有所改变。直至目前，协天宫仍与碧霞宫相同，每年举行佾舞，释奠祭礼，隆重盛大。

佾舞，显然是仿拟孔庙的祭仪，鸾堂又是与儒家关系密切的劝善组织。因此，若说协天庙亦属于儒教之一支，似乎也没什么不可以。

如此说，不嫌有些比附吗？不然。须知关帝信仰起于山西。山西人拜关公，不但将关公与孔子并列，说“山东一夫子，山西一夫子”，一文一武，足堪方驾。且更由关公夜读《春秋》之故事，将他拉入儒家谱系，尊为亚圣，谓其为真能继志于孔丘者。故说关圣信仰属于儒教之一支，非比附扞撦，乃溯其本也。

况且，关帝信仰的核心精神是什么呢？是佛教的无生宗旨，抑或道教的长生不死？都不是，是忠义人伦之教。这是儒家之教，还是佛教道教？协天庙与礁溪各村庄之间的关系，一方面是神道设教，另一方面，不又显示了人文化成的意义吗？提供给村民的，其实不是来生的期诺、超越的信仰、彼岸的追求，而是现在的福报，希望每位信众均能因奉行忠义的伦理而令生活福佑安吉。这也仍是儒家教化式的，我们不可被它的教相所蒙。

三、庙宇与教派的儒教功能

碧霞宫教忠、协天庙教义，它们只是千千万万散布在台湾各地的寺庙中之一二例证。证明了明清以来，中国普遍流行的三教混和、神佛不分宗教型式，可能其中存在着一个真正的内核、一个深藏于其中的脉络，那就是儒家的人伦教化。教忠教孝、教仁教义、劝人守礼行善。这些民间宗教或寺庙，教相纷杂，各拥仙佛以设神道，但骨子里，其实讲的多只是儒家那一套。

除了碧霞宫、协天庙这类拜岳飞、拜关公的庙宇及其信仰圈之外，有些教团，例如天德教、德教、天帝教、同善社、红卍字会、轩辕教、中华圣道等等，大概也都可以如此看。这些教团，以宗教组织方式组合，各有其仙佛之说，但究其义理之所归，靡不以劝善为宗。其伦理精神，着重忠、恕、廉、明、德、孝、义、信、忍、恭、博、爱、仁、慈、觉等，亦均是儒家所讲求的。道家的虚、柔、清、静、无为、长生；佛家的无生、无常、苦、集、因缘、业力、涅盘等，多置不讲。纵或涉及，也往往是边缘性的观念，并不是他们对信徒要求的伦理规定。

此外，我以为这些都可以视为儒家宗教化的事例。这些鸾堂、善堂，有些也确实自称为“儒宗神教”。但不论它是否如此自认为是儒教，它都是儒家学说的宗教式推广团体。其教派可纳入广义的儒教之中；其寺庙，可视为孔庙之一分支。像碧霞宫、协天庙的佾舞，其实也就揭露了它们这层关系，令人恍然大悟其教忠教孝教仁教义，适符孔圣之旨。碧霞宫、协天庙，事实上也就是另一型态的孔庙。这些寺庙与书院和文庙的关系，也十分密切。

以往研究儒学的人，对此可说甚少了解；即使做民间宗教的研究者，大抵亦未注意及此。

论明清之民间宗教者，往往由白莲教说其源流，或溯诸罗教。白莲乃佛教净土信仰之演变，以弥勒下生为说；罗教则以禅合净，谓诸佛法身，在人方寸，并以此参会道教内丹说。两者其实不同，故自向达《明清之际宝卷文学与白莲教》以降，把罗教以及其后各种民间教派都视为白莲之支脉流裔，显然是错误的。反之，将罗教视为明清各色民间宗教的总源，也不正确。且罗教虽合佛道，实非以佛以道为本，考其宗趣，亦是以儒为主的。

罗教，系罗梦鸿（1442—1527）所创，始称无为教，后亦名罗教、罗祖教。倡心佛无二，谓“一僧一道一儒缘，同入心空及第禅”(《破邪显证钥匙卷·第一品》)；教人返归本源，即“真空家乡”去。在真空家乡中，创立者无极圣祖，或称无生父母（后又转为无生老母）化生万有。但森罗万有之本源，只是真空，虚空无为，乃其本来面目。如是云云，佛道色彩非常明显。但我要强调它其实是批判佛道的。

罗祖弟子大宁和尚所写的宝卷，名为《明宗孝义达本宝卷》，凡二卷十八品、孝九品、义九品。显见它重视儒家的伦理教化，所以它与佛教不同：不念经、不供佛、不烧香、不供花、不做佛事，没有经堂（见《三祖行脚因由宝卷》）；说佛法僧三宝只是人心；批评僧伽制度，反对出家（见《破邪显证钥匙经·第一品》）。其流浪儿重返家乡、回归无生父母怀抱云云，也都是家庭伦理生活的形上学拟喻。无极圣祖等创世说法，则是《太极图说》的宗教性说辞，用以兜合佛教明心见性说和道家的虚静无为说罢了。

与此相似者，为林兆恩的三一教。三一教也是明清影响广远的一支，后衍为夏教。与罗教一样，广泛流传，远至东南亚。

三一教，顾名思义，即是三教一家。其说，谢肇淛《五杂俎》斥为“黄巾白莲之属”（卷八），黄宗羲则说它“挽二氏以归儒而婚娶之，率吾儒以宗孔而性命之”“儒为立本，道为入门，释为极则。然观其所得，结丹出神，则于道家之旁门为庶几焉”（《文集·林三教传》）。但实际上，林氏于嘉靖三十七年（1558）立三教堂，制定了祭礼、射礼、三加礼，“时时课诸生肄习其间”“以礼自重”“求无愧于孔孟家风”。到嘉靖四十五年，又自号三纲先生，“制巾名三纲巾，履名五常履，衣则前三幅后五幅，名三纲五常衣”。万历六年，又“作三纲五常堂，中为合一堂。合一者，合道释者流而三纲之，五常之，士之，农之，工之，商之，以与儒者为一也”，这个讲堂，又叫宗孔堂，见张洪都《林子行实》。

可见林兆恩的三一，乃是把佛道合到儒家门庭中来的办法。所以它的入教誓词，不但要儒家信徒“知吾性之善即孔子敢不战兢惕厉，夙夜奉行，誓发一念之诚，学不至于孔子不已也。又敢不遵守明训，以三纲五常为日用，入孝出悌为实履，修之于家，行之于天下”；也要道教佛教信徒“忠孝为主”“倘得闻道，以了此心，尚冀归儒，以遵嗣续名教”（《林子全集·利集》八册《疏天文稿》）。

佛道二教固然也甚好，但其道实已都包括在儒家之中。因此他说：“孔子之所以教人者，尧舜禹汤文武之所以治天下也，最切于民之日用之常，而又不可一日无焉……此孔氏之教之大，无一而不在孔氏所容蓄之中”“释老精微之致，孔氏兼之矣”（《林子全集·利集》第七册《续稿答论三教》）。而若有与儒家不同之处，那就是异端了，故云：“学黄帝老子释迦者，始不知伦属之常，而入于邪，而偏于异端也。”（《林子三教正宗统论》元函，第一册《倡教大旨》）

也就是说，林兆恩是主张“三教归儒”的。他所说的心性，不是虚静心，也不是空性，而是仁心。炼心之法，则是三纲五常。在讲学之外，他也参与收尸、葬骨、放粮、救济等工作，已肇清代善堂之先声。

到了清代，三教归儒的民间宗教型态，也一样很多。这里以又名大学教、圣人教、大成教、泰州教、崆峒教的太谷教为例。

其教创自周太谷，“谷能炼气辟谷，通阴阳奇赅，符图罡咒，役息隐形……傍通佛老而自辟门户”（《安徽通志稿·周太谷传》）。传北宗张积中，迁山东肥城黄崖山，收徒传道，势力甚张，被官府以“邪教”名义剿灭，男女数百人殉教。南宗传李光炘，著名小说家刘鹗，即光炘弟子。

这一派，既是学派，又是教团，型态犹如林兆恩的三一教，也一样很称许佛道，谓“佛老明圣人之心”“儒佛之异，异其迹也”（张积中《松园讲学图序》）；也参用佛道术数，风角、鸟占之类，颇为通晓。故被视为邪教，遭到屠杀。但实质上，这个学派或教派是阳明学泰州一派的发展。

对于明清这些教派，正统儒者或讨厌它们的混杂佛道，或怀疑它们会合三教的目的只是要拉儒入佛，或根本不喜其宗教气味。故或摒弃弗道；或嗤之以鼻；或干脆攻乎异端，跟佛教道教一起指责它们是邪教；或附和政府，主张剿灭之。而那些研究民间宗教的人，则又常忽略了它们的儒家性格，只从佛道，或白莲、摩尼等宗教中去找渊源、说影响。

实则明清民间宗教中，白莲是白莲，摩尼是摩尼，道教是道教，佛教是佛教，虽都混糅三教或万教归一，但各有本色、各有宗趣，是不难析分的。如一炷香教、八卦教、清水教、黄天道、长生教是道教系统，大乘教是佛教系统，均与三一教、太谷教不同，故不能只由佛道摩尼白莲等宗教渊源去看。

而就是由佛由道发展来的教派，也仍在许多地方显示了它们与儒家的深厚关系。像八卦教，八卦名义即取自《易经》。乾嘉间八卦教的中天教教首刘廷献父子，就立“克己堂”“儒林堂”代表八卦教的中央宫，并刻印以掌教权。以八卦教的情况来说，它是讲丹道劫变的，可是在为中央宫掌教的教堂命名时，却仍以儒为主，岂不可以显示这些教派基本上是尊儒的吗？儒家崇功报德、克己归仁、经世济民、伦理礼教，也普遍为此类民间教派所崇奉。

至于三一教、太谷教或四川的刘门教这些，就更特别了。它们其实都是学派而兼宗教的性质，其学更以儒为主，故应可视为儒教的一种型态。

我在上文所举的碧霞宫、协天庙，亦属于此一类型。它们既是武庙系统，也是恩主公信仰。恩主公信仰，即是清代出现的一种民间宗教。这样的宗教，虽未必以弘扬儒学为其职志，但在它的宗教教化活动及伦理态度上，却体现着儒教的作用。

介绍这样的庙宇，我有许多用意：一是说明现代武庙的变迁发展，此为一般论岳庙关庙、论岳祀关祀者所不及知。

二是由武庙之发展，看出它与文庙与儒学的关系。历来佾舞即分文武，但很少人注意文庙与武庙在儒学及祀孔意义上的关联。研究儒学或孔庙的人，也不会注意到武庙。不知武庙在推展儒家教化上与文庙实有相辅相成的功能，武庙在中国社会上也可视为文庙的一个分支。

三是儒学在中国社会中发展，并不只靠学术性组织和国家政治教育体制。过去一直以为是如此的，故研究者眼光只集中在学者、学派、科举官僚系统、国家政策、国家祭典、教育体系上。殊不知儒家思想之所以能普遍浸润到民间具体的生活中，达到百姓日用而不自知的地步，并不只靠着这些。国家政治教育体制，固然在实现儒家思想时效力宏大；但广大平民，不参与政治又未入学受教的老百姓，其儒家教养由何而来？这些人及其生活世界，也是学者与学派触及不到的领域。因此，儒学在中国社会中之所以可以推广普及，成为人民生活的具体伦理与价值观，仰赖的，还另有一套社会性组织和一套宗教性组织。

社会性组织，是宗族和乡约。宋代以后，宗族的血缘性组织，经范仲淹、欧阳修、苏洵、程伊川等人倡议改造后，已成功地转化为儒学伦理的社会性组织。以宗祠、族谱、宗族规矩整饬族人，相约过着一种儒家式的生活。南宋吕大临、朱熹发展乡约，则由一族拓及一乡，形成乡社伦理共同体。这样的宗族与乡社，遍及中国社会，才能使儒家教化普遍且深入村社乡里。

宗教性组织，就是明清继而发展起来的儒教型态民间宗教。这些宗教，在宗教形式上都是模仿佛道教而来的，或者说，是有鉴于佛道教在社会上影响力深远，故亦利用此一形式来推展儒家之教化。一如宋明理学是有见于佛家道家之谈心性，故亦重新开发儒家内在资源，大谈性、理、心、天那般。其宗教组织、仪式、术法部分，颇有取于佛教道教，甚或借助某些地方祠拜或国家祀神，而遂与佛道教不同，也不特别严格说自己是什么教。但杂取各式宗教成分之后，这些宗教组织所欲传欲教示其信众的，却明显的是一套儒家式的伦理观人生观。

民国以来，社会结构因现代化而遽变，儒学的社会性组织逐渐瓦解。废科举、立学堂之后，儒学与国家政治教育体系的关系也切断了。学术性社群，奉行着新的思潮与教育养成制度，儒学事实上连学术性组织都少、小、贫弱无力，在整个学术社群中位居边缘位置。在这个时候，社会上仅存且仍活力畅旺的，其实就是这些儒学的宗教性组织。

可惜知识分子看不起或看不见这类组织，也不了解它们。对于明清之儒教团体，诋为“邪教”；对新的儒教倡议，如康有为等人的主张，则以儒家非宗教为说，斥其不经。以致儒学部分，固然生机日蹙，在现代化社会政经体制中步履蹇困；儒教部分，亦毫无进展，仅存的一些儒家宗教化的讨论，又只存在于孔庙的历史与典制考证中。这不可哀吗？本文略述台湾宜兰儒教寺庙二例，以与世参，心中实在是大有感触的。

宗教关怀与现代生活

一、现代化情境中的依附者

中国之现代化已历时百年。在让传统社会进行现代化转型之后，时间已被切割成两段：传统与现代。经过扬弃传统的过程，使得社会步入现代，则称为“现代化”。

这种现代化思维，现在几乎已成为整个华人世界的共识。在这种认识中，传统是负面的属性，代表应被扬弃或超越之物。传统若要予以保留，则须证明或显现它具有现代性，能与现代社会之体质、结构、价值标准相适应相结合，或能对现代社会产生积极的作用。

例如现代人说佛教是迷信、不科学，应该抛弃。佛教界便出版了一大堆书，说佛教如何如何科学。用些似通非通、一知半解之科学知识以及科学主义之态度，来维护佛教的尊严。

与佛教必须论证其科学性，才能获得它存活与现代社会的身份证一样，许多传统事物，例如道教、中医，也都得思考它与资本主义的结合情况。如不能证明它有助于或无害于资本主义社会之发展，它存活于现代社会的正当性以及其价值，便常会遭到鄙夷。

早期儒家学说的命运也是如此。

韦伯讨论资本主义的兴起，认为得力于基督新教伦理，而儒教、佛教、印度教或道教的伦理态度则无法达致此种效果。此说立刻被理解为儒家文化等等是现代化的障碍，儒家道教等等都无法开展出资本主义工业革命。

反之，这百年来“儒学与现代化”的讨论中，也有不少人企图为儒学仍能存续于现代化社会辩护，其说大体上可分为三种论式：

一是说儒学的基本精神并不违反现代社会的性质（如民主、科学、自由、工业化等等）与发展；儒学所强调的伦理道德实践，则仍是现代化社会中所需要的，现代人仍然要守道德、讲伦理、重心性。

但这种辩护太弱势了，儒学精神所被认为仍能作用于现代社会者，其实只是现代社会现代性的辅助或补充，最多只能成为现代化发展过程中的调节因素。

第二种论式，则企图说明儒学对现代社会之现代性，具有增进及强化的积极功能。但因整个历史观已转向传统与现代的断裂关系，故若说由传统儒学可以直接增进或增强现代民主科学工业资本化很难令人接受，乃转而说儒学可以曲折地开出现代。

也就是说，儒学不仅可作为社会现代化的调节原则，更可通过“良知的自我坎陷”之类办法，曲折地开出现代。而此种开出，因为儒学提供了实践理性的另一面，所以，其现代性会比只讲现代而忽略了超越的心性本源者更为健全。

第三种论式，态度最积极，认为儒学可以直接作用于现代社会，可有效增进强化其现代性。八十年代以后，“儒家思想有助于东亚经济成长”及“儒商”的讨论，即属于这类。

第一种论式，着重面在于儒学的伦理道德价值，盛行于三十至五十年代；第二种论式，着重者在于讨论儒学与民主科学之关系，形成于六七十年代；第三种论式，则侧重于经济发展，出现于八十年代以后，试图发展一种东亚资本主义的论述。都是有选择性地进行儒学现代性的辩护。

这种辩护，也可以说是现代性依附。儒学的价值，必须附丽在它具有现代性上，否则，儒学就会被认为没啥价值。

另外还有一种研究，可以余英时《中国近世宗教伦理与商人精神》为代表。余先生认为明清商人曾从中国儒道佛三教中吸收了一些质素来发展其伦理态度，其诚、俭、勤，均有近于基督新教伦理之处。固然此一时期之商人仍处在传统时代，尚未能开创资本主义现代社会，但类似入世苦行之伦理，发生于中国历史上宗教也正由“出世型”转向“入世型”之际，却值得玩味。

余先生说的入世型宗教，主要指禅宗和全真教。但依余先生所言，明清商人的精神与禅宗全真教之关系，其实仍然极为迂远。余先生是这样推论的:（1）禅宗与全真教，相较于早期佛教道教，都可说具有入世苦行的性质；宋代新儒家，相较于古代，亦然。（2）新儒家，正是受启发于禅宗，且更能入世的。（3）明清商人伦理与儒学有密切之关系。这样的推论，问题重重，且甚难直接说明禅宗与商人精神究竟有何关联。但它终究为一韦伯式的（Webeian）研究。也就是不直接针对韦伯的说法去论辩儒家是否可以开出资本主义、是否是发展资本主义的障碍，而以韦伯的论述方法去说儒家与商人伦理“相关”。这样的讨论，亦间接地刺激了或鼓舞了关于“儒商”的研究。后来徽商、晋商之研究，多有取乎此者。

二、批判现代化的佛教思潮

但儒学与现代化，特别是与资本主义社会关系的讨论，目前学界研究之成果，仅此而已。其总体方向是依附于现代性，以说明自己存在的价值与作用。而这种说明，在日本经济衰落，东亚又发生金融危机之后，事实上也已日益萧瑟，没什么进展。

儒学如是，佛道教大底也差不多。一部分尚无力响应时代之问题，仍保持前现代性格，以消灾、祈福、礼拜、扶乩、降神、感应、法会、改运、占问等传统宗教仪式为能事，内地的佛道教基本如此（有时还未必能做到）。一部分讲净化人心、劝善、唯心净土等，以道德伦理之讲求，济救现代社会，如台湾的法鼓山僧团。另一些，以社会工作为主，重在慈善救助等实践活动，如台湾的慈济功德会。还有一些，则以能推动现代化自居，如台湾的佛光山教团。基本上不脱前文所述几种依附型模式。

反观佛教在其他国家之发展，在面对现代化时，却颇有些不同于我们的地方。例如，英国学者苏马赫（E.F.Sohumacher）《美丽小世界》（*Small Is Beautiful*）的说法就很值得注意。

作者认为，现代西方所谓发达国家，其实充满了弊病：专业化、大型化生产，导致经济效率降低、环境污染、资源枯竭，人则成了机器的仆人。反省这些弊病，他乃提出“佛教经济学”来相对照。

就像现代人的生活方式有其现代经济学一样，佛教的生活方式也可以有佛教经济学。它们的不同，可以从六个角度加以描述：

（1）劳动观。现代经济学基本上视劳动为一灾难。雇主最希望的，是不用雇工即获得产量；雇工则希望不必工作即能获得收入。因此工厂用自动化或劳动分工，来减少劳工支出而增加生产。工人则把工资看成是牺牲舒适与闲暇的补偿。佛教徒与此相反，认为人格既在劳动中形成，不但人能在劳动中发展其才能，且能与他人合作而克服自私心理，劳动之生产更可提供生活所需之物品与劳务。

（2）商品观。佛教的劳动观，使其重视劳动对人性及才能发展之关系。现代经济学，则重视商品甚于人。为了增产商品，不但可能役使童工、女工，肆其剥削，亦将进行自动化及劳动分工，使工人从事零碎切割，且无益于知识、技术、人格成长之工作。

（3）利益观。现代经济学是商品利润观，获取之利润越大，表示经济越成功。佛教则关心解脱，得到舒适的生命、身心安恬，被认为是最大的福利。

（4）消费观。现代经济学，按每年之消费量来衡量生活水平，消费量越高，生活环境就表示越好。故所谓经济发展，就是通过最佳的生产方式来尽量扩大消费。佛教不然，认为我们应通过最少之消费方式，去获得最大的满足。

（5）生活观。佛教认为若能以较低的消费获得高度满足，生活就不会感受有压力；资源若能适度使用，也不会像大量依赖资源的人们那样容易敌视。换言之，简朴的生活，较能避免生存的竞争、冲突与暴力。

（6）资源观。现代经济学往往强调国际贸易，并以国家运输系统运输的每人每吨 / 公里数，作为经济发展的指标。佛教徒则认为用本地资源满足本地需求，是最经济的方式。依靠远方进口，或为输出给遥远的人而生产，并不经济。对自然资源的使用，佛教徒之观点也与现代经济学不同。

总之，依苏马赫看，当前所推行的现代化，对广大群众而言，结局甚为悲惨：农村经济崩溃、城乡失业趋势明显上升，城市中身心都得不到培育的最下层阶级人数扩大。因此，他选择了“现代发展”与“传统停滞”之间，被他称为“中道”的佛教经济学。对他而言，只有中道，才能获得正命（正确的生活方式）。

此所谓“中道”，其实正是一条超越现代的思考之路。佛教之能贡献与当今或未来社会者，或许不在于它能如何适应现代、在现代企业经营原则中占一席之地、可应用其理论于现代企管事业中、可调节现代人之身心压力以增进劳动生产、可改善企业内部之人际关系等，而在于它与现代企业经济原则的矛盾冲突之处。

苏马赫此说，颇得泰国素拉·司瓦拉差（sulaksivaksa）之欣赏，素拉写过一篇文章叫做《佛教与发展：小的就是美丽的吗》，认为这种自给自足的发展观，充分考虑了人的基本需要，是一种肯定了人与自然和谐关系的社会经济状态。

素拉说，现代社会中盛行的发展观，虽然有许多西方经济学家在倡导，但其动机是不善的，它煽动人的物质欲望，使人走上了与涅盘背道而驰的路。因为经济学家们看到的只是金钱和物质，而这两者都是助长贪欲（lobha）的；政客们眼中所见到的只是权力，而权力本身却助长瞋恚。贪欲和瞋恚加在一起，也就助长了愚痴（moha）。这些全是佛教要克服的三毒。

他认为现代社会中最理想的发展模式是在南印度和斯里兰卡过去几十年中出现的利益众生运动（the Sarvodaya Shramadana Movement）。[①] 这是一种以精神追求为目标，以自助方式来解决小区生活与劳动组织的佛教运动。发动农村群众参与这种有深厚佛教色彩的经济活动它的特点。所依据的原则，是佛教中常说到的“四摄法”，也就是布施、爱语、利行、同事。

所谓布施（dana），并非只是供养僧伽，更指与一切众生分享财物、时间、劳动与知识，也包括小区中所有成员都有共同的发展机会。所谓爱语，并不限于向人宣说佛教的教说，更包括以真正的博爱普遍与人分享，把符合真实的话语揭示给普通人。所谓利行，不是为了求功德而做的任何传统法事，更包括使人与人

---

① 载于他的 *A Buddhist Vision for Renewing Society*（Bangkok:Thai Watama Panich Co.,1981）.pp.52—78。

更加亲近的善事。同事，也不只意味着僧伽中的平等，还包括杜绝人对人的剥削与利用。

在泰国，过去二三十年间，有不少团体在实践素拉所说的这种“如法的社会主义”。例如宗教与社会联系会、泰国发展支持会、亚洲发展文化论坛等，素拉为其核心分子。其源头则是佛陀达莎（putthathatthikkhu）。

至于斯里兰卡的利益众生运动，目标是以精神增长来推动社会整体发展，因此，它谴责了殖民时代以来斯里兰卡岛上所形成的资本主义社会发展模式。“在一个以物质生产为中心的社会，我们失去了整体的人格观点，失去了人与自然相联系的和谐的可持续的关系……人们不再重视人格的发展，不再重视人与自然的、人与社会的价值平衡。”他们赞赏英国诗人布莱克（Blake）对于工业文明的谴责，惋惜“机器和机器一样的人”毁灭了传统文化和工艺。因此，他们反而很庆幸斯里兰卡的乡村没有完全工业化，它还保留以往的文化价值观。对于斯里兰卡的贫困破败，他们则归咎于外国的殖民主义统治和由此引进的经济制度、归咎于西方文化价值观的侵蚀。认为自己的利益众生运动不是要新建，而是要保存和恢复以往的乡村传统。

这种批判资本主义现代文明的态度，不只表现与南亚、东南亚。日本也有，如创价学会就是。创价学会宣称自己主张的是“人道的社会主义”和“佛教的民主”，它致力于将社会主义的平等、资本主义的自由，与佛教自身的人道结合起来，并在此基础上，强调社会成员的健康、教育、环保、救助贫困等。这些价值观，本质上与利益众生运动的目标是一致的。

看到这些主张和做法，大概不少人会立刻嗤之以鼻，认为这都只不过是保守的传统主义在作祟。

但不要忘记了，这与现代化刚起之际，保守分子顽固地排拒西方现代资本主义、工业文明生活方式已然有所不同了。东方的佛教国家，都经历了一定程度的工业化过程，思想上对于西方文明有了较深的了解，佛教内部的僧俗两众中，都产生了一些有识之士，能够清醒地审视西方文明。对西方的现代化、对基督宗教、对东方文化传统的不足，都进行了理性的批判。在此基础上也才能对西方文明的挑战，做出合乎情理的响应。

日本创价学会的活动、泰国素拉·司瓦拉差（Sulak Sivaraksa）代表的知识界，都是这种类型。他们都抨击西方现代工业社会中的商业主义、市侩精神、以消费为核心的生产观生活观；另一方面，他们肯定的不仅是佛教，还有基督教的伦理价值观。他们认为西方的宗教伦理精神对于社会人心的约束或激励都有重大意义，尤其是与宗教价值观相联系的人权观、生态观、环境保护意识等等，都是人类应付现实问题所不可或缺的。因此，新的传统主义，与世界上具反省精神、批判意识的自由主义，其实早已合流。这种新传统主义，遂很难仍用保守顽固等老标签去套。在批判现代性方面，与后现代思潮，大有合拍之势。

西班牙的雷蒙·潘尼卡（Raimon Panikkar）神父表现的，正是非佛教徒汲取佛教教义以批判现代文明的例子。他强调的，是佛教与印度教徒的“默观”态度。他认为默观可以向现代人的基本假设提出挑战，并对之造成威胁：

第一，可向传统的宗教性提出挑战。传统的（基督）宗教，常常太满足于将真正的生活价值拖延到另一世界，期待死后天堂。

第二，可对某种世俗主义的主要教条提出异议。这种世俗主义仅仅将第一精神的诸多理念转到时间中的“未来”，以为明天会更好，世界越来越进步。

第三，是一种实践，它直接批判现代泛经济社会的支柱性价值。

第四，可对现今技术世界中技术干预人生、干预世界，人却又依赖科技之现象，提出反省。

第五，是直接质疑流行的人类学观念，即在现代竞争社会中，人的实现必须战胜他人，以致于一个人的成就感是必须有别人做为失败者。

三、新伊斯兰主义的思路

在伊斯兰教方面，情况大概也是如此。

20 世纪 70 年代以来，新伊斯兰主义的侧重点，是加强伊斯兰国家在对外关系各个领域的广泛合作，其中尤以经济领域的互相合作更为显著。逐渐形成集团化、区域化的经济发展态势，希望建立如欧洲共同体那样的伊斯兰国家共同市场。它们主要是土耳其、伊朗、埃及、巴基斯坦等地区经济大国，及沙特阿拉伯等波斯湾富国。

伊斯兰经济，从思想渊源上看，包括三部分：(1)《古兰经》和《圣训》中关于社会经济问题的论述，及早年阿拉伯哈里发国家的社会经验；(2)传统伊斯兰教法中的原则、规定，以及古代学者著述；(3)当代伊斯兰学者对传统经济理论的解释和补充。其特色是强调宗教信仰、宗教道德规范，对现代经济活动的全面指导作用。强调具有相似文化传统的伊斯兰国家应当坚持独立自主道路，而不应采用西方的发展模式。

伊斯兰教经济理论对资本主义制度持否定态度，认为其活力来自私有制度，并鼓励自由竞争，减少国家对经济事务的行政干预，靠市场机制来促进经济增长，等等。而这些经济手段已引起一系列不良后果。一是为了追逐利润不择手段。根据《古兰经》，利息为万恶之源。因此他们认为利息是不劳而获的非法收入和剥削他人的手段。二是投机活动猖獗。认为股票交易、买空卖空等投机取巧行为有悖于伊斯兰教以诚实劳动、文明经商换取合法收入的正义原则，这些非法的经济活动应予以取缔。三是彩票活动盛行。认为它腐败人的灵魂。而资本主义恰好与以上各项都脱不了干系。

在具体制度方面，他们所关注的是：

（1）所有制问题。伊斯兰教是相信“两世兼善”的宗教，因此主张双重所有权观念，认为绝对的所有权仅属于真主，而实际的所有权则属于真主“代理人”的世人。分歧点在于代理人何所指，一种观点认为应是全民所有制，国家作为真主的“信托人”，对土地和资源拥有完全的所有权，私有财产只限于生活资料。（2）认为可承认一切劳动所得的合法收入，但人的能力有差异，强者有权占有更多的私有财产，包括土地、资源等生产数据。（3）认为国家、集体、个人同为真主的“信托人”，皆有相应的所有权，构成并行不悖的三种所有制形式。

其次是关于生产、消费、交换和社会分配问题。当代伊斯兰学者们赞同“适度生产”观念，认为生产的目的只在于满足个人、家庭和社会成员的实际物质需求，反对为追逐利润而盲目生产。同理，他们提倡“适度消费”。认为消费必须符合宗教道德，只能在发展生产的基础上实行消费，反对以高消费来刺激生产。也禁止奢侈腐化、挥霍无度，提倡勤俭节约。关于交换，由于古代伊斯兰国家商业发达，当代的伊斯兰学者们尤为重视传统的商业道德，包括信守诺言、公平买卖、正当权益，反对投机取巧、欺行霸市、放债取利、高利盘剥等不法行为。至于社会分配问题，他们则根据“在真主面前人人平等”的基本思想，主张均贫富、等贵贱，反对社会两极分化，强调均衡发展。

其三，重申传统的伊斯兰金融理论的意义。其基本理论框架包括：

（1）禁止“重利”。伊斯兰学者们根据《古兰经》“真主准许买卖而禁止重利”（2：275）的基本原则，认为经中的“利息禁令”只适用于“净利息”，而不适用于因通货膨胀而产生的“虚利息”（浮动利率），以免使银行遭受不应有的损失。

（2）借贷双方共担风险、共分利润。目前世界上通行的借贷关系是不公平的，它有利于贷方不利于借方。因为借方不论经营效果好坏，均需按期偿还本息；而贷方不担风险，永远有利可图。最公平的原则，应当是银行与客户结成合营伙伴关系，双方共担风险，按合同共分投资利润。

（3）反对视利息为货币价格。目前世界上流行的金融理论，是把货币看作一种可变通的特殊商品，而利率作为商品的价格机制，实际上是货币自身的市场价格。他们反对这种流行的观点，认为唯有劳动产生的有形产品才有使用价值、商品价值、市场价格，而货币资本并非商品，当然也没有价值和价格，更不能作为价格机制。他们也不赞成马克思主义视资本为劳动转化为剩余价值的观点，认为资本家有权取得适当的“报酬”，但报酬的取得与资本无涉，而是因为资本家参与投资经营和承担风险，这也属于《古兰经》里所肯定的“劳绩”（53：39）。

（4）以投资利润代替利息。在现代经济环境下，取消利息显然是行不通的。为解决这一难题，当代的伊斯兰经济学家们大多主张在道义、法理上谴责利息，在实际上采取一种替代办法，如在银行（商行）与客户之间建立一种投资伙伴关系，银行将客户的存款用于投资经营，以投资经营所得利润（利润被视为正当取利）来支付客户应得的利息。

其四，修订和补充伊斯兰税收制度。古代伊斯兰教的天课制度（则卡特 Zakat）既是宗教制度，又是国家财政制度，为国家财政收入的主要来源之一，也是调节贫富差别的主要手段。70 年代以来，对天课制度的修订和补充，涉及三个方面：

一是扩大天课的适用范围。传统上天课的适用范围狭窄，只限于有价商品、金银财物、农牧产品等税种。随着现代经济的发展，当代的伊斯兰学者们主张必须扩大天课的适用范围，股票、保险金、保险储蓄、有价债券、备用资金，以及租赁建筑物、租用交通工具、机构设备和其他资本货物等均须依法缴纳天课。

二是以浮动税率代替固定税率。天课属于固定税率的税项（商品与金银财务纳 2.5%，农产品纳 5%—10%），现在则是旧制不变，只对新征收的税项采取浮动税率。

三是由国家负责天课收入的分配。按照惯例，天课属于济贫税。称为“法定施舍”，其收益由国家统一分配。按照《古兰经》（9：60）的规定，天课收入的收益者包括八类人，即贫穷者、赤贫者、管理赈务者、心被团结者、无力赎身者、不能还债者、为主工作者和途中贫困者。部分伊斯兰学者认为，天课收入应由宗教慈善部门直接分发给受益者，以防国家行政部门从中苛扣、截留。另一些人则主张所有经费开支必须纳入国家财政预算，经财政部门审核批准。

四、现代之后的理论反思

在欧洲，基督宗教的传统中，对现代性之批判亦非新闻。举例来说，女性主义神学在批判其父权文化之际，往往也连带着反省现代性存在的价值。它们对女巫的重新探讨，便起于此一思想脉络中。

欧洲史上迫害女巫的运动，历时既久，规模又极大。在这个运动中惨遭杀害的女人，保守估计，约达六百万以上。里面有名的人也很多，圣女贞德仅是其中之一而已。

工业革命现代化以后，欧洲当然不再继续迫害女巫了。但女巫的形象并未因此获得平反。女巫依然披着黑衫，坐着破扫帚在黑夜里飞来飞去。每个读过或听过《格林童话》的小孩，都认得女巫那鹰钩鼻以及“嘿嘿嘿”的阴冷笑声。

近来有一种后现代理论，注意到这个现象，乃由此展开其现代性批判。其大意是说：

我们常以为现代社会的特征及重大成就，即是妇女解放；科学的现代性（scientific modernity）也维护了女性的尊严，使人逐步摆脱了过去的束缚与迷信。其实并非如此。恰好相反，科学精神逐渐变成新的世界观，对自然与妇女形成了更深刻更根本的宰制。

因为以资本和竞争为基础的现代文化，是以人与自然关系上的重大改变为前提的。人类以机械及强制的手段，滥采大自然的资源，改造自然规律，以控制自然。而这种态度，正与男性粗暴地掌控女性相同。

在中古时期，炼丹术盛行时，所奉行的是一种有机的世界观，认为一切都渗透着生命，自然本身即如女性一般，具有灵魂，能孕育生命。可是这种原始女性（protofenminist）形象，并不被教会认同，才导致迫害女巫运动。而培根以降之新科学观，不但在行为上与迫害女巫的行动有所关联，新科学对自然的方法，也与用审判和机械装置来折磨女巫相似。

新科学延续了女巫裁判中否定巫咒、弃绝迷信、打击非理性、反对有机世界观的所有内容。而且踵事增华，用更精密的理性控制、更复杂的机械去处理自然。自然乃如一位妇女，正无奈地受到强制力量，迫使她脱离基本身状态，供人蹂躏摆弄。

女人则放弃其传统职能及特有感性优势（例如美丽、生育、家庭生活、感性、直观、与子女亲密的关联等），转而依从或仿效男性的规则，在理性化行为、职场工作、科学技术等各方面去跟男人竞技较量，以为如此即是男女平权，即是女性解放。此殆如遭强暴了的女人，以为学习了强暴者，亦去强暴他人，便获得了平反一般。

针对这种错乱的状况，批判现代社会危机者，乃呼吁我们应重新重视女巫记号。

比女性主义神学声势更大的，是其他一些“现代之后”的思想流派。它们不少人都宣称现代社会业已死亡或濒死，目前世界正走向一个新社会。

这新社会的名号众多，从最为人所乐道的“后工业社会”，到所谓第三波、消费社会、传播社会、信息社会、电子社会、高科技社会等，不一而足。信奉这些理论的社会学家，在意识形态上有明显的倾向，他们都觉得有责任提出种种论据，证明当今的社会组织和构成已经不再依循传统资本主义的运作规律，例如不再以工业生产为其发展的主导推动力量；也不再以阶级斗争为统摄社会生活的总体方式；其文化状况、美感方式也均不同于资本主义工业社会。

对于这种文明断裂观，某些人并不赞成。如经济学家曼德尔（Ernest Mandel）的《晚期资本主义》一书，便将资本主义分成三个阶段，第一个阶段是市场资本主义，第二个阶段是帝国主义下的垄断式资本主义，最后才到现今我们所身处的第三个阶段。这个阶段，詹明信（Fredric Jameson）称为跨国资本主义时期。詹明信自己在对文化分期作阐述时所提出的三分法（现实主义——现代主义——后现代主义），也正是从曼德尔的三分模式中得到启示。认为现今这个社会，才算是资本主义最彻底的实现，是资本主义社会最彻底的形式。

但资本主义断裂或连续的争论，在思想史上的意义，在于它们都具有批判资本主义现代化的态度。例如詹明信描述的后现代社会，便与现代迥异：“纵使构成后现代主义的一切元素，跟昔日现代主义的基本特征是既相类同又相连续的，现代和后现代，依然要发挥两种截然不同的文化意义和社会作用。一、后现代文化给人一种缺乏深度的全新感觉，这种‘无深度感’不但能在当前的社会以形象（image）模拟体（simulacrum, 或译作“类象”）为主导的新文化形式中经验到，甚至可以在当代理论的论述本身里找到。二、故后现代给人一种愉悦浅薄微弱的历史感，一方面我们跟公众‘历史’之间的关系越来越少，而另一方面，我们个人对‘时间’的体验，也因历史感的消退而有所变化。三、而自从拉康（Lacan）以语言的结构来诠释弗洛伊德提出的潜意识之后，可以说，一种新的‘精神分裂’式的文化语言已经形成，并且在一些表现时间经验为主的艺术形式里，产生出新的语法结构及句型关系。四、后现代文化带给我们一种全新的情感状态。”

由马克思主义来看，此种跨国后现代文化状况，乃美国的经济等下层建筑力量在全球扩张的结果。而目前此一生产力与生产关系的改变，又导致了历史阶段的变动，世界由“现代”步入了“后现代”。

非马克思主义传统的学者，通常不采取这个思路，而是从资本主义社会的特质来做分析。这种分析，又可分为两种类型，一是探讨资本主义文化内部存在什么问题，一是直接质疑资本主义现代社会的“现代性”。

探讨资本主义文化内部困境者，可以丹尼尔·贝尔（Daniel Bell）《后工业社会的来临》、《资本主义的文化矛盾》为代表。他认为资本主义精神具有互相制约的两面：禁欲苦行主义（宗教冲动力）和贪婪攫取性（经济冲动力）。在资本主义初期，宗教冲动造就了资本家克己创业的品格，经济冲动力又养成其开拓疆界、征服自然的冒险精神。而艺术，则以其瑰丽大胆的想象和鲜明个性，张扬人的解放和对自我自由加以肯定。但因这两种力量毕竟是矛盾的，而且宗教冲动力因遭科技理性的打击和“世俗精神”的贬斥，而耗尽了能量，经济冲动力遂成为社会冒进的尺度本身。发展与变革即是一切。这个畸形的社会，因丧失了终极意义，而使人生变得没有目标和盲目空虚。其消费文化，不仅直接影响了人们的生活方式，而且使整个现代文化偏向享乐。“玩”和“性”成为这种享乐文化的最后疆界。

因此，贝尔觉得资本主义已经失去其传统的合法性。这一合法性原本建立在视工作为神圣事业的新教伦理上，并依赖从中滋生出来的一种道德化报偿体系。然而，如今文化已被左右资产阶级生活的现代主义原则所支配，中产阶级的生活方式已被享乐主义所支配，享乐主义又摧毁了作为社会道德基础的新教伦理。严肃艺术家所培养的一种模式（现代主义）、“文化大众”所表现的种种乏味形式的制度化，以及市场体系所促成的生活方式（享乐主义），这三者的相互影响，即构成了资本主义的文化矛盾；而这多种矛盾又进一步通过现代主义呈现出来。

相对于贝尔式的资本主义文化矛盾论，另有一批论者，则对现代社会的现代性内涵展开质疑。他们认为现代化社会从经济上说是起于工业革命，从思想上看，则本诸启蒙运动，启蒙运动所标榜的理性、自由与主体，成为现代化社会现代人内在的理则。但所谓理性等等，其本身正是值得怀疑的。

据哈贝马斯的观察，这个倾向，以“后尼采主义”最有建树。20世纪“后尼采主义”从两个方向进一步发展了后现代性。一是法国哲学家巴太勒（G.Bataille）、德勒兹和福科的“新尼采主义”。二是德希达等人的“解构主义”。德勒主要是发挥尼采重估一切价值的精神，反对一元论，对理性抱持怀疑。福科则通过对近代疯病史的研究，指出古典理性概念的疑难和匮乏，并通过对尼采的重新阐释，提出要用尼采的非理性主义，来中和西方文明史上占有主导地位的理性倾向，反理性、反主体。至于德希达，乃是面对整个西方形而上学的传统，批判其言语中心主义。企图消解中心、本源、整体、结构诸观念。是就主体性、总体性、同一性、本源性、语言深层结构性所进行的全面颠覆，而代之以非中心、非主体、非本质、非本源。

哈贝马斯自己并不赞成贝尔或尼采主义反现代的态度，主张继续发展现代性以完善现代，成为新现代。他认为主体性丧失、同一性消解、中心消失，终将导致“哲学的终结”，实不值得鼓励。而从社会发展来看，现代社会种种问题，并非理性、主体等所造成。恰恰相反，乃是主体性尚未充分发展、理性化尚未完成所致。启蒙的理想尚未实现，所以现在该做的，不是放弃理想，而是进行理性的重建，来拯救文明的危机（他认为此种危机主要是“合法性危机”，Legitimation Crisis）。

思路近于哈贝马斯的贝克（U.Beck），则提出了“风险社会论”，主张第二阶段的合理化（Rationalisierung zweiter Stufe）。谓工业社会并未完成现代化，因为它并未克服社会中的“前现代化封建残余”，故尚未体现自由民主等理念，使得整个现代化进程进入了“风险社会”，必须质疑批判科学的制度化功能，修改科学的原则和建制，才能从过去“朴素的现代化”走向“反省的现代化”。

但是，哈贝马斯与贝克之说，其实只表现了对于文明断裂的现象描述和解决方案不同于贝尔与尼采主义者，对于现代性危机，他们都是承认的。而且，现代与其所主张之再理性社会之间，也仍是断裂的关系，所以贝克曾说那是“两种现代化的冲突”。

五、宗教如何关怀现代生活

综合以上所述，则似乎可以说现代人生活中仍有且也需要宗教关怀；但不论是现代人需要的宗教关怀，或宗教对现代人生活的关切，则都涉及了一个方向问题，即宗教对于现代人之生活型态到底应采取什么态度？依附的，抑或批判的？

宗教对现代社会采依附的态度，就如我文章第一段所介绍的中国儒道释三教在近百年间采取的策略，基本上承认现代社会及其现代性，然后努力说明自己并不落伍，也具有那些现代性；在现代社会中，且可以与资本主义经济体制、科学工业技术活动等等做很好的结合，甚或可促进资本主义之发展，亦可用于企业经营管理之中。即或不然，也可以协助现代社会，做好辅翼及救济的工作，例如协助安顿现代人之身心，或办若干社工、社辅、社福、社会救援事业，以改善自己迷信、落伍、不科学、现代化绊脚石之形象，获得现代社会的认可与赞许。

采取这种策略的团体，也许目前还自我感觉良好，沾沾自喜。可是，这其实是个十分反常的现象，因为宗教在历史上向来是反对现世或批判现世的。

故我们应注意另一思路，因为对现代社会采取批判态度者，情况与我们完全相反。以本文所介绍的日本与东南亚佛教、伊斯兰教、欧美后现代相关思潮等等来看，这一路反而声势更大，亦更具原创性。总的趋势，是反对现代生活，希望重建一套生活伦理。

我称此为伦理转换与重建的思维。所谓伦理的转换，是指资本主义伦理在欧美已面临了被扬弃、替代或更新的命运；在欧美以外的世界，也无法再维持其霸权及正当性，遭到了其他伦理型态的挑战。

那些打着后现代、后工业旗号的理论，即是对资本主义伦理的否定者。例如资本主义的精神是价值的主体化（Subjektirierung der Werte），因此对宗教是排斥的，要打倒权威，不信仰超越的价值。贝尔即批判此种态度，提倡“新宗教”。认为现代科技的发达拓展了人类的生存空间、扩大了人的视界和自我意识、增强了人对自然的控制和利用，然而，根本问题亦接踵而至。现代人把生命与宇宙的奥秘和终极本源问题排除在其经验和意识世界之外，从而陷入自己的肉欲和私利之中。故在后工业社会中，社会面临的首要问题不再是自然和机器问题，而是人与人、人与自我的问题。唯有如此，人才不会沦为科技的奴隶，而是以科技为人的整体幸福服务，使人对生命中的本真意义怀有一种至深至纯之情。无论如何，只有以人类为中心开始对意识的探索，才能将我们带回到生存的根本问题中去。

我觉得今后华人宗教界对生活伦理的关怀，亦应表现于这个方向。而不是如过去那样，以依附现代生活为能事。讨论宗教关怀与现代生活的议题，更不能如过去那般，只在社工、社福之类领域中打转，而更应从整体方向上思考：在宗教精神及其教义之下，可以开展什么样的生活，以改善现代社会的困境。

中国符号学论纲

首届世界符号学大会，2010 年选择在中国举行，由南京师大承办，并因此同时举办了第十届全国语言与符号学研究会及首届中国符号学论坛。

明白人一看即知会议的真正意义在论坛。

1996 年，我在台湾办南华大学，邀李幼蒸先生来做研究员，当时就希望能在世界符号学大会中加入一个中国符号学的论坛或圆桌会议，可惜其事未果。只由我自己联系一批朋友，在台湾成立了“中国符号学学会”，尚未能参与符号学的全球对话。故如今经由李幼蒸先生等人之努力，终于能办成此次论坛，我心中之感自是甚于他人。

符号学，当然是西方现代发展起来的。但这门学问在中国有个老渊源，尚未被开发出来，以与西方对话，那就是“名学”。

讲到名学，大家很自然就会想到先秦诸子中的名家，最多加上墨家，谓为名墨之学。此学在近代，颇与逻辑、语言哲学相关涉，亦曾被某些人称为显学，怎么我却说名学之资源还没被开发呢?

因为名学并不仅指名家之学。犹如佛家之禅，不限于禅宗；其净土亦非净土宗才讲。又如道学并不仅指道家，各家均言道，道家特别专注于此，故独擅其名罢了。各家都论名，名家且以此为专门，但名家以外，诸家何尝不言之？过去只注目名墨这一小块，反而忽略了名学之整体格局，是以所见尚小。

所谓名学之整体格局，包括了名言、名物、名誉、名教各方面。

名言，指语言、文字、记号、标识等关于符号学本身之讨论。过去我在《中国符号学导论》中曾分言、象、数、字四个部分来介绍，于今思之，似还应加入“礼”。亦即车马、舆服、品器、礼仪等用来象征名分、名位，上以明贵贱，下以辨同异的那一堆符号。

名物，物本无名，因人“正名百物”而后才有了名。乃是以名对世界进行指涉，所以有名墨关心的指物与名实等问题。名家所谈，主要即是这一部分及一小部分名言问题。

但在这一部分，名墨所言，殊未穷尽，因为还有许多未及讨论的东西。如正名百物之物，就包括了鬼神。宗教中“呼名召鬼”，或用符箓役使天兵天将以及招魂仪式等均与此有关，理论上还大可驰骋。

名誉，指名声、名望、荣辱、价值、意义追求等等。名有善恶，言有诚伪。君子好荣名而耻恶谥，又担心不朽的问题。因疾没世而名不称，故要立言，要博取美名，要扬名声以显父母，要“一一垂丹青”。中国的史学、社会学，均不能忽略此一内在特点。

过去的研究者受外国“国民性”研究之影响，老是说中国人好面子，跟虚伪结合起来看。不知此非面子问题，乃名誉问题，而又跟欧洲中古时期骑士之荣誉观不同，应予深入比较。

且名与实，在这一层面上，也有符不符合之问题，所谓修辞立其诚、实至名归、名下无虚士，等等。中国的人物品评，或“名士”一类对人物之称谓，均属此一领域。

社会上重名声，政治、教化上自然也就重名教。故若将名誉部分视为名的伦理学、社会学，则此一部分就是名的政治学。

所谓名教，正是以名为教之意。孔子曾说“为政必先正名，名不正则言不顺，言不顺则事不成，而民无所措手足”。正名即名教之一端，夫子作《春秋》，而《春秋》以道名分，亦是关乎名教之事。

由名教谈正名，则散名虽可从诸夏之成俗，然而刑名、爵名、文名就须有规范。荀子说刑名从商、爵名从周、文名从礼经，即属此。为何须要规范呢？荀子说：“王者制名，名定而实辨，道行而志通。析辞擅作名以乱正名，使民疑惑，人多辨讼，则谓之大奸，其罪犹为符节度量之罪也。”也就是说，群言淆乱，天下便绝不可能太平，故须有个规范，犹如社会上需要度量衡那样。

这不仅儒家如此想、如此做，其他各家亦然，只是分流各不相同。儒家是化民成俗式的整齐风俗，折中群言，以合于圣人或圣王。法家则是要确定谁才是说话的人。说话者（出令者）必须是君，君出言而令随之；若不从令，则刑随之。道家又不然，欲以齐物等观定是非，和之以天倪，以消除语言之差异，是一种超越的观点。

总之，这部分主要是谈言之是非、言之宜不宜。以此形成之政治，实际上也是名言政治，进行一种符号性的统治，与西方之政治实有根本之不同。因此王朝更迭，新王朝要做的首先就是改正朔、易服色。

凡此名言、名物、名誉、名教，看起来已然极为丰富了，但其实仍只涉及“有名”的部分。若再考虑到“始制有名”前，还有一个无名的状态，则有名之外，尚有无名。

由无名到有名，乃是名的生发史、名的存有论。老子曰："无名，天地之始；有名，万物之母。"无，为天地之根，世界由无到有，故重无更甚于有，以无为道，要求人也应修持到"圣人无名，至人无功"的境界。在语言层面上，则强调无言、默。

道教又不同，设想由无到有的过程中有一个有的原型。因这个原型是一切文、一切言、一切名之原型，所以称为"真文"，乃万文之文，是一切有的开端。因有了这个真文，才能生发宇宙、成就万物，《灵宝无量度人经》将此一原理概括为："无文不生，无文不成，无文不立，无文不光，无文不明"，正是把文视为一切存有之源的。

过去，卢梭曾设想在起源与历史之间可能有一种与后来任何自然语言及人工语言都不一样的"语言"。符号与意义、能指与所指之间的链条，在此中均已无效，只与声音的旋律和音乐性相关，乃是一种表现性而非以精确符号指涉的语言。所以它是活的，不是封闭、固定意指的语言，不能被任何线性语言或命题捕捉或囿限；可是主体与自身、主体与他人、自然与文化、过去与未来之关系却在这沉默的符号上得以被重新理解（详见汪炜《活的语言或沉默的符号》）。

然而，这个设想，早在汉代，道教即已推出。但与卢梭从语言设想者不同，乃是文字，称为"真文"，为一切有为法之基础、成形文字之初文。与卢梭之构思，适成一有趣之对照。

这类对照、对比或对话，自然还可无限展开，我举此为说，略示大纲而止，自然也还疏阔不能尽意，但一点微薄的用心，似乎不难概见：

我国的符号学，基本上仍处于吸收消化阶段，裨贩西方学术信息者多，能在西方论述基础上再予拓展或应用已属难得。运用符号学方法或以符号学视野来处理我们本国事物、材料，遂成为可喜之方向。然而，我意仍不止于此，还想如西方人发展其符号学那样，把中国名学体系或传统揭扬出来，以与西方做些对观。1991 年出版《文化符号学》以来，一直朝此努力，但精力所限，涉及者少，只谈了一部分名言问题而已（事实上国内符号学者主要也只在言名方面用功），名物、名教、名声，乃至无名方面，尚未遑致力，故特举此论纲，以待方来。

客家研究的省思

近日研究民族文化，“一元论”不仅阴魂不散，甚且推陈出新，造了许多新奇可怪之说。其中有继续阐发中国人种及文化都来自巴比伦等地的，如苏三；有说全世界人种及文化都源于云南彝族的，如楚雄彝族文化研究所的15册丛书，等等。

前者不值得一驳，后者我从前写过《晕眩的黑老虎：彝族文化的困境》，收入1997年幼狮出版社《龚鹏程纵横谈》。近见云南出版社所出扶永发《神州的发现:〈山海经〉地理考》，实在感慨系之，不知为什么还有那么多人不死心，非要证明文化一元不可。该书说《山海经》所记就是云南丽江等地，黄帝、炎帝、夸父、蚩尤等古帝王古传说人物皆云南人，云南人在商汤时开始走向世界，因此不但羌藏商周都是云南人之裔孙，日本人朝鲜人的祖先也是云南人。我们常笑近年韩国人把什么都抢去当成了他们的发明，可是看看这类所谓的研究，又比人家高明到哪儿去呢?

文化一元论本身甚是可笑，但其发展起来却很可怕，脑中一旦有此想法，便如计算机遭了病毒，是要错乱发癫的。我过两天要去马来西亚，行程之一是开一个客家研讨会。而客家研究就是个曾遭了毒手的领域。在大汉族沙文主义的浪潮下，客家民族曾被解释为是汉民族多次南迁而形成的。近年在台湾的客家则更被

“本土化”所污染，论说愈多，愈不见其本相。我甚伤之，因撰一文，以说明民族文化的研究到底该怎么做。

一

在客家语言研究方面，许多人强调客语乃是宋朝的语言，甚或“继续存在着宋朝末期的中原语言（北京音）”[①]。

可是这些论述大概都不能成立。因为论者大多对汉语音韵学不甚了了，只以“心理预期框架”去硬套，胡搅蛮缠，东拉西扯，内中实在存有太多问题。

客家研究者中，罗香林是懂音韵学的，故其论点较为谨慎，也少瑕疵。据其研究，客语有三十七个韵部，其中入声韵可以阴阳同入。但罗氏认为阳声韵读入后已失去阳声音尾，所以把它们全部归入阴声韵。声组，罗氏谓有二十六。若清浊并计则有三十六，与守温三十六字母相同。唯其中影、喻、非、日四母，守温字母有而客语无；g、k、e 三组，客语有而守温无。声调，北京音分阴平、阳平、上、去。客语平入均可分阴阳，上去则阴阳不分，有时读阳、有时读阴。这是客语的结构。

在客语的历史方面，他认为客语与古汉语相似者，为歌戈麻同部、庚耕与清音同部、东冬钟江同部、鱼虞横同部、入声配阴声韵、轻唇合于重唇等。与汉代语音相比，罗氏坦言缺乏研究，不妄加比较。与魏晋南北朝比较，则他认为关系甚浅。跟隋唐五代相比，声组分合亦颇不相同。和宋代相较，罗氏也说不了解，还不能比较。与元明清相比，特别是与周德清《中原音韵》比，罗氏却列了七点不同。

① 高宗熹编《客家人：东方的犹太人》，武陵出版社，1992，第 110 页。

这是中规中矩的音韵学研究，可是其后的客语研究却大多不是如此的。

例如陈运栋的名著《客家人》(1978)，在语言部分可谓一团混乱。它首先说客语有四特征：一、与北方语言无大差异，“许多字音和标准国语完全相同”，“四县方言声调和标准国语更为接近”；二、客语词汇多古代雅言；三、客语既保存古代北方语，又与南方不同，所以比被五胡辽金元混了的北方语更好，兼南北之长，又纠正了二者之缺点。这三项特征根本互相矛盾。至于第四项，他说客语没有“暧昧之音”及儿化韵，所以比较好听云云，亦毫无客观意义。每个语族都会说自己的话好听，而元音中为何ㄜ就是暧昧元音？说国语中的ㄜ韵“每发音不能完全一致，就算是同一个人的发音，也没办法绝对标准”，又真是如此吗[①]？

陈先生这些论点，采自《苗栗县志》卷二《人文志语言篇》，及《中原文化丛书》中的《客家语言研究》。可见这些错误并不只发生在陈先生一人身上。

陈先生接着讨论客家客系，强调：“客家人的祖先，都是从中原来的。客家社会仍然保持着中华民族真正的传统文化，拥有最远古的语言。”所以保留了《诗经》、《楚辞》的音韵，而且《诗经》用韵与客语一样有平上去入之分，又有阴入阳入。

但其实平上去入的阳入阴入是指声调，韵的阴入同入是另一回事。而《诗经》时代若已有如此明确的声调之分，六朝时沈约

---

① 客语中无现今国语ㄜ韵的原因，不是高憙、陈运栋、高木桂兰等人所说的那样，而是这种后展唇韵母本来就出现得晚，不但古音与中古音没有，康熙以前的韵书中也不见，其来源非常多元，中古十六摄之中，约有一半可以找到它的源头。详见竺家宁《清代语料中的ㄜ韵母》，收入《近代音论集》，台湾学生书局，1994。

等才开始强调声调岂非神经病？足见这样的讲法根本就弄混了。

继而陈先生还把客家音系之成立定在宋代。然其依据乃是元代周德清所编的《中原音韵》，说其声母同是21种，“而且发音方法也几乎完全一致”。韵母部分，他亦举了一些证据，如说《广韵》中东冬钟韵在五代时就已合并，如李后主词中“龙”“风”“中”叶韵，适与客语及《中原言韵》符合等，用来证明现在客语韵母系统成立于宋代，《中原言韵》与明代《洪武正韵》都与之相符。

这是什么论证方式呢？怎能以元代、明代的韵书来证明宋代音，而放弃了宋金韵书如《广韵》、《平水韵略》？东冬钟江在先秦是同部的。齐梁以后，东独用，冬钟同用，江亦独用。隋唐以后钟、冬、东皆分，所以宋编《广韵》亦分之，怎么反而说五代已合呢？李后主词中龙、风、中叶韵，乃是通押的问题，不足以说明当时韵部之分合。何况客语之特点，不在东冬钟合部。而东冬钟江在先秦却是同部的，东冬钟江收音相同。所以与客语相似的，是先秦的语言现象，怎能反而用这一点来证明它成于宋代？

硬要把客家话跟《中原音韵》搭钩，甚至几乎画上等号，其实是贪图它“中原”二字。但为了硬扣这层关系，论述就自然会变得颠三倒四。罗香林早已明言客语和《中原音韵》有七大不同，例如周书无入声，客语有；周书真文一部，客语分之；周书支思一部，客语无此韵；周书与客语均庚青合部，但二者收音不同，客语庚青收音反而与周书的江阳相同，还有灰部等客语有而周书无之韵。陈运栋完全漠视这些明显的差异，甚且用元代音来证明宋代音，不是大笑话吗①？

对于《中原音韵》最明显的特征：入声韵消失，并入其他声

---

① 罗肇锦《客语异读音的来源》一文也提到不少客语中存在着《中原音韵》之后的语音现象。收入《声韵论丛》二辑，学生书局，1994。

调，陈运栋解释说是因入声短促，不便于唱，所以为配合填词作曲而常将之改读平声。这也是完全错的：

（1）词中完全保留了入声，入声也不会不便于唱，宋人论词，不但要辨四声，还要分清浊。说会为了应词调之需而将入声并入平上去，可说是天方夜谭。

（2）韵书有记录一时语音者，也有显示“南北通塞，古今是非”者，周书属于前者，《切韵》《洪武正韵》属于后者[①]。陈运栋竟因《洪武正韵》仍收入声韵，而推论说元明口语中仍分四声。继而说其入声系统与客语完全吻合，以证客语为宋音。不知元明以后，入声非消失于诗词韵律中，正是消失于口语中，所以现今除闽粤方言及客语尚能见入声外，大部分方言均已无之。作诗填词的人则仍用诗韵词韵。陈氏恰好把事情说反了。

（3）《中原音韵》乃北方宋以后音，证据不只入派三声这一点，罗氏所举各项它与客语不同处，几乎也就是今日国语与客语的不同处。今天的国语，系由北方官话发展而来，《中原音韵》之语言，就是其源头。

陈运栋的说法，主要根据是黄基正的《客家语言研究》。但因其书影响深远，现已几乎成为客家族群的共识。日本静冈大学高木接藏《客家》（关屋牧译并发，1991 年）、曾逸昌《客家概论》（自版，2003 年）等专著均采此说法，径谓客语为宋代遗留下来的语言。若究其实，则这类讲法说只是用来“证明”客家人是在宋代形成的新兴民系罢了，在语言学上是站不住的。

① 《中原音韵》与《广韵》等书不同，反映当时实际语音，详见陈新雄《新编中原音韵概要》第一章，学海书局，2001。

二

王东《客家学导论》则依据南北方言分离状况，及客家语最早只能见于明代嘉靖年间编修的方志等情况，认是客家方言产生于明代中叶。也因为如此，所以客家民系也形成于元初至明代中后期（第六章，南天书局，1998 年）。

这样的讲法，显然与前述“客语乃中原古音（至迟亦为古宋语）”不同。这表明了客语的性质和形成之年代，其实仍多争议，尚难遽尔论定。语言如此，所谓族属、所谓民系亦然。

在罗香林以前，论客家之族属，或曰是犵人，或谓乃古越族之后。但此类说法均不获客家人自己之认同。因此，光绪末，客家源流研究会、客族源流调查会之出现，就是为了要另觅源流。待民国十三年香港崇正公会成立，客家源流几乎确定只能是中原正统汉人南迁而来。罗香林的研究，其实就是要系统化地表达这个观点。只不过“前此谓客家为纯粹汉族的人，大体皆仅于原则上证明了客家为汉族的分支，至于客家迁移运动的实况则多半仅有笼统的陈述”（《客家研究导论》第一章），故罗氏于南迁之状论述较详而已。

罗氏的看法，是先由中原迁至安徽江西；次迁至江西东南、福建西南、广东东北边界；再迁至广东部北部，而形成客家民系。其后陈运栋补了一次：明清之际，迁至海外、散至四川广西。于是这就成为最权威、最受采据的“定论”了。

此一论述底下也有些小争论。例如罗先生把客家民系形成期定在唐末至明中叶，且主要在南宋至明中叶，时代较广府系、越海系、湘赣系、闽海系之形成于五代者都晚。所以就有人批评其为“迟来说”，主张闽、广、客各系汉族南迁是个一体的行动，故无谁先谁后的问题[①]。

而另一些人，则认为不是不分先后，而是客家最早。客家不但应最早，且还要是血统最纯最好。于是便有“士族说”，谓客家是西晋士族在永嘉南渡后形成的，所以有“强烈的政治意识和傲视土著的优越感”，“出身高贵，书香世家、或诗书传家的文化教养而产生的优越感”[②]。

还有些人则批评罗先生之说是单一源头与单一迁移路向的，忽略了南来的历时性和分布地域的多元性，故主张“客家先民构成多元论”[③]。

此外，也有人论证客家人应该更早就南下了，秦始皇派谪徒五十万戍五岭就是第一批[④]。

但这些次级论述，都是在“崇正”那个框架下做的补苴工作，它们彼此固然很多歧异，可是总体上是为了强化崇正论的。只不过，透过它们的拾遗补缺，反而让我们看到了崇正论实际上亦难以成立。“中原正统汉人南迁，形成客家民系”云云，迄今到底是指中原哪些正统族群南迁都不知道，是秦的谪徒、晋的士族、还是唐末的难民，还是……？是某一批人不断向南走，还是不同时代不同人？若是不同时代不同人，在闽赣广三角域混杂而

---

① 见林嘉书《对客家迟来说的再研究》，收入香港中文大学《国际客家学研讨会论文集》，1992。他的主论点是南方汉族各系先同往南移民，非不同时不同路，但隐含论点，仍是想说客家人来得比闽海系和广府系早。

② 见张卫东、刘丽以《论客家研究的几个基本问题》，收入《南洋客家属总会六十周年纪念特刊》。其不能成立，详王东《客家学导论》第三章第二节。

③ 王东书，第四章第一节。但王东对罗香林的批评，实为误解，罗香林本来就是说汉人多次南下，迁布至多处，故本未忽略其历时性与多元性。

④ 范锜的主张见李逢蕊《客家文化论丛》，“中华文化复兴运动委员会”出版，1994。

后才成为客家，则正统云乎哉？若只是一批人，这批人北方之源头又在哪里？

南迁？所谓客家乃中原汉族几次南迁而成之说，那个南迁史，其实只是套用整个北方人民南下史而说，根本没有特殊性。是汉民族的南迁史，不是客家人南迁史。在中国南方，任何一个自认为是汉族的人或民系都是这样迁来的。

因此在过去花了最多时间去考证的迁移史，实际上毫无价值。既无法说明在几次汉民族南迁过程中，闽海系、广府系、湘赣系与客家系不同的所在；也无法确定南迁的规模；更不能解释这样的南迁史与客系语言、文化有什么内在关联。

再者，这样的南迁史，也与音系研究不乏龃龉。例如客语与古汉语有不少相合之处，可是论客家民系形成者，主流意见却是晋代说、宋代说、明代说。客语与南北朝语音其实颇有不同，如东冬钟江在齐梁以后分化，客语就未分。唐代照、穿、床、审、见、溪、群、疑所析出“各”母，客家均并于“他”母，不独立。元《中原音韵》跟客语之不同，亦如前述。这些语音现象，如何与南迁史结合起来说，至今仍乏研究。

在闽南语研究中，张光宇《闽方言音韵层次的时代与地域》就曾区分闽方言为四层，一是古中原音韵层，二是古江东层，三是文读层，四是客赣方言层[①]。闽方言之所以分这么多层，即是因南迁移民之故。客家民系如果是几次南迁，其语言必然也应含有古汉语层、古淮颍赣闽之语言层、少数民族土著语言层，以及文读层。可是如今说客家民系南迁者，只是讲几次南迁而已；论客家音系者，只是平面介绍客语之声母韵部声调等系统结构，借此证明它与汉语深具关系而已，甚少语言的历时动态分析，故亦无法辅助说明其南迁史。

① 手稿本，1988，第19—20页。

此外，我之所以要提到客语中应有不少土著民族的语言，是为了引出另一个问题：崇正论的基本目的，就是要反驳客家人非汉族之说，因此其源流研究，便旨在论证客家人即是汉人，而且是中原正统汉人。然而，许多研究仍不断质疑这种正统论。

房学嘉《客家源流探奥》一书，即主张今日客家共同体，是南迁中原汉人与闽粤赣三角地区的古越族混化而成。其主体是生活在那儿的土著，而非少数流落于这一区的中原汉人。客家语也是汉语与越族语言结合而成。江贵运《客家与台湾》则依 DNA 检测，推断客家人是黄海两岸东夷族南迁而成，与蒙古种通古斯支脉同族[①]。陈支平《客家人由非客家分支而来之举证》，另认为有大量史料证明了是非客家人迁入闽粤赣、山区后才成为了客家人，而非罗香林所以为的是中原正统汉之后裔。李默《论客家形成及民族融合》，又强调客家民系的形成过程就是融合土著的过程。所融合者，包括畲人、瑶人、僚人、蜑蜑人等[②]。这些研究，都指明了客家人是中原正统汉人流裔的讲法，在学界其实仍未定于一尊，仍有许多可商榷的余地。

道理非常简单：一、说客家人是南迁的汉族，证据在哪儿？只是历史的想象，和语言文化上与汉语和汉文化的类同性。但语言与文化之类同，固然可用来论证客家乃南迁之汉族，同样也可以说是土著少数民族汉化之征，在证据力上完全是一样的。二、就算是汉人，南迁的汉人，不可能不与当地土著通婚，也不可能不与土著来往。汉族万里跋涉而至，人数上居绝对劣势，凭什么相信在血统、语言、文化上可以长期保持绝对强势，永保正统？

也就是说，土著民族汉化，或汉民族与少数民族混化后形成客家人，实乃大有可能之事。詹伯慧《现代汉语方言》也认

① 见江贵运著、徐汉斌译《客家与台湾》，常民文化出版，1996。

② 详刘正刚《闽粤客家人在四川》第一章，广西教育出版社，1997。

为客家人与畲族长期混居，客语与畲语有相互影响之处。前举张光宇之文则认为影响闽方言的所谓客赣方言层，其实就是畲族汉化后说客语的畲人，于14世纪迁至闽东浙西浙南，使用客语去说闽南语所形成的部分。而事实上，确实也有许多畲族是说客语的。这到底是畲族汉化，故讲客语；抑或客语本来就是汉畲语混化后所构成；而在混化中，又到底是汉族居主体还是畲族等土著居主体？这些都有待研究，不能先入为主，先有结论后找证据去说。

三

在我看来，客家研究的许多方面（不止上文谈到的音系民系问题），都如上文所述，乃是尚未学术化的领域。大部分所谓研究，都经不起推敲。

近年，这个问题不仅没有改善，而且变本加厉。台湾目前客家研究书籍、文章、学位论文，是全球华人区域中最丰富的，但问题也最严重。

据知，至1998年，台湾已有客家研究5614份。但集中于1988年以后。1946至1960年仅占0.8%，1961至1970占6.5%，1971至1980占14.4%，1981至1987占17.8%，1988至1998则占总数60.9%。若仅以书计，最后那十年占了75.7%，是以往40年总和之三倍。而且成长迅猛，1991年起每年至少有50本以上客家研究书籍问世；1994年以后，每年达到100本以上；1997年超过200本[①]。民进党上台以来，设立客家委员会，设置客家

① 详王甫昌《当代台湾社会的族群想象》第六章第三节，群学出版社，2003。

电视台，推动客家研究，举办各式研讨会，情况更与当年不可同日而语，相关研究文献直如雨后春笋般，简直无法估算。

可是，繁荣之中，问题不难发现。首先是学术论文只有 382 篇，学位论文只有 88 篇，通俗文章则在 1199 篇以上。其次是大量集中于 1988 年以后。1988 年客家人举行“还我母语”大游行，发展客家文化运动，所以其后客家研究文献激增。而亦因是文化运动，所以大部分论著都是为这运动而孳生，或由运动所制造，其学术性少而宣传性通俗性高，自然也就不难理解。待这一运动逐渐政治化之后，情况就更麻烦。

我母亲是台湾苗栗客家，自幼外婆带着我，因此客语是我真正的母语，客家庄也是我熟悉的空间。有此渊源，在客家文化蔚为热潮时，我自然便想为客家研究做点事。因此在创办佛光大学时，立刻便与“中研院”合作，举办了客家研讨会，其后又接受委托，与客家委员会合办研讨会。

与“中研院”合作时，没什么问题。跟客委会就不然。它是民进党（被指为具有福佬沙文主义者）上台后，基于许多原因（拉拢客家选票、平衡闽客情绪、突显国民党不重视客家文化……）而设之官方机构，对于客家研究有特定之取向。所以一开会，该委员会就来向我抱怨，说谢剑教授之发言“不妥”，以后不可以再邀请他等等。

由这样的故事，就可知道在运动要求及政治操作中，要进行客家研究，实有其难处。台湾的客家文化运动，与清末客家人追求汉民族汉文化认同，性质迥异，因此并不太坚持“崇正论”；对于上述客家民系之血统、源流、南迁诸问题，亦不感兴趣。主要是谈在台湾的客家人，说其历史、分布、语言、风俗、文化特征、族群性等。对于内地的客家人，除了在论述祖籍、姓氏来历时稍微提一下以外，大抵不甚讨论；对于海外，也缺乏“世界客属”的眼光，并不关心。

换言之，崇正论这种清末民初形成的客家论述典范，在 80 年代后的台湾，业已逐渐瓦解。在台湾整个本土化浪潮中，客家人也已不再强调他们是汉民族，或是汉民族中最优秀的一支。情形犹如闽南人虽也深知其祖先来自漳州、泉州，说的是河洛话，但“河洛”两字也被隐蔽起来，多半只说是福佬、鹤佬。祖源也不再上溯于中原，只说福建。就是福建，也只一笔带过，只谈在台开基祖以降之事迹。

举例言之，1993 年出版的杨国鑫《台湾客家》就已对崇正论最着力的族属是否为汉族、民系如何形成、如何南迁、客语与古汉语之关系等不着一字了（唐山出版社）。2003 年曾逸昌的《客家概论：蜕变中的客家人》，煌煌 649 页，谈源流处亦不超过 10 页。而且书一翻开，就是台湾地区领导人吕秀莲的题词：“不是过客，是台湾的主人。”接着则是客家委员会主委叶菊兰的序，呼吁客家人要：“以在地的观点，跳出传统客家‘中原正统’的窄化迷思，代之以‘台湾的客家’‘客家的台湾’为思考基础。”这与崇正论的区别不只明显，崇正论更是他们亟欲打倒的典范哩！

这个新的“台客论”，企图在几个方面逆转崇正论。一是上面提到的，不再说中原，不再思源，不再强调是汉人汉文化。二是也不说流。客家人流布四方，客居天涯，而台客论对各个支流分衍都没兴趣，只关心台湾的客家。三、所谓“台湾客家”也正是一种去源流化的族群想象物。去源，是指去除或淡化它与中国正统文化的关系。去流，则是说台湾客家人本来也是在不同时段，不同地区迁入台湾，并流布于台湾北部桃竹苗、南部高屏六堆美浓、花东海岸平原等地的。

但“台湾客家”，在 1993 年被叶菊兰提出，作为与外省、闽南、原住民相对而说的四大族群之一时，各地客家流衍之异，就被统一化，形成了一个整体的台湾客家族群。一如“外省人”，其实新疆、山东、河南、福建、广东、黑龙江、海南岛，什么地方都有，原住民也有十几个族，但都在“族群”的帽子下被框到一起，成为“一个”族群。台湾原先北部南部东部客家之间并无联系；地区内部，又因祭祀圈或客语腔调之不同，可再区分成许多甚少联系的小区域，却也在台湾客家族群认同的政治社会动员中，被整合起来。

整合起的台客，都来自一个地方：粤东嘉应、惠州、潮州。都拜一个乡土神：三山国王。都说一种“客家话”，也都有共同的客家文化。

然而，福建汀州人也是客家，台湾且还有许多“外省人”是客家人，怎能把台客算成一个族群，以与闽南、外省、原住民分开？三山国王主要是潮州揭阳的信仰，而且究竟三山所指为何、所拜之神为谁，都仍有争论。又岂能是整个台客的保护神？

何况，在台湾，三山国王信仰与客家人村落分布并不相应。明显的证例是：全省三山国王庙最多的地方在宜兰，有三十四座。文山乡十二座、员山乡九座，几乎一村一座。但整个宜兰却是著名的漳州人开辟地。另外云林十座、嘉义九座，分布于斗六、斗南、西螺、土库、大埤、二仑、北港等处，亦均不以客家移民著称。像北港有两座、新港有四座、太保三座，其地均以泉州人为主。相反的，许多有名的客家区，如屏东汉州乡，乃是客家人开发的，可是一座三山国王庙也无。桃园县也是客家聚居之处，同样一座也没有。另一客家大县苗栗也只有四座，远低于台中、彰化、云林、高雄等非客家人聚居县。至于台中清水白河等地三山国王庙，则拜的不是中山明山独山国王，而是刘关张（全省有七座这样的庙）[1]。

---

① 见杨国鑫《台湾的三山国王庙初探》，第75页。但杨氏竟以其地有三山国王庙而认为是该地曾经有客家人居住的证据，不思为何明显之客家庄反而无三山国庙，此非茅塞其心乎？

语言方面，屏东、苗栗以四县客家话为主；桃园、新竹以海陆客话为主；花莲与桃园部分，是四县和海陆混用；桃园大溪，台南楠西用饶平客话；台东用绍安客话；桃园中坜、新竹芎林用永定客语；苗栗卓兰、台中东势石冈，用长乐客话。台湾以外地区之客语，其实还有若干种，如梅县客话，跟四川客话便不相同[①]。

但如今客语内部的异质区分及研究调查越来越不受重视，反而出现一大批客语教材，把客语像国语英语这样教。因为现今台湾中小学语文课，原本要教国语文的时段，必须腾出一部分来教“乡土语言”，教师可以选择教闽南语或客语。因此闽南语与客语都摆脱了它们的内部差异（例如闽南语也有漳泉之殊），发展出一种新的闽南语、客家话，大概等于闽南语或客家话中的普通话，以便于教学和考试，并亦以此形塑所有客家人都讲一种语言的形象。

在客家文化或精神方面。在罗香林的时代，强调的是中原正统文化的保存、勤劳、节俭、冒险进取，妇女地位等。到了“台客论”时代，这些都已渐渐不谈了，代之而起的是“义民精神”。曾逸昌那本书前面，“省主席”范光群的序就明言台客要“由寄生而生根，不计牺牲，用‘义民精神’认同自己血汗所灌溉的新故乡”。

这“义民精神”，对其他地区的客家人来说，大概是不太听得懂或不那么重要的东西，因为它是台湾特有的。

康熙六十年朱一贵起事，下淡水客家民兵重挫朱氏主力，清廷得以“平乱”，故乱定后清廷旌其匾曰怀忠，建亭曰忠义，客家民众也被称为义兵。待乾隆五十一年林爽文之变，历史重

① 见曾逸昌书，第三章第一节。陈运栋《台湾的客家人》，台员出版社，1989，第40页。

演，朝廷亦褒旌义之。战死者，则被供奉，奉祭义民庙。这种庙，本属有应公信仰之一类，收祀兵祸孤魂，是阴神崇祀之性质。但此一信仰在20世纪80年代后期开始逐渐产生变化。客家人以其为台湾客家保乡卫土、不惧强权之象征，扩大祀祭："从今年（1987）献祭祀大礼之后，义民爷是正神阳神，不再是阴神了"（《客家风云杂志》创刊号）[①]。1988年底，新竹义民庙举行创建200周年庆典，全台25个义民庙主神义民爷齐集材寮。这些本来几乎没有互动、只对本地区有意义的义民庙，乃因此串连整合起来，变成所有客家人共同的精神信仰对象。

"义民"在清朝时，其实漳、泉、客都有。如乾隆颁"旌义"给泉州庄义民、给粤东庄义民"褒忠"、给漳州庄义民"思义"、给熟番社平埔族义民"效义"等，并非客家之专利。且其事涉及对清朝统治者与起事反抗者孰才正义的判断，争论很大，从连雅堂《台湾通史》以来，即有"义民"是否为"不义之民"的争议，足见其复杂之一斑。可是在客家文化运动及政治操作中，它却以"义民爷"的方式，成为台客新的族群凝聚核心，莫怪乎学者杨长镇要称此为"民族工程学中的客家论述"了。

经此运动之后，台客之民族性质及精神内涵，其实亦已转化。客家的客，只剩下一个标签。从文化符号学的角度看，已成为另一种文化符号。反客为主！客人名之为客，符号的意涵却已逆转，异化为相反的意思：用吕秀莲的话说，就是要成为土地的主人。台湾客家公共事务协会所编《台湾客家人新论》中彭瑞金《当客家不再客家：当代客家运动的反省》一文，也清楚地点明了这个运动的性质或方向。

---

① 另详刘还月《自傲的血统、自卑的民族：台湾客家族群与信仰的弱小情结》，收入台湾客家公共事务协会编《台湾客家人新论》，1993。

四

崇正论的核心价值与观念内涵，是血统。台客论，则是土地。血统的执着或土地的迷思，便是以往在讨论客家人问题时，长期无法正常化的关键。

崇正论强调自己是汉族之一支，而且可能是最优秀的一支，出身高贵，有其时代背景。但若平心静气想想，这不是种族主义吗？鄙视其他民族，甚且也瞧不起汉族中其他民系，心态妥当吗？对于历史上魏晋南北朝闭锁式社会的士族制度、印度的种姓制度、德国的日耳曼民族优越论，一般人是什么看法？为什么讲到自己的族系时就避不开这自居高贵血统的心理迷执呢？血统高不高贵，又真有什么标准可以衡量吗？

再说，所谓汉族，本来就不是“血缘种族”。它内部包含夷、夏、羌、戎等各个种族，经夏商周秦汉长期交融交会，而在汉代形成为一个“文化族属”，凡拥有这类文化生活与伦理态度者均称为汉族。故在汉族内部，亦因长期种族混融，业已不再能分得出谁原先是什么族，更不可能有谁是纯正的汉族。因此，在汉族内部，也根本无所谓“民系”，只有“方言群”。

民系是种族的概念，着眼的主要是血缘。所以罗香林论客家民系，便一再说要“就客家人士加以一种形体上的观察和量度，综合分析，再与别的种族或其他汉人形体测验的记录，相互比较”，“将客家及其他欲比较的种族或民系，加以一种血型的检验”，“制定一种所以测验民族或民系智力的机器，将客家人及其他所欲比较的种族或民系，加以测验”（自序），又主张：“任何民族或民系，与其习染其他堕落民族或民系的血缘或恶俗，则毋宁自己固有的优性”（第二章）。这都不免带有种族主义的色彩。

实则，客家非民系，乃是方言语系。就以罗先生自己所分的“南系”汉人五大支系来说，越海系操吴方言、湘赣系操湘赣方言、南汉系操广府方言、闽海系用闽方言、客家系用客家语，这不是因方言而分的语族系统吗？可见把文化族属误为血缘种族，再把方言语系误为民系，把文化的和血统的，二者混为一谈，正是崇正论膏肓之所在。

土地的问题，亦复如此。孔子曰：“君子怀德，小人怀土。”执着于土地，是地盘权力意识的表现，客家人之所以名为客家，就表示它从不执恋这种权力意识，有君子之行。不料在台湾本土化运动时，客家被卷带了进去，随着原住民与闽南人一块儿土地化，实是推动客家文化运动之初始料未及的。

从文化符号学的意识型态批评（Ideolgical critics）角度看，精神现象背后，均有支配性的因素。原住民“还我土地”运动，闽南人本土化运动，以及客家人的客家文化运动，共同的发生因素，是向“外省统治族群”争取权力、扩大生存与活动空间。而这个夺权的正当性基础，是领地的意识。原住民各族，不再用其族称，也不喜欢被称为高山族，要改名为原住民，要求“还我土地”。就是说此地原先是我占领的，所以我才应该是此地的主人。闽南人，热衷本土化论述，强调早期渡海来台者不是内地化，而是“在地化”。就是要突出在地优势，成为台湾的新主人。客家人虽讨厌闽南人挟其人多而处处流露的“福佬沙文主义”，而强调具闽客冲突象征意义的义民爷，却也无法抗拒当家做主的权力渴求，也开始希望能够在地化，成为这块土地的主人。为达成这个目的，客家人要自我教育、转化心态，成为不是客家的客家人。

因此，看起来是要争取客家人尊严与权力的运动，最终却成了自我否定。

从怀土者的角度看，客代表流浪、迁徙、漂泊、不稳定、没有地盘、作客他乡。现在已变成居人，变成怀土者的客家人，经常也学着别人这样哀叹自己的命运。但怀德的君子，例如周游列国的孔子、讲逍遥游的庄子，会如此吗？孔子自称："丘则东西南北之人也"；庄子要效法大鹏鸟，振翮四方，嘲笑那些"智效一官，行比一乡、德合一君，而征一国者"的人是小麻雀，这种精神是什么呢？不就是客家之所以为客家的精神所在吗？有一首在客家地区流传已久的"迁流诗"说得好：

人禀乾坤志四方，任君随处立常纲；
年深异境犹吾境，身入他乡即故乡。

这就是游的精神！自由的主体，并不受土地所系缚，故可以禀乾坤而行四方。我身所到之处，即是世界，即是人文意义宇宙的开启，故曰随处可立常纲。异境吾境、他乡故乡，人以为不同，我则一也。既不执着于故乡，亦不执着于此乡，既随遇而安，又撑拄纲常。庄子曰："游乎九州岛，独往独来，是谓独有。独有之人，是谓至贵"（《在宥篇》），即此之谓也！

我曾著《游的精神文化史论》一书，阐明中华文化有一重大之特质，就是具有游的精神。客家人，无疑是最具有这种精神，亦实践着这种精神的人。可惜近百年来，深受种族意识和领地意识之干扰，逐渐去客家化。未能领悟客家之所以为客家，在其文化与精神，不在种族血统和土地化的居人意识，以致整个客家研究误入歧途，客家人也逐步去客家化。对此趋势，我深感悼伤，故以上讲了些激切的话，深感抱歉，希望没有冒犯到谁。

西藏行脚

2007 年 7 月 20 日抵西藏。天正下雨，拉萨河、雅鲁藏布江水势稍可观。然据本地人云，因上游建水电站之故，水势已不如往昔。且往年夏间甚少雨，就是下雨，亦多在夜中，似今年雨水这么多的，倒还罕见。

天候之变，恐怕非此地独然。重庆、云南、湖南、湖北各地都淹大水，洞庭湖则是田鼠大军现世。生态问题，不能再坐视下去，光顾着经济开发啦！

到拉萨后，因畏惧高原反应，哪儿也不敢去，乖乖窝在屋里半天。次日才去小昭寺逛逛。此寺号称系文成公主奠基建造。“奠基”二字很奥妙。西藏的佛教，现在都推尊到松赞干布时代，文成公主及尼泊尔公主奠基有功。但西藏的佛教，在公元 841 年藏王朗达玛灭佛后，一百多年间根本就是绝迹了的，经典尚且都要埋藏了起来，号称“伏藏”；那些早期寺庙，如大昭寺小昭寺之类，焉能保存？故凡今日看见的古刹，其实均属后来修建，托名于古代而已。

文成公主时代的佛教，也绝不同于现在的状况。但格鲁派黄教崛起后，今日拉萨的色拉、哲蚌、甘丹诸大寺，已全是一派黄教景象，大昭寺小昭寺亦不例外，迥非昔日景光。故若欲于此摸索旧时情境，恐怕邈焉不可得了。

这其实是个历史遭到改写的问题。我去西藏博物馆玩。该馆三楼所展元明清瓷器、玉器，西藏特色并不甚多。二楼展示西藏自然资源及民俗工艺，亦嫌草草。唯一楼以西藏历史及文化艺术为主，较为可观。但整层楼一半已辟为大卖场，大卖天珠、珊瑚、藏刀、唐卡、绿松石，号曰精品，实则哈哈哈。旅游团，一团团被领至此处采购挂着西藏博物馆保证的工艺品，而我想找一两册有关西藏的研究或展品图录，却是没有的。可见此馆研究力量尚待加强，展出规划也有待改进，而风气浮媚，尤为可忧。

除此之外，我要说的，也就是那历史遭到改写的问题。

西藏古代并无佛教信仰，即使本教，亦只是其宗教文化中一支而已。博物馆要呈现的，应是整个西藏的历史文化状况，但在介绍了上古石器时代文化之后，便忽然接到松赞干布的佛教时期，以后则一直讲佛教与元、明、清、民国、中华人民共和国的政治关系。不但佛教以前的历史付之阙如，甚至还特别介绍史前岩画中有许多佛教图案，似乎西藏与佛教之关系不但早，而且还有点“本来就是佛国”的暗示。

这都是妄谬的。岩画时期不但佛教未传入，佛教根本都还没诞生呢！佛教在唐代才传入吐蕃，前此此地之宗教状况，博物馆不该毫无叙述。

就是莲花生大师入藏，传布金刚乘时，他也吸取了不少本教的东西。如红教供奉的玛摩等神，本来就是本教的神祇。其后佛教与本教长期争衡，其历史亦不容抹煞。伊斯兰与西方传教士进入西藏后，又与本教、佛教交融互争，其间也不乏可述者。这种动态的、多元的宗教文化状况，才是西藏最可贵之处，不该把它描述成如此单调的模样。

而就是佛教，该馆讲得也十分单一，基本上是格鲁派笼罩下的观点。对宁玛、萨迦之介绍即已不足，更不要说噶举、噶玛、噶丹、觉囊、霞鲁诸派了。我在大昭寺看其壁画和塑像，便不废前辈事功，对宁玛诸派仍不乏塑像供奉。博物馆，按理说，应该有比宗教界更开扩的视野和胸襟，也有责任较全面地介绍整个藏区的教派教史，谁知似还不如寺院呢！

寺院看来也有些不同的问题。僧人在街上行乞，与一般乞丐并无太大不同，类多囚首垢面。寺院里，诵经坐榻亦多脏乱垢腻。在罗布尔卡，我还看到僧人诵念处散置着一大堆酒瓶，显然酗酒情况严重，而且喝完也不收拾或躲在内室喝，就在佛龛前聚饮。在小昭寺，僧人挤得水泄不通，列坐诵念，我连落脚处都难得找到。但僧众复杂，虔诚者固然占大部分，可也有不少心不在焉，用大袍子裹着打手机、玩游戏，或戏耍嬉闹。西藏佛教，素以教育严谨著称，如今所见乃如此，殊堪浩叹！

藏事续记

前此曾谈到佛教以外，伊斯兰教、天主教都曾入藏传布，因想到友人范稳写的《水乳大地》，不就是讲这个吗？他写的，主要是澜沧江峡谷盐田县一带的故事，虽非拉萨，仍算藏区，涉及藏人、纳西人与天主教徒之间的纠葛。其中主轴，即是传教士进入藏区传教带出的故事。

12 世纪时，欧洲便流行古老东方有一个未被发现的基督教王国之说，谓其国王叫约翰长老，身兼国王与教皇，政教合一。欧洲传教士到东方来传教，也与来寻找这个老基督王国有关，他们一直希望能让它回到基督世界中去。近年这个老传说不再流行，代之而起的是来找“失去的地平线”——香格里拉。

故洋人来游西藏者，比过去传教士还要多。拉萨等地，过去不曾轻易被传教士所攻占的教区，如今却遍地都是配合着洋人品位做买卖的店铺，充满了欧洲的风情。因此也有友人说去了感到十分失望，没想到拉萨如此“小资”，不似想象中古老、纯朴。

小资风情当然不免，但大部分藏区及其人民还是纯朴的。光逛商业大街、观光特产店、洗桑拿、住饭店、游热门景区、泡酒吧、唱卡拉 OK，不能发现这些，须深入藏民生活中才能体会。可惜大多数人无暇也无意如此。

在拉萨，我就遇到不少内地来此工作的汉人，对西藏、藏人、藏文化毫无兴趣，只活在汉人圈子里，情况比窝在欧美唐人街里的华人更严重。因为“不懂”还裹着一层骄傲，以愚昧来衬托着身份，令人觉得可憎又可怜。

藏人许多文化本来也不易了解。如现在在商场上，便常有人胫骨法号或头颅骨法器出售。这些当然不是真的，跟那些天珠玛瑙绿松石一样，都是仿作。但以此惊诧观光客，令其大掏腰包，岂不正是利用它的“奇风异俗”来赚钱？布达拉宫底下，雪城中则把用脚胫骨做法号当成是农奴制社会里的陋俗来批判。第二历史档案馆供稿编成的《老拉萨：圣城暮色》（江苏美术出版）则说人脚胫骨是天葬师刻意留下的，以十六岁处女胫骨为最佳。

实则此非天葬所得。少女死的机会太少了，即使天葬时偶或存之，大部分还得仰赖献祭。范稳说 17 岁、虎年生的少女骨最合适；献出胫骨的少女及其家人将受到寺院供养终生，并获得人们之尊敬。庶几得之。

这种人体献祭，在各宗教中其实是很普遍的。早期各民族杀人为牲、杀人为殉，或取头颅、或割耳朵奉祭，或用血、或用心肝，皆不罕见。所杀，有异族、敌人、奴隶，也有本氏族的人。若是本族人，舍身奉祭者，往往都受推重，如汤之祷桑林、如周公之祝金縢，均属此类以身为牲者也。河伯娶亲故事中那种饰少女以嫁河伯的类型也是。这类“圣姑”，在许多地方或宗教中也是有的。金庸小说《倚天屠龙记》里的波斯明教圣女小昭，其实也属于此一类型。我过去写过一篇《以人为药》的论文，谈中医如何利用人体器官乃至其排泄物作为药用，如今看来还该再写一篇《以人为牲》专论此事。只不过，我杀生已著盛名，再写这类文章，佛门的呆阇黎、笨居士、无聊护法信徒们又将惊疑不定，认为我吃猫吃狗还不够，又鼓吹着要吃人了，哈哈哈！

当代博物馆

一、现代博物馆

晚清以来，社会改革人士不乏戮力推动兴建博物馆者。博物馆的多寡，也早已成为社会现代化的指标之一。

然而全球博物馆之扩张，显然是因欧洲殖民主义发展之故。像中国，古代就设有博物馆。

不过，这也得看博物馆之定义为何，如就博聚众物或某类物事以供典藏及展示这种字面意义而言，则古代公私藏书楼及皇家珍宝馆应该也可算是博物馆了。但谁都明白那些与现代博物馆不是同一回事。

现代博物馆与当代博物馆也不是同一回事。“现代博物馆”是19世纪的产物，随着欧洲殖民主义和帝国文化力量，遍及全球。与现代大学体制及学术科研社群结构一样，都在20世纪中叶就形成了全球性机构与网络。

如今，全世界的博物馆都像现代化大学一般，其建制、功能、展陈方式、内在精神、运作机制、收藏保护手段，皆大体相仿，呈现出明确的家族相似性。

博物馆的两大类：自然史与民族志，也是在这个脉络中确定的。收集来的自然与收集来的民族志材料，在博物馆里一展示，立刻就能让人体会到自己与某一民族及地区之历史文化区分。因此博物馆也是民族身份的标志和民族凝聚力的表现，某些时候甚至可以分出文明与非文明、原始与进步。

博物馆之“物化”倾向，也使得它展示的文明被固定了。仿佛那些文明、民族或地区即如被展出之物那般，已经凝固在那儿。博物馆告知参观者的，乃是一则业已固态化，永恒存在那儿之叙事。也许所说的民族与物事早已消失，但其型态仍可保留在博物馆里，作为见证。

这种态度，事实上也反映了现代社会之文化观。欧洲现代社会，把不同于它的社会型态都视为较落后的“前现代”，认为无论亚洲非洲均会、也均需要现代化，以逐渐转变为现代社会。在这个趋势下，传统的生活方式、观念、价值体系，遂仅能以其物质形式保存于博物馆中。

因此博物馆虽是欧洲文明摧毁了亚非各民族生活方式与社会型态之见证，却也是保存其文化文化之殿堂，有其功绩。

二、现代性批判

值此当代后结构主义思潮对现代性展开批判之际，博物馆自然也在反思之列。有些人认为古代之博物馆，大抵起于掠夺者炫耀其势力及权势，近代之博物馆则是中产阶级加强归属感而排斥其他人的一种机制。

因为现代博物馆动辄利用古老宫殿或历史名宅为之。新造者，也多以罗马希腊之殿堂形式建筑，以形塑它的神圣性。在这个神圣场域中，资产阶级在里面存放一些与这个阶层的历史大多无甚关系，但现在已被它们界定为神圣之物。博物馆里，不准触摸的禁令、仿佛在教堂般的肃穆气氛、装潢与仪节的庄重感、高耸的梁柱、宽广的展厅、巨大堂皇的楼梯、稀少且不舒服的公共设施所暗示的禁欲作风、近乎有系统的不提供参观者指导的态度，在在提醒参观者：这是个相对于日常生活的艺术世界，这是个相对于世俗社会的神圣空间。

博物馆当然是向公众开放的，大多只需购票便能入场。但这是虚假的开放。其入场本身就有选择性，它只向少数人提供这个空间。社会上一小撮接受其召唤，借着享用此种文化资源而让自己转换社会阶层、成为优异分子的人，才有资格享用这个空间。

社会上，有人利用博物馆、美术馆，使自己摆脱野蛮粗鄙，变成有教养有文化的人，不是很好吗？不正是博物馆美术馆的功能吗？

这些文化研究者说：是的。然而，我们不应忽略了，这只是社会上经济财富形成的阶层差异，加上了经由拥有象征性财富（如艺术品）而造成的差异。借由逛博物馆、去艺术中心等活动，将优雅、高尚、良好礼仪等作为区分某些人与大众的表征。

而且博物馆的设立，是有其阶层利益及政治目标的。法国不会有纪念滑铁卢的博物馆，日本不会有南京大屠杀纪念馆，台湾民进党只在乎二二八纪念馆而懒得兴建抗战博物馆，台湾也不会有内地常见的太平天国博物馆。

诸如此类。博物馆往往是让该时该地占统治地位阶层在美学习性上的实践，用以向社会洗脑，说明其历史观与美学观。去参观博物馆的人，则是消极地促成了某些特定文化定义被占有的合理化优势，巩固了统治阶层的利益与政治目的。

这样的批评，或许平时喜欢去博物馆美术馆徜徉的人，或努力推展博物馆事业的人，都会在情感上难以接受。但若仔细想想，就知其说亦非无的放矢。我们现今的博物馆，事实上也充满了上述诸弊端。若要使博物馆未来发展得更健康，针对这些问题，做些反省与讨论，或许是非常必要的。

三、博物馆新情境

反省与讨论，还须注意一种“博物馆新情境”业已形成。

对博物馆性质及意义的争议，事实上就代表了现代博物馆正在转型。当代博物馆，在许多方面遂因此与现代博物馆颇为不同。

一是博物馆愈趋多样化、个人化。

19世纪以来，博物馆大多在国家背景下建立起来，大多属于公共机构。如今博物馆之公共性质正在降低，私人或民间团体基于兴趣、社会文化使命而开办的博物馆越来越多，且往往传达着特殊的理念，与社会及国家意识型态拉开了距离。其展陈和运作模式也迭创新猷，比国家性质的博物馆更有活力。

二是观众身份复杂化、流动化。

全球化时代，国家公民和民族身份的概念正在被调整，否则就无法面对全球迁移的当代模式。不仅各国人民流动频繁，国家内部也普遍在移民与移居的过程中，加上工作和休闲亦有越来越高的流动性（出差与度假），使得每个人都有复杂乃至混合的身份与经验。这就使得博物馆很难预测或定位参观者的需求。

与此相对或相呼应的，则是流动的博物馆也逐渐增多了。或是巡回展览，或是馆际交流，都使博物馆打破了原有的固定空间、场域概念，变得越发流动或灵活了。

三是博物馆的商业会展化。

现代博物馆大多靠政府拨款支持，少部分由企业或公益团体赞助，视为一种公共建设支出，与学校、医院差不多，而且资金安排大抵较后、较少。

当代，政府对博物馆之投入不仅未减少，反更扩大。为什么？因为许多城市都把建设高规格的博物馆视为发展都市、发达旅游业之必需品，可带动社会和经济影响。特别是“会展经济”之效益，已被许多城市官员认可，他们自然也就愿意花大钱来建各种场馆、办各种展览。这些会展，大大拓展了博物馆的概念与业务，令博物馆与商业会场边界模糊、性质游移。

四是与上述相关的另一种模糊：与其他文化形式的边界也在相互渗透、模糊中。

不仅博物馆和其他展览、纪念、娱乐场所、文化遗产中心、主题公园等有了各式各样的联系，相互渗透。博物馆以外的空间，例如街道、公园、机场、超市，无不可成为文化展览的场所。过去那种特定场域的博物馆型态，可说彻底颠覆了。

五是博物馆的活态化。

现代博物馆基本上是固态的，当代博物馆则努力要将置放在玻璃后面的被动之观众，转换成主动参与者。所以不但有触屏，有互动性导览，有现场教学，还常将器物技术生产的制作过程做活态展示，让观众可以动手学作。利用电子技术，仿真场景以提供观众临场感；或开放博物馆做小区互动，也都很常见。

六是电子化。

过去博物馆主要是藏品的静态展示，如今越来越仰赖声光电科技手段。最新、最炫的展陈显示技术，常先应用于博物馆中。因为博物馆的卖点，已不只是藏品，更是它与参观者之间的数字落差（Digital Divide）。

同时，通过计算机网络，几乎所有博物馆都有自己的网站，一部分则正在建设其数字博物馆。这不仅使参观者可以游走虚拟的艺术世界，也可以很方便地使用其数据库。博物馆也因此可以向全球开放。过去博物馆藏品的实物性、永恒感以及它和过去的联系，亦因而淡化甚或消失了，观众越来越不在意。

七是博物馆已成为文化产业之一环。

不只它的藏品可做成领带、T恤、模型、杯具、丝巾、复制品等文化产品，博物馆也可以出售知识产权的方式来推展其业绩，相关图册、CD、录音录像、书刊或电影电视都属此类。

当然，这种发展趋势也充满了争议。一是文化产品之商品化，本来就争议甚大。其次是“谁拥有资格出售知识产权”的问题。

2013年成龙的《十二生肖》电影即以圆明园十二生肖铜雕为题材，讨论过这个问题。过去希腊政府也曾成功地把埃尔金斯大理石（Elgin Marbles）由大英博物馆回归希腊。在现今文化遗产及保护的观念下，若大英博物馆把这些掠夺来的或收集来的殊方异宝拿来做知识产权开发及销售，行吗？而我国故宫博物馆那些珍宝，产权应该属于全体人民，博物馆不过是代管者，凭什么又竟拥有了知识产权呢？

这不是博物馆才会碰到的诘难。在植物药用学上，跨国公司在亚洲非洲寻找了很多药用植物，利用当地土著的植物、医学及技术，开发了许多药品。但药品之收益、相关之知识产权，却被这些跨国公司所占，引起过极大非议，莱温斯基（Silkevon Lewinski）《土著遗产与知识产权》一书所论即是此事。同理，全球音乐产业，也大量自地方民族音乐材料中找灵感，可是知识产权俱由五家大型跨国公司（法国环球、日本索尼、英国百代、加拿大华纳、德国博德曼）掌控，亦是文化产业中惹人争议的例子。博物馆正在文化产业化中，此类问题，亦不容回避。

附录：民间博物馆

写《当代博物馆》一文，是因2013年4月5日到西安去开两岸民间博物馆交流研讨会。此会今已办第四届，还配合办了西部地区非物资文化遗产项目展演，在大唐西市博物馆举行。

本届台湾计有宝岛故事馆、台湾眷村风情馆、春禾童玩文物馆、王秀祈石雕馆、李天录布袋戏馆、台湾茶文化馆、瑞隆贝类博物馆、九份年画馆、三寸金莲博物馆、袖珍博物馆、台湾原住民文物馆等等与会，由贾裕祖带队。

他当年去南极捕虾，后在基隆海边设一博物馆，一半就在船上。尔后领导台湾民间博物馆学会多年。可是老骥伏枥，壮心不已，仍梦想把学会事务交卸了以后，仍可寻一条船去环游世界。此番来，见了面告诉我说已可能实现了，准备把台湾的电音三太子、宋江阵、钢管秀都张罗上船，一港口一港口地漫游表演之。此君痴矣，更胜我也！

“非遗”展不太理想，喧闹太甚，节目粗糙。博物馆展出，则内地各所谓民间博物馆，有不少只是原先各古玩城的古董商摊罢了，距博物馆云云，还颇有距离。

但若以收藏言，民间藏家力量真不可小觑。当然大部分是在做买卖，但有心人仍是不少。如洛阳金石文字博物馆、安阳殷畿艺术博物馆、关中民俗博物馆之类，均甚可观。洛阳三彩艺术博物馆的现代工艺创作也很精彩。

过去我在台湾办南华大学时，创办过非营利事业管理研究所，其中颇涉及博物馆之经营管理问题。其后又创立艺术管理研究所、成立艺术行政学会，均是华人世界之先导，甘苦备尝。如今看海峡两岸博物馆事业迈向新局，心中自是感慨良多。时间有限，不然是应该要写篇长文好好申论一番的！

可惜民间博物馆业者交流，大多数仍纠结于经费问题。民间博物馆多半规模小，经费有限，主要收入来自门票。但近年公立博物馆免票制已推行十分广泛，民营博物馆仍要收票，自然就深受冲击，因此才会有人呼吁应检讨这种制度。

博物馆不收票，当然收入锐减，但若由整体社会或城市角度看，收益判断又有所不同。如杭州市就是如此。各景区、博物馆、纪念馆均免票之结果，大大增加了杭州旅游人口与消费，因此各城市对此一政策或趋向越来越能认同。

其次，博物馆之电子化越来越明显、越来越盛，而电子化之结果，正是要把博物馆之收藏公众化，使民众均可自由、随意享用，“数字典藏”即为此一典型。参观博物馆之免票制，乃是与此一趋向相符甚至结合的。

由此大趋势看，民营博物馆要抵拒此一潮流恐甚困难。因而要做的事，或许不是检讨别人，而是反省自己：不是检讨批判免票制，而是想想为何我们自己免了票就活不下去。

免了票就活不下去，原因在于许多民营博物馆除了收门票之外，别无生财之法。而门票收入也很少。这是因参观尚未成为一般民众之文化要求，不改善这一需求状况，博物馆即为无源之水。

而博物馆经营之道，一般博物馆业者却不甚讲求。事实上，民营博物馆即本来可以与公办者分开看，市场及诉求原来就不同，收票形态自然也就可与公营博物馆迥异。即使同属民营，性质不同，收票策略也千差万别。

举例言之，台湾民营博物馆中有一部分本身就属于企业文化之一环，乃企业对外宣传、广告、形象塑造、扩大社会文化影响力之一种方式。如阳明海运、长荣海运、震旦行、鸿禧、奇美，以及国泰集团之寒舍等，皆属此类。最近旺旺集团还准备斥资23亿办博物馆。此类博物馆即根本不在乎门票收入，与城市放弃博物馆、景区个别门票收入以获取整体利益相似。

有些博物馆也因此与企业结合，两相获益。如朱铭美术馆建在金宝山墓园即是，金宝山本身没有博物馆，朱铭美术馆却可为它创造较美好的形象。

另有一类宗教团体办的博物馆，如灵鹫山的宗教博物馆、中台禅寺、佛光山系列博物馆均属此。这些博物馆、门票不仅不重要，抑且主要利润根本不在门票，而在利用博物馆进行文物之征集、收藏，创造并增累财富。其次是吸引信众对道场做更大的奉献、更多的捐奉供养。

还有一种博物馆本身即采基金会运作，如何创时书法基金会即是。这本即属于非营利事业经营模式，与前两类又不一样。

在内地，则有一大部分民营博物馆是与景区景点结合的，作为景区之一部分，以资号召。门票通常并入整个景区收入处理，未必单计。某些开发项目，更是以博物馆与博物馆群落为名义，在周边大做地产开发呢！

因此，民营博物馆之门票方式千变万化，必须考虑本身之性质并做市场区隔，不可一例相量。免不免票并非关键，建议政府取消免票制尤无必要。

再者，民营博物馆的收入，除了门票之外，应开发文化产品及发展知识产权贸易。把藏品卖出去，则是下策。

其中知识产权之开发与经营尤为重要，博物馆最大的资产正在于此，应妥为利用。民营博物馆多半规模小，又多为兴趣式或家族式的，未必擅长于电子化及知识产权之开发，这部分就可委托学术机构，或请专家协助。

教育与出版环境

人大与政协两会业已隆重闭幕，友人有诗赞曰："御香缥缈绕明堂，济济群真共举觞。如斗蟠桃新结果，覆杯沧海再生桑。争敲颂圣红牙板，曼舞娱宾白凤凰。鳌极紫宸终不改，龙华高会又收场。"其评价是否允当，姑且不论；但有些问题确实是年年提出而没啥改变的，教育即为其中最显著的例子。

方今教育问题牵涉极广，仅就教育评估一项来说，目前就深深困扰着高教体系。内地教育部设有评估中心，每年职司评估。评估之结果，则直接影响各校之经费、排名、声望。学校为争取名次，只好压迫各系所去想办法；各系所又再逼教师去填表、申报、发文章、出成果。上下交征利，人人痛苦不堪。

而为了取得好成绩，各校皆手段尽出，恩威并施，纵横捭阖，可谓无所不用其极。以致送礼、换票、请客、分红之各类传言层出不穷；抄袭论文或把著作拆开发表，以增加数量的情况也比比皆是。学风不正，尽人皆知。每年人大、政协会中也对教育部此举多有批评。新加坡联合早报甚至还为此制作了专版报道，认为评估制度扼杀了内地教育的生机。

既然评估之病人所尽知，只要去高校访问，没有不听见骂声的，可是为什么竟不能改变之呢？

原因是现代社会之逻辑，早已使得教育走上了产业化的不归路。教育不论过去有多少崇高之理想与价值，目前在海峡两岸它都已只是一项产业。因此大学就如同工厂，教师即如雇工，其著作、研究成果及教学成果（学生）则是产品。雇主既投入了成本，就要看产出。知识雇工若提不出成果来说明业绩，当然只好滚蛋。什么师道尊严、自由思考，都是闲扯。

产品又是要营销到市场上去的，故必须考虑其市场与营销策略。若能占有市场、建立品牌，那就是好学校，不然则否。一门知识或一个科系再好再重要，如市场不需要，便只好关门。近年人文学科迅速没落，各种结合市场而毫无知识重要性之应用学科媚俗而生，皆肇因于此。

工业化生产的模式，又不同于过去的“十年树木，百年树人”，讲究标准化、数量化、快速化。

因为要批量生产，故两岸大学近年皆急速扩张，博硕士之比例扶摇直上。教师的研究论著也要量化生产。

又因为要快速生产，故学生的修业年限不断减缩，以精简作业流程，有人甚且主张硕士可以不必写论文了。反之，教师的论文则最好一年几十篇，可以流水线作业，迅速批量生产，或照给钱单位的意思生产。

至于标准化，则是指规格化。例如教师发表论著，该每年几篇、可刊登在什么地方、什么地方可计几个点数，乃至论文该怎么写，格式、注脚、摘要、参考书目、标点符号，都一一规定之。如此才能使产品面目雷同，抹煞掉个性。

目前这一套生产模式，经由“全球化”浪潮而遍及东亚，台湾、内地皆入其彀中，无法自拔。毛病都差不多，但整体来看，其实比始作俑者的美国更为严重。因为美国没有教育部，评估实质上等于行业内部的自律机制。而且办学者各出机杼、各自为政久矣，自主的空间及发展特色的机会皆远胜于台湾与内地。美国的大学更不必崇洋媚外，认为论文必须用外文写、发表在外国刊物上才有价值。何况，同行之间的自律，跟官僚行政体系主导评估，性质与效能迥然不同，“权、钱、知识”三结合的情况自然要比台湾与内地少许多。

这就是目前虽然人人都骂教育评估，可是绝难改善的症结所在。掌权者不会放弃这主导学术与教育发展的大好机会，许多人和机构则视此为获得权和钱的终南捷径。那些不屑于参加这场权钱追逐游戏者，虽持之有故、言之成理，又洁身自好，却注定在这次竞逐中成为边缘者。所以纵或本来持批评意见的或观望的，最终亦多被裹胁进去，一起做着知识工人的生产游戏。

这样的教育困境，跟出版有什么关系呢?

当然关系密切。教育与学术发展乃出版事业的上游，一旦学界沉沦，出版事业必受波及，是不言可喻的道理。

目前这样的制度造成学术发展两方面的危机，一是数量化危机。机构与个人都追求数量，而非质量，所以才会有把研究成果拆开发表的弊端。专门著作也减少了，要分散成许多篇论文发表。整体环境重期刊而轻专著。可是图书市场上学术著作还卖得动，期刊就难销了，实质上只是论文集的所谓专著也不好卖。于是这些期刊及论文集大抵只是学者与机构自己出钱印，自己分赠亲友并用以申报成果，属于“花钱买吆喝”的性质。市场统计上虽增加了许多书种，看起来学术出版十分蓬勃，可是基本是虚假的数字，毫无社会意义。

这就又形成了另一项危机：专业化危机。学者写文章，主要是想进占专业核心刊物、一级刊物，以提供专业评比；如果写书，目的也只想用以参加专业评奖。大家各自找一个小圈子去争名夺利，天地之大，无暇宏观。而这些书和论文，其实又都是规格化生产，因此它们固然不想流通于一般读者之间，与社会对话；一般人看此呆板枯燥之物也根本看不下去。结果据说学术愈来愈繁荣了，但社会上愈来愈没什么有学术价值的东西可看，学者与社会之睽隔乃愈甚。试比较一下“五四”或 20 世纪二三十年代学者著作在社会上的影响，便知今日之沈疴实已不轻。一边是没有生机的“假牙塔”，一边是没有大脑的社会在“刑天舞干戚”，彼此各行其是。

讨论当今出版业不振的人甚多，但似乎较少人谈到两岸教育评鉴所带来的恶果。本文简略陈言，希望能引起有识之士的关注。

华文教育系统及出版

昨在乔治敦大学演讲，张京媛主持。今早由韩秀大姐夫妇送至机场，抵波士顿仅十时许，逢杨宿珍来接，大吃一惊，与之不见，恐二十载矣，亦不知她现正住在这儿。说正在写博士论文，研究汉碑哩！

下午与余秋雨同台，在哈佛讲“当代海峡两岸文化的观察与审思”，各谈半小时。余氏大抵以自身遭遇及写作经历说其文化观察，意在辨诬，而不出日前在纽约所说范围。谓中国文化灾难表现于人整人、人妒人；未来则寄希望于（1）对中国文化之普及解释，（2）教育，（3）企业家，（4）海外华人，（5）下一代。如斯云云，逻辑颇难索解，听众发问甚多。如问是否封笔？是否自知局限？是否江郎才尽，等等。而亦有仰慕者，申其崇拜之情。甚有趣。我的部分，则南大洪修平、台湾师大信世昌竟都在此访问，相逢对话，十分高兴。赣州电影电视艺术家协会主席舒龙，上次我来哈佛时，他也正好来听演讲，此次又碰上，可也凑巧。

夜吃饭，赵如兰女士傍我坐，聊起她自小与其尊翁赵元任在清华的事，颇慨老成凋谢；继而说久未闻此说论矣，应有系统地讲与美国人知道。老太太神明不衰，难得。

已说过，来美国主要是观人文，因此顺便介绍几个人。一是曾任师大校友会长的陈嘉定，乃物理化学博士，我在华府每场演讲他都来听，韩大姐怕他太黏，但畸人或亦别有怀抱，他有一个“日本侵略史学会”，常在美举行一些揭发日本暴行和要求日本悔罪的活动。又一可谈者为陈一川，乃台大哲学系前辈。昨日周邦贞拉我和欧阳琼去他府上喝茶听唱片，并听他说中国哲学，出乎意外地精彩。据说每两周均在其处召集读书会，已读过《大学》《老子》《论语》等，他还参与一个“中国乡村教育项目”，是科技教育协会推动的。自 1989 年起，在内地认养了 1500 所以上的学校图书室，成立了二十几个乡镇公共图书馆，在 11 个省举办了 16 次基础教育研讨会，举办学生征文比赛，编“中美小学数学教学比较”录像带及“美国历史与地理学科教学方法简介”……我对改善内地乡村基础教育很感兴趣，约了今年举办时找我同去。

凡此之类，其实皆为人心不死之征。在美之华人，困于衣食，往往未遑继续涵养其文化，其间又良莠不齐，凝聚力也有限，未必能寄望太大，但潜德幽光，仍处处可见。

问题所在，是缺乏华文教育系统及出版。华文教育，仅是中文学校教小朋友说话写字而已，没有针对华人之终身教育体系。因此周末周日家长送小孩去中文学校上学后，仅能聚在旁聊天话家常，或办联谊性活动，无针对中年、老年、家庭主妇、职场人士开设之各类教育课程。同样的，洋人也不乏对中华文化有兴趣者，除正式学校外，社会上也少一套华文终身教育体系可以提供，只能凭机缘找到人来教某些艺能（如古琴），或结社以相砥砺（如我曾去演讲的汉语会）。如此这般，久而久之，华人之华文及中华文化素养，或仅赖早年在台湾在内地家中所习得，或仅恃在美国中文小学之教育，无处进修，无法涵育提升，渐就佚忘，也是势所难挽的。近年此间虽不乏中文报纸，亦有华语电视，提供华文华语信息不少，但报纸与电视只是新闻，只是掠影浮光，可以帮助华人及华文爱好者熟悉华文及中华地区消息事件，对文化之理解与提升，毕竟有限。

某些人有幸入大学读了中文，但那毕竟为数甚少，且中文科系，主要也仍只是语文学习。如乔治敦大学中文部仅三名教授、五位全职教师。余皆为半职语言教师，无长聘及福利保障。类似我们师大国语中心的语言教师。又无研究生。可以想见，即使中文系，也难对中华文化有太深入的探讨。因此有兴趣又有些能力的，只好自力救济，办读书会、书友会、作家协会之类。但读书写作，常需是孤独的，聚友联谊式的读书仅为其中一流，且效果亦必不及正式课堂学习，因此华文教育系统仍是必要发展的。

此外就是出版。华文出版在美国甚微弱，外间销来之书也有限，对于华文读书风气的影响当然不好。我在华府，张明明带我去世界日报所办世界书局参观，书固不多，顾客亦仅我们二人，可见经营不易。

不过，在店里看到汪荣祖先生一本关于圆明园的新作，仍很高兴。与汪先生亦经年不相见了，此次旅行，吴兴元送我一本他协助出版的汪先生《陈寅恪传》，让我在路上解闷，并告诉我汪先生那本圆明园他也准备出。台湾版，我自己还未见过，却在此地逢着，在店中匆匆站着看了一遍，甚佩服其功力。

但因汪先生用的多是档案及史乘数据，我以为还可补些笔记短书、稗官野史，以益其骨血。例如圆明园中唱戏。“圆明园管园大臣宝兴，因每届园中传戏差戏学远在城南，请拨官房，设总行署。乃将乐部和声附设之乐学及南府内学大小等处太监学生、外学头二三等处旗民学生移居圆明园太平村南，曰南府太平村总承应处。”这是道光三年（1823）的事。到道光七年，“秋季，改南府为升平署，裁十番及番邦各乐学，并裁太平村总承应处，改为圆明园升平署承应处”（见周志辅《道咸以来梨园系年小录》）。

此类记载，便不妨添入有关园中游艺娱乐活动之讨论中，以说明制度之变迁。当然，我匆匆一阅，看得粗，也许汪先生已谈过了。如今手边也无书覆按，就当是闲谈吧。

住此处，名 Friendly Inn，本以为是学校宿舍，原来不是。据说系一民宅，因在校区附近，故租给学生住。主人老病，又无亲眷，一中国女学生照料其晚境，因此后来就把房子送给了她。她将之修缮一新，便成一小旅邸。学校招呼访客，常用其处。王德威说他也曾住过的。仍是民居格局，住起来很温馨。夜间无拜会、无访客，亦不须与人应酬，我可以好好睡一觉啦!

陌生人伦理与人文教育

由美国波士顿、洛杉矶返上海，一切顺利，正庆幸可以平安归来；不料抵上海后，去转北京，竟已无座位了，只得赶快购买次日清晨机票，并在机场附近找旅馆住一晚。

在洛杉矶乘机往华府及由波士顿飞洛杉矶时，送机的周愚先生和吕纯玉都跟我有类似的疑问：美国机场办事人员效率实在不太高明，推而广之，一般店铺所见亦然，与中国人之敏捷利索颇不相侔，但为什么美国反而那么强盛呢？这个疑问，一到上海就解开了。

中国人确实机敏。但凡事机敏，自以为聪明，所以总要占便宜、找窍门、走快捷方式、抢先着、炫巧慧、争风头、要手段；而一群人在一块，就人人张扬自我、喧哄攘利。如此能成甚事？在上海，看看这个自以为了不起的城市及其人民，以上这些话就一点儿也不抽象，可以看见无数实例。我在机场，碰到那些旅客，亦是现成的证明，跟美国的旅客可真是太不像了。

他们让我联想到两件事：一是在华府时，我在路边散步，路上碰见的人，无论老少，都会亲切问候，或报以微笑；在咱们中国，道逢熟人，固然拍肩搭臂，热情问好，但倘是陌生人，那可就视若无睹了。不幸若是女士，更不会随便对人笑或问候，因为可能引来误会。想那秋香嫣然一笑，便惹得唐伯虎来舍命纠缠。而若不是唐伯虎，乃是唐伯猪，可怎么办才好？又或笑者无心，看的人也对你无意，更可能被认为是花痴、是不正经女子，那可多冤哪？

故中国人对人的伦理关系，是先分“生”“熟”的，生人勿近，熟人才能热络亲切。套关系、扯近乎，皆发生在熟人之间，或在让生人变成熟人之际。此殆与饮食相似。中国人不食生冷，偏爱熟食，很少人是生冷不忌，对陌生人也表示关怀的。

洋人往往不然。其伦理之基础，在于陌生人伦理，亦即人与人之间，基于同是人这一条件，彼此即应具有伦理关系。在我们的五伦架构中，君臣、父子、夫妇、兄弟、朋友，无一伦是这种陌生人。因此碰到陌生人忽然向我们打招呼问好或来主动帮忙时，我们反而常会吓一跳，然后立刻提防起来。基于这个道理，我们才会在公共场合看到中国人自己一群熟人高声喧嚷、脱鞋吐痰，旁若无人。若无人者，其时在场之陌生人与他毫无关系，根本不在他的伦理思维中也。在飞机上，邻座是否不舒服，是否需要协助，自然也不会想到。这些都是与美国一般民众很不相同的。

中国人通常都讨厌美国霸权主义，我亦不例外。但美国一般民众在待人接物上，由陌生人伦理发展来的彬彬有礼态度，确实让人感受深刻。

这就要说到第二件事了，那就是美国的教育。我去韦斯利学院玩那天，蔡曙山路上便与我讨论：为何美国的好大学那么重视人文教育？

以哈佛为例，中国的教育大员，去哈佛访问者不知凡几，可是通常第一印象说：“哈佛就这样呀？”哈佛没有宏伟的校舍、广袤的校园、巍峨且有首长题名的校门，更没有特意建立的什么标示性建筑，只有几幢陈旧低矮的房舍，与城市错杂的教堂而已，连学生看起来都没有内地那些著名的大学多。

其次，去哈佛或未去哈佛而慕名上街买哈佛商管书刊进修、向往哈佛法学的人，真正了解哈佛以后，也会大吃一惊，因为人家哈佛或美国名校都是以人文学科为主干的，什么法商应用性学科，根本不受重视，学生出路再好，也没什么地位。像哈佛的法商学院就隔在本部之外，意存轩轾，证书也是不一样的。在东亚研究方面，费正清中心，名头响亮，往来多显贵，经费也多，但自杨联升以来，即瞧不起这类没什么“学问”的单位，仍以老汉学为高。这是中国人所最难了解的部分。咱们的大学，全是应用性学科挂帅，趾高气昂，人文学科视若土苴。

蔡君问我何以如此？我答：原因也很简单，外国的大学，远的传统来自柏拉图之学园，以探究宇宙真理为职事；近的传统，本于中古之神学院，由神学院发展而成的大学，其核心学科当然就是哲学、伦理学、文学。博士学位，简称 Ph.D，那个 P 就是哲学（Philosophy）之意，代表一位大学生就是个有思想的人。我们中国的大学则不然。自晚清开始创办建大学，其目的就是为着富国强兵，因此目的仅在培养能达到国家富强目标的工具性人力。此即其所以分也。

回到清华，满天柳絮。飞呀飞，迷迷离离的。正是宋人词“蒙蒙乱扑行人面”的时节。

再论美国之人文教育

前几天的随笔，提到在美华人或是对中华文化有兴趣的华人，因缺乏华文继续教育体系和华文出版系统之支持，想深入了解中华文化其实甚为困难，即使有幸进入中文系，也仍只以学习语言为主，对文化难有太深入之研究。因举例时，提到乔治敦大学之师资即以语言教师为主，引来张京媛之抗议。她以为我是在批评她们学校的学术水平，所以告诉我："今天我们三名学中文的美国学生，荣获美国东岸和南部地区的大学汉语水平竞赛的第一名、第二名、第三名。我们学校的汉语教学是很严格扎实的。"

这，我当然知道啊！且她的意思跟我有什么不同呢？因此她说："美国大学的中文教学是'外语'教学，不同于国内的中文系。我们的学生对中华文化的了解是有限的，只是一个开始。"恰好就是我那番话非常好的补充。特此引录于兹，俾免误会，并顺便谢谢京媛之澄清。

比京媛火气大的，是伊利诺依大学香槟校区法学院的司徒嘉恒先生。他直言批评："您真的明白美国法学商学教育的体系与其自身的传统吗？作为一个身在美国法学教育体系中的台湾人，关于'哈佛大学法学院不受重视亦无甚地位'（不管是在哈佛之内，或者就美国社会整体而言）之说可真是前所未闻。"

为文贾祸，我经历得多了。看见司徒先生如此反应，自亦不免暗悔多言。但司徒先生若仔细再看看我的文章，便知文章语脉重点是在赞美美国大学重视人文教育。而且这个论断，是放在跟中国比较的情况下说的，所以先说去哈佛考察或未去而以中国情况想象哈佛的人，去了才会发现情形不然，好大学均以人文学科为主干，法商应用学科，根本不如在中国那么受重视云云。底下说哈佛法商被区隔在本部之外等，则是我在哈佛“闻”来的。向我介绍此类情况者，非只一人，亦非只某一类人。

司徒先生未闻此类语言，也许是因没有人会坦诚向法商人士表达此类看法，或有其他原因，可是绝非我杜撰而来。何况，就算美国法商教育非常有地位，影响我“美国好大学都重视人文教育”那个论断吗？美国的法商学院不也强调学生的人文教养吗？再说，美国法商教育的体系与传统，我虽不敢说非常了解，但我在台湾创办过南华管理学院，于商管教育之状况，仍略有所知。难道司徒君要教育我说美国的法商学科地位竟要高过那些拥有传统性权威的老学科，其体系与传统竟要悠长于人文学吗？

单就哈佛法学院或商学院说，其水平当然甚高，在法学界商学界卓具声誉，整体社会对之评价亦甚佳。但我们不要忘了：哈佛是个人文主义的大阵地。由老校长艾略特主编的哈佛经典丛书，影响深远，也标示着它整个学校的性格。艾略特经营哈佛长达 40 年，其后又有新人文主义大师白璧德，于 1894 年在哈佛执教，至 1933 年才去世。白璧德代表作《文学与美国的大学》（*Literture and the America College*）序中就明言：“在说到大学教育时，我必然会论及艾略特校长在此所起到的作用。”可见二人沆瀣莫二。新人文主义之所以名新，就是指它不同于在欧洲发展起来的人文主义；它是美国“自己的”人文主义，而哈佛正是其发源地。

这个传统，在中国，因白璧德学生吴宓、梁实秋等人之引介，造成了不少的影响。在美国，曾因白璧德过世而衰弱了一阵，二次大战后复兴，60年代又衰，70年代后期又兴。可是，不管外界如何，在哈佛内部，人文主义作为核心价值，乃是久已确立之事。为因应社会需要，哈佛后来虽也陆续开办了许多经世致用的学科，但白璧德在上举该书第四章《文学与大学》中早已明确指出：学术的等级，不是平等的，“学术的等级，是以这些学科与人的远近来决定”，“根据学科的人文程度，对各学科进行划分”。因此，纯实用的学科在哈佛，不论自己多么洋洋得意、外界多么看重它，其实哈佛的传统对之早有一高下之判断。对于此一哈佛人文传统，司徒君从前若未有机会知闻，现在闻知了。

我的文章还不敢像白璧德那样有菲薄法商之意，只是在为人文教育请命，呼吁内地或台湾的大学在全力发展实用性学科之际，多用心于人文教育而已。岔出去，就法商学院在美国的地位问题发生争论，可说是完全背离了我文章主旨的讨论，令我感到非常遗憾。

同样是在美国，我想韩秀对美国的了解，不会逊于司徒先生，但她看这一则随笔，反应便迥然不同。她曾给我一信，说：“您这一则随笔，深有同感。您的来访，正是一个极好的证明，您将美国人和中国人待人接物的方法与心态所做出的比较，是非常贴切的。我在此地办社团，深有体会，看您写了出来，非常痛快。至于美国大学对人文学科的重视，特别体现在非人文学科学生的教育上。我的儿子念的是最有‘钱’途的计算机科学，但是，文史哲却是必修，学分不够，不但不能毕业，成绩若不是甲等更直接影响就业。我们的孩子从小爱读书，去年，他用心于但丁与柏拉图，今年，他专攻蒙田与普鲁塔克。”她这种阅读与反应，才是符合文脉且知作者之用心的，对于改善中国教育环境也才有推进之功能。特推荐给司徒君参考。

图书在版编目（CIP）数据

华人社会学笔记 / 龚鹏程 著．—北京：东方出版社，2015.6
（龚鹏程作品）
ISBN 978-7-5060-8289-1

Ⅰ.①华…　Ⅱ.①龚…　Ⅲ.①社会科学—文集　Ⅳ.①C53

中国版本图书馆 CIP 数据核字（2015）第 148682 号

华人社会学笔记
（HUAREN SHEHUIXUE BIJI）

作　　者：龚鹏程
责任编辑：冯文丹
出　　版：东方出版社
发　　行：人民东方出版传媒有限公司
地　　址：北京市东城区朝阳门内大街 166 号
邮政编码：100706
印　　刷：北京市大兴县新魏印刷厂
版　　次：2015 年 9 月第 1 版
印　　次：2015 年 9 月第 1 次印刷
开　　本：660 毫米 ×960 毫米　1/16
印　　张：19.5
字　　数：238 千字
书　　号：ISBN 978-7-5060-8289-1
定　　价：48.00 元
发行电话：（010）64258117　64258115　64258112